한국의 학대아동보호정책

한국의 학대아동보호정책

초판 1쇄 발행 2009년 8월 31일
초판 2쇄 발행 2010년 6월 25일

지은이 l 오승환
펴낸이 l 박정희

펴낸곳 l 사회복지전문출판 나눔의집
등록번호 l 제25100-1998-000031호
등록일자 l 1998년 7월 30일

서울시 구로구 구로3동 222-7 코오롱디지털타워빌란트 1차 703호
대표전화 l 02-2103-2488 팩스 l 02-2103-2488
홈페이지 l www.ncbook.co.kr / www.issuensight.com

가 격 l 15,000원
ISBN 978-89-5810-186-4(93330)

● 잘못된 도서는 구입하신 서점에서 교환해 드립니다.
   이 책에 실린 모든 내용, 디자인, 편집 구성의 저작권은 도서출판 나눔의집에 있습니다.
   허락없이 복제하거나, 다른 매체로 옮겨 실을 수 없습니다.

한국의 학대아동보호정책

오승환

머리말

이 책은 필자가 지난 10년간 지속적인 관심을 갖고 연구를 진행한 아동보호정책의 효율화 방안에 관한 고민을 정리한 것이다. 2001년 아동보호정책이 도입된 이래 우리나라 학대아동보호정책은 지속적으로 발전해 왔으며, 많은 성과를 거두어 왔다. 그러나 이러한 성과에도 불구하고 학대아동보호정책과 아동보호전문기관의 운영에는 개선해야 할 점이 있으며, 특히 아동보호전문기관 상담원의 경우 이직과 신변안전에 대한 우려 등 많은 어려움을 경험하는 것으로 나타나고 있다. 학대아동보호정책의 성과를 지속적으로 유지하기 위해서는 아동보호기관 운영 및 상담원의 근무환경 개선이 필요한 실정이다. 이 책에서 필자는 우리나라 아동보호정책의 성과는 무엇이며, 아동보호전문기관의 상담원의 근무환경은 어떠한가를 분석하였다. 본서를 통해 우리나라 학대아동 보호정책 개선에 도움이 되길 바라는 마음이 간절하다.

이 책은 크게 네 부분으로 구성되어 있다. 먼저 우리나라 아동보호정책의 이론적 기반으로서의 법적인 기반과 각종 지침을 검토하고 있다. 둘째, 아동보호전문기관 운영현황 분석에서는 아동보호전문기관의 시설현황과 재정현황, 그리고 사업현황 등을 분석하였다. 셋째로는 아동보호전문기관의 인력관리 부분으로서 상담원의 근무실태, 신변안전, 슈퍼비전, 소진, 이직의도, 직무만족도 등을 분석하였고, 넷째로 우리나라 아동보호정책의 성과 분석으로서 아동보호정책의 효과성 및 효율성을 분석하였다.

이 책은 필자가 2007년 변귀연·이민홍 교수와 공동으로 수행한 "학대아동보호사업 평가 및 성과 분석" 연구에 기초하고 있다. 이 연구에서 우리나라 아동보호전문기관 42개소의 운영 실태와 상담원의 직무에 대한 기초자료를 수집할 수 있었으며, 이 자료를 기반으로 최근까지의 자료를 보완하여 본 저서를 저술하였다. 즉 본서의 제6장을 비롯한 일부분은 2007년 연구내용을 수정 없이 전제하고 있으며, 본서의 제4장 제5절은 아동과 권리에 실린 오승환·변귀연(2009) "아동보호전문기관 상담원의 직무만족도 결정요인" 논문을 아동권리학회의 동의를 받아 수정 보완하여 전제하였다.

2007년 연구에 참여해주신 호남대 변귀연 교수님과 동의대 이민홍 교수에게 감사를 드리며, 이 책에 논문을 수록하도록 허락해준 학술지 편집위원회 측에 감사드린다. 또한 이 책이 나오기까지 많은 도움을 주신 전국의 아동보호전문기관의 관장님들과 상담원, 이 책의 출판을 맡아주신 나눔의 집 사장님과 출판부에 감사의 말씀을 드린다.

무엇보다 이 순간까지 은혜로 이끄신 하나님과 아들을 위해 기도해 주시는 존경하는 아버지에게 감사드리며, 사랑하는 아내 채영, 공부의 맛을 깨달아가는 큰 아들 정현, 질풍노도의 시기를 몸으로 체험하면서 넘어가고 있는 둘째아들 재현, 마음껏 뛰어놀며 행복한 유년생활을 보내는 채은이에게 부족한 남편과 아버지의 역할을 이 책으로 대신하고 싶다.

2009년 8월

오승환

목차

머리말 / 5

제1장 서 론 ... 11

제2장 이론적 배경 ... 17

제1절 학대아동보호사업의 운영체계 ... 19
1. 학대아동보호사업 관련 법률 체계 ... 19
2. 학대아동보호서비스 전달체계 ... 24

제2절 아동보호전문기관의 이해 ... 31
1. 아동보호전문기관 설치기준 및 운영기준 ... 31
2. 아동보호전문기관의 조직 체계 ... 34

제3장 ... 39

제3장 아동보호전문기관 운영 현황

제1절 아동보호전문기관 기본 현황 ... 43
1. 아동보호전문기관 현황 ... 43
2. 시설현황 ... 48

제2절 아동보호전문기관 인력 ... 55

  1. 인력 현황   55
  2. 이직 현황   58
  3. 자원봉사자 현황   60
  4. 자격증 보유 현황   60

제3절 학대아동보호사업 예산 분석   63
  1. 세입분석   64
  2. 세출분석   77

제4절 학대아동보호사업 실적   89
  1. 아동학대 신고 현황   89
  2. 아동학대 현장조사 실적   94
  3. 학대아동 보호 실적   98
  4. 아동학대 관련 서비스 제공 실적   102

제4장   119

제4장   아동보호전문기관 인력 특성 분석

제1절 아동보호전문기관의 인력관리   121
  1. 아동보호전문기관의 인력관리   121
  2. 아동보호전문기관 상담원의 업무 및 자격기준   123

제2절 아동보호전문기관의 상담원 특성   127
  1. 상담원의 일반적 특성   127
  2. 근무 여건   129

제3절 상담원의 업무환경 분석   133
  1. 업무환경의 개념   133
  2. 업무환경 현황분석   134

제4절 상담원의 인간관계 및 신변안전 특성 분석   139
  1. 인간관계 및 신변안전의 개념   139
  2. 인간관계 및 신변안전에 대한 우려 현황   141

제5절 교육훈련 및 슈퍼비전 145
    1. 아동보호전문기관 상담원의 교육훈련 및 슈퍼비전 145
    2. 교육훈련 및 슈퍼비전의 현황 148

제6절 상담원의 소진 분석 155
    1. 소진의 개념 155
    2. 소진 분석 159

제7절 상담원의 직무만족 분석 173
    1. 직무만족의 개념 173
    2. 직무만족 분석 177

제8절 상담원의 이직의도 분석 187
    1. 이직의 개념 187
    2. 이직의도 분석 191

제5장 201

제5장 아동보호전문기관 네트워크 분석

제1절 사회복지사업 네트워크 구축의 이론적 토대 203
    1. 네트워크의 개념 203
    2. 학대아동 보호사업 네트워크 205

제2절 아동보호기관의 네트워크 현황 분석 209
    1. 학대아동보호사업 네트워크에 대한 필요성 인식 210
    2. 학대아동보호사업의 네트워크에 현황 분석 215

제6장 225

제6장 학대아동보호사업의 평가

제1절 학대아동보호사업의 성과 및 평가 227

1. 사회복지 성과의 개념 227
　　2. 사회복지 평가의 기준 228
　　3. 사회복지 성과측정의 방법 231
　　4. 외국의 학대아동보호사업 성과 및 평가지표 233

제2절 학대아동보호사업의 효과성 평가 239
　　1. 보건복지가족부의 정책 목표 분석 239
　　2. 아동학대보호사업 효과성 평가 242

제3절 학대아동보호사업 효율성 평가 255
　　1. 아동학대 신고 및 발생에 대한 비용 분석 256
　　2. 서비스 제공 비용 분석 261

제7장　결론　267

제1절 학대아동보호사업의 성과와 과제 269
　　1. 학대아동보호를 위한 전달체계 구축 269
　　2. 아동학대 신고 및 보호 건수의 증가 270
　　3. 학대아동보호서비스 비용 효율성 증가 271

제2절 학대아동보호사업의 개선방안 273
　　1. 정책 수단 다양화: '치료 서비스'와 '예방 서비스'의 병행 추진 273
　　2. 아동보호전문기관 확대 276
　　3. 학대아동보호사업 전달체계 효율성 제고 278
　　4. 아동보호전문기관에 대한 정부지원 확대 282
　　5. 아동보호전문기관 상담원 근무여건 개선 283
　　6. 아동학대 예방 및 방지를 위한 법률 보완 287

참고문헌 290

부록 Ⅰ. 아동보호전문기관 상담원 조사 설문지 295

제1장
서론

아동학대는 아동의 생존과 발달에 영향을 미치는 중요한 사건이지만, 우리 사회에서 학대아동보호서비스가 공적인 아동복지체계로 편입된 것은 2000년 1월에 개정된 「아동복지법」에서 아동에 대한 학대와 방임이 정부의 개입을 필요로 하는 상황으로 규정되면서부터다. 2000년 이전에는 아동학대 및 방임으로 의심되는 사례에 대한 신고나 가해자에 대한 처벌이 법적으로 의무화되어 있지 않았으며, 다만 민간기관과 아동복지단체에서 자발적으로 제공하는 몇몇 서비스가 제공되어 왔을 뿐이다.

학대받는 아동의 치료, 발견 및 예방을 위한 민간기구로, 1985년 서울시립아동상담소가 설립한 '아동권익보호신고소'와 1989년 설립된 '한국아동학대예방협회'의 하부조직인 '아동학대지역신고센터'가 설립되었다. 또한 1996년부터는 한국이웃사랑회가 16개소의 아동학대신고센터를 운영하였으며, 한국어린이보호재단이 1999년 2월부터 24시간 아동학대 신고 및 상담전화를 개설하고 피학대아동 일시보호시설을 설치 운영하였다(세이브더칠드런, 2004).

이러한 민간단체에 의해 다루어지던 아동학대 문제는 1990년대 후반 몇 몇 심각한 학대 및 방임사건의 사례들이 대중매체에 집중적으로 보도되면서, 아동학대와 방임에 대한 사회적 관심이 증가되어 국가의 공식적인 아동보호서비스 전달체계의 필요성이 더욱 증가하게 되었다.

그 결과 2000년에 아동학대를 정의하고, 24시간 응급전화를 설치하며, 아동학대 신고를 의무화하고, 아동학대를 전문적으로 다루는 아동보호전문기관의 설치를 명문화하는 「아동복지법」의 개정을 이끌어냈다.

이렇게 개정된 「아동복지법」에 따라 2000년 10월부터 전국의 16개 시·도에 17개소의 아동보호전문기관이 설치되어 아동학대에 대한 신고와 접수, 학대아동에 대한 보호와 치료서비스를 제공하기 시작하였으며, 2008년 말 현재 전국에 44개소의 아동보호전문기관이 설치되어 운영 중에 있다.

사업이 도입된 지 8년간 우리나라 공적인 학대아동보호사업은 양적으로나 질적으로 상당히 발전한 것으로 나타나고 있다(중앙아동보호전문기관, 2008). 먼저 양적인 성장을 살펴보면, 2000년 10월 17개소로 출발한 광역자치단체 담당의 지방아동보호전문기관이 2개소가 추가되어 19개소로 확대되었고, 2001년에는 중앙아동보호전문기관이 개소하여 전국적인 아동학대에 대한 조사와 연구, 프로그램 개발과 보급 등의 사업을 전개하기 시작하였다. 또한 2004년에는 그간 아동보호서비스의 대표적인 취약점으로 지적된 지역적 접근성의 문제를 해결하기 위하여 소규모인 지역아동보호전문기관 18개소가 추가로 개소하였으며, 2007년까지 6개소가 추가로 개소하여 총 24개소의 소규모 아동보호전문기관이 개소하여 활동 중에 있다.

질적인 측면에 있어서도 초창기에 나타난 비체계적이고 비전문적인 서비스 개입의 문제가 많이 개선된 것으로 나타나고 있다. 2003년에 실시된 아동보호전문기관에 대한 운영평가 결과 대부분의 센터가 「아동복지법」과 보건복지부의 지침에 따라 아동학대와 관련된 업무를 적절히 수행하고 있는 것으로 평가하고 있다(보건복지부·중앙아동학대예방센터). 또한 2004년에는 복권기금으로부터 복권기금을 지원받아 16개 광역자치단체 담당 지방아동보호전문기관을 일시보호기능을 하는 쉼터뿐만 아니라 다양한 치료기능을 제공하는 아동보호종합센터의 기능을 담당하도록 하여 학대아동을 위한 보다 전문적인 치료서비스를 제공할 수 있게 되었다.

이러한 양적·질적 성과에도 불구하고 우리나라의 학대아동보호사업이 모든 아동을 학대의 위험으로부터 보호하려는 정책목표를 달성하기에는 아직 많은 과제들을 가지고 있는 것이 사실이다. 지금까지의 우리나라 아동보호체계에 대한 선행연구들에게서 문제점으로 지적되어 온 항목들을 살펴보면, 아동보호전문기관의 수와 인력의 부족, 상담원의 근무여건과 법적 지위의 미비, 신고의무 강제 및 가해자에 대한 강제적 서비스 제공 등의 각종 법적 규정의 미비, 전문서비스의 부족, 관계기관과의 연계 미비 등이다(공계순, 2004; 오승환, 2004; 윤혜미, 2003; 이호균, 2004; 조윤영, 2005).

그러나 이러한 문제점들에 대한 지적은 현재까지 이루어진 학대아동보호사업 자체의 문제점이기보다는 법적인 조항에 대한 문제점이나 아동보호전문기관 운영과 관련된 문제점들이 대부분이다. 우리나라에서 학대아동보호사업이 실시된 역시가 짧아 사업의 성과분석과 관련된 연구가 거의 이루어지지 못하였다.

또한 학대아동보호사업과 관련된 문제점 중에 최근에 주목을 받고 있는 것이 아동보호전문기관의 전문인력 확보 문제이다. 학대아동보호서비스의 질을 결정하는 중요한 요인이 서비스를 제공하는 인력의 질이라는 점이 인식되면서, 아동보호전문기관 상담원들의 업무능력에 영향을 미칠 수 있는 업무환경과 이들이 인식하는 업무만족도 그리고 소진의 정도를 파악하고, 업무에 영향을 미치는 요인을 규명함으로써 상담원들이 효과적으로 학대아동보호업무를 수행할 수 있도록 하는 여건을 만들어 가는 데 관심이 높아지고 있다(공계순, 2005; 윤혜미, 2005).

따라서 지금까지의 학대아동보호사업 운영전반에 관한 실태파악과 성과분석에 기초하여 학대아동보호사업을 재검토할 필요성이 매우 높다. 최근에 급격히 증가하고 있는 가족해체와 아동학대 증가 등의 문제를 해결하기 위해서는 우리나라 학대아동보호정책의 성과와 문제점을 정확히 분석하고 우리나라 특성에 맞는 효과적인 학대아동보호정책을 수립해야 하는 시점에 있다.

본서에서는 학대아동보호사업에 대한 현황분석과 평가를 통해 2000년부터 진행된 학대아동보호사업의 정책 목표를 재정립하고, 사업 실시 과정상에 나타난 성과 및 문제점을 분석함으로써 사업목표에 맞는 효과적인 학대아동보호사업 방향을 제시하는 것이다. 또한 아동학대 업무를 담당하고 있는 조직과 인력, 즉 아동보호전문기관과 그 기관에서 일하는 상담원의 전문성을 평가하고 전문성에 영향을 미치는 요인을 제시함으로써 학대아동보호사업의 효과성을 높이는 방안을 제시한다.

제2장
이론적 배경

1. 학대아동보호사업의 운영체계

우리나라의 학대아동보호사업은 학대아동보호와 관련된 법적·제도적 측면, 아동보호서비스 전달체계 측면 등으로 나누어 살펴볼 수 있다.

1. 학대아동보호사업 관련 법률 체계

「아동복지법」은 우리나라 아동보호에 관하여 가장 기본적인 법률 근거가 되고 있다. 1961년에 아동복리법이란 이름으로 제정되었으며, 1981년 「아동복지법」이 전부개정 되었다. 2000년에는 아동권리에 대한 기본이념의 명시, 아동안전의 보장 등 아동복지의 보편주의적 성격을 강화하고, 학대아동보호 등과 같은 전문화된 보호서비스 제공 등을 포괄하는 방향으로 개정되었다.

「아동복지법」에 제시된 아동학대 관련 법 조항은 아동학대의 정의 및 신고 의무, 전달체계 관련 규정 그리고 업무처리 조항으로 크게 나누어 살펴볼 수 있다.

1) 아동학대의 정의 및 신고의무

(1) 아동학대의 정의

「아동복지법」에 규정된 아동학대 관련 규정을 살펴보면「아동복지법」제2조 제4항에 규정되고 있는데, "아동학대라 함은 보호자를 포함한 성인에 의하여 아동의 건강·복지를 해치거나 정상적 발달을 저해할 수 있는 신체적·정신적·성적 폭력 또는 가혹행위 및 아동의 보호자에 의하여 이루어지는 유기와 방임을 말한다"고 규정하고 있다.

아동학대의 구체적 유형을 살펴보면 다음〈표 2-1〉과 같다.

〈표 2-1〉아동학대 유형

유 형	정 의
신체학대	보호자를 포함한 성인이 아동에게 우발적인 사고가 아닌 상황에서 의도적으로 신체손상을 입히거나 또는 신체손상을 입도록 하는 모든 행위
정서학대	보호자나 양육자가 아동에게 행하는 언어적·정서적 위협, 감금이나 억제 등의 가학적인 행위
성학대	성인이 자신의 성적인 욕구충족을 위해 18세 미만의 아동과 함께 하는 모든 성적 행위
방 임	보호자가 아동에게 반복적인 아동양육과 보호를 소홀히 함으로써 아동의 정상적인 발달을 저해할 수 있는 모든 행위. 이러한 방임에는 물리적 방임, 교육적 방임, 의료적 방임 등이 있음 · 물리적 방임: 기본적인 의식주를 제공하지 않는 행위, 상해와 위험으로부터 아동을 보호하지 않는 행위, 불결한 환경이나 위험한 상태에 아동을 방치하는 행위, 아동의 출생신고를 하지 않는 행위 등 · 교육적 방임: 보호자가 아동을 학교(의무교육)에 보내지 않거나 아동의 무단결석을 허용하는 행위, 학교 준비물을 챙겨 주지 않는 행위, 특별한 교육적 욕구를 소홀히 하는 행위 등 · 의료적 방임: 아동에게 필요한 의료적 처치를 하지 않는 행위, 예방접종이 필요한 아동에게 예방접종을 실시하지 않는 행위, 장애아동에 대한 치료적 개입을 거부하는 행위 등 · 공식적인 절차를 통해 아동을 시설에 입소시킨 뒤 보호자가 연락을 끊는 행위 · 이혼 후 아이를 양육하던 부(또는 모)가 배우자나 상대방 친인척 집에 아이를 무작정 데려다 놓고 사라지는 행위 등
유 기	보호자로부터 보호를 받아야 하는 아동을 버리는 행위

자료: 아동청소년사업안내, 보건복지가족부, 2009.

〈표 2-2〉 아동 관련 금지행위 및 처벌 규정

금지행위	처벌
아동의 신체에 손상을 주는 학대행위	5년 이하의 징역 또는 3천만 원 이하의 벌금
아동에게 성적 수치심을 주는 성희롱, 성폭행 등의 학대행위	
아동의 정신건강 및 발달에 해를 끼치는 정서적 학대행위	
자신의 보호·감독을 받는 아동을 유기하거나 의식주를 포함한 기본적 보호·양육 및 치료를 소홀히 하는 방임행위	
아동을 타인에게 매매하는 행위	10년 이하의 징역 또는 5천만 원 이하의 벌금
아동에게 음행을 시키거나 음행을 매개하는 행위	
장애를 가진 아동을 공중에 관람시키는 행위	5년 이하의 징역 또는 3천만 원 이하의 벌금
아동에게 구걸을 시키거나 아동을 이용하여 구걸하는 행위	
공중의 오락 또는 흥행을 목적으로 아동의 건강 또는 안전에 유해한 곡예를 시키는 행위	1년 이하의 징역 또는 5백만 원 이하의 벌금

이러한 아동학대의 정의와 달리 「아동복지법」 제29조에서는 금지행위 규정을 통해 아동의 학대를 방지하고 있는데 그 구체적 내용과 벌칙 내용은 〈표 2-2〉와 같다.

금지행위의 규정에 따르면 제2조에 규정된 아동학대에 대해서는 동일한 처벌을 규정하고 있으며, 아동학대로 규정되지 않은 아동의 매매 및 음행행위는 더 강력하게 처벌하고 있으며, 아동에게 유해한 공연을 시키는 행위에 대해서는 더 약한 처벌을 규정하고 있다.

(2) 신고의무

아동학대의 발견과 관련된 신고의무 규정은 「아동복지법」 제26조에 규정되어 있다. 제1항에는 "누구든지 아동학대를 알게 된 때에는 아동보호전문기관 또는 수사기관에 신고할 수 있다"고 규정하여 전 국민의 신고가능성을 제시하고 있으며, 제2항에는 신고의무자를 규정하고 있으며 신고의무자는 그 직무상 아동학대를 알게 된 때에는 즉시 아동보호전문기관 또는 수

사기관에 신고하여야 한다고 규정되어 있다. 신고의무자는 다음과 같다.

가. 「초·중등교육법」 제19조의 규정에 의한 교원
나. 「의료법」 제3조의 규정에 의한 의료기관에서 의료업을 행하는 의료인
다. 아동복지시설의 종사자 및 그 장
라. 「장애인복지법」 제37조의 규정에 따른 장애인 복지시설에서 장애아동에 대한 상담·치료·훈련 또는 요양을 행하는 자
마. 「영유아보육법」 제10조의 규정에 의한 보육시설의 종사자
바. 「유아교육법」 제7조의 규정에 따른 유치원의 장, 교직원 및 종사자
사. 「학원의 설립·운영 및 과외교습에 관한 법률」 제6조의 규정에 따른 학원의 운영자·강사·직원·종사자 및 동법 제14조의 규정에 따른 교습소의 운영자·교습자·직원·종사자
아. 「소방기본법」 제35조의 규정에 따른 구급대의 대원
자. 「성매매방지 및 피해자보호 등에 관한 법률」 제5조 및 제10조의 규정에 의한 지원 시설 및 성매매피해상담소의 장이나 그 종사자
차. 「한부모가족지원법」 제8조 및 제19조의 규정에 의한 한부모가족복지상담소의 상담원 및 한부모가족복지시설의 종사자
카. 「가정폭력방지 및 피해자보호 등에 관한 법률」 제5조 및 제7조의 규정에 의한 가정폭력 관련 상담소의 상담원 및 가정폭력 피해자보호시설의 종사자
타. 아동복지지도원 및 「사회복지사업법」 제14조의 규정에 따른 사회복지전담공무원

2) 아동학대 예방과 치료에 관련된 전달체계 관련 법 규정

아동학대와 관련된 「아동복지법」상의 전달체계를 살펴보면 크게 첫째로 긴급전화 설치, 둘째로 아동보호전문기관 설치 등으로 나누어 살펴볼 수 있다.

(1) 긴급전화 설치

먼저 「아동복지법」 제23조에서 긴급전화의 설치 등을 규정하고 있는데 "국가와 지방자치단체는 아동학대를 예방하고 수시로 신고를 받을 수 있도록 긴급전화를 설치하여야 한다"고 규정되어 있으며 그 설치·운영에 관하여 필요한 사항은 대통령령으로 규정되어 있다. 이러한 규정에 따라 2006년까지 지방의 아동보호전문기관에서 1391 신고전화를 설치하여 운영하였으며, 2006년 11월부터는 보건복지 통합 콜센터인 129를 통하여 신고를 접수하고 있다.

(2) 아동보호전문기관의 설치 및 운영

아동학대와 관련된 사업의 실시를 위해 「아동복지법」 제24조에서는 아동보호전문기관의 설치를 의무화하고 있는데 "국가와 지방자치단체는 학대받은 아동의 발견, 보호, 치료에 대한 신속한 처리 및 아동학대예방을 담당하는 지역아동보호전문기관을 설치하여야 한다"고 규정되어 있다. 이러한 아동보호전문기관의 업무는 다음과 같이 규정되어 있다.

가. 학대받은 아동의 발견, 보호, 치료의뢰
나. 아동학대의 예방 및 방지를 위한 홍보
다. 아동학대행위자를 위한 상담·교육 등
라. 아동학대행위자, 아동학대행위자로 신고된 자 및 그 가정에 대한 조사
마. 기타 학대받은 아동의 보호를 위하여 필요한 사항

3) 아동학대서비스 제공과 관련된 업무 지침

아동보호기관에서 아동학대와 관련된 서비스를 제공하는 과정과 관련된 규정은 응급조치 의무와 보호조치 그리고 보조인의 선임 등이 규정되

어 있다.

먼저 응급조치의무 등을 살펴보면 법 제27조에 아동학대신고를 접수한 아동보호전문기관 직원이나 사법경찰관리는 지체없이 아동학대의 현장에 출동하여야 하며, 아동학대행위자로부터의 격리 또는 치료가 필요한 때에는 아동보호전문기관 또는 치료기관의 인도에 필요한 조치를 하여야 한다고 규정되어 있다.

둘째, 보호조치와 관련해서는 아동학대의 신고를 접수한 아동보호전문기관이나 수사기관은 대통령령이 정하는 바에 따라 학대받은 아동의 보호와 학대의 방지를 위하여 제10조에 규정된 대리가정보호, 위탁가정보호 그리고 아동복지시설보호 등의 조치를 의뢰할 수 있다고 규정되어 있다.

셋째, 법원의 심리과정과 관련된 규정을 살펴보면, 아동학대와 관련되어 가해자를 처벌하는 과정에서 피해아동의 경찰 조사나 법원진술 등이 필요하게 된다. 이러한 경우와 관련하여 「아동복지법」 제28조에서는 아동보호전문기관 상담원의 보조원의 선임가능성과 피학대아동의 법원 증인 심문시 아동보호전문기관 상담원의 동석 등과 관련된 조항을 규정하고 있다.

2. 학대아동보호서비스 전달체계

우리나라 학대아동보호사업은 학대아동보호사업 계획의 수립 및 예산지원을 담당하는 국가 및 지방자치단체와 학대아동보호사업을 직접 실시하는 아동보호전문기관으로 이원화되어 실시되고 있다.

1) 국가 및 지방자치단체의 역할

학대아동보호사업과 관련된 보건복지가족부 및 지방자치단체의 역할을

〈표 2-3〉 학대아동보호사업에 있어서 공공전달체계의 업무

구분		업 무
보건복지가족부		- 아동보호업무와 관련한 법·제도적 정책 수립 - 아동보호전문기관의 인력 및 자격관리 - 아동복지사업 보조금 집행(중앙아동보호전문기관) - 관계 중앙행정기관과의 협력체계 구축 지원 등
지방자치단체	시·도	- 아동보호전문기관 설치 신청에 대한 검토 및 지정 - 시·도에 설치·운영되는 아동보호전문기관 업무지도와 감독 - 3일 이상 장기격리가 필요하여「아동복지법」제10조 제1항 제2호 내지 제5호의 보호조치를 의뢰 받은 학대피해아동에 대한 행정적인 조치 등 - 사회복지전담공무원에 대한 신고의무자 교육 - 아동복지시설 등에서의 아동학대 예방을 위한 지도·감독 - 법원에 친권행사의 제한 또는 친권상실 청구(「아동복지법」제12조)
	시·군·구	- 아동보호전문기관의 설치 - 아동보호전문기관의 지정신청 접수 - 시·군·구에 설치·운영되는 아동보호전문기관 업무지도·감독 - 아동보호전문기관의 학대피해아동 및 보호자 또는 학대행위자의 신분조회 요청에 대한 협조(주민등록표, 등·초본, 가족관계등록부 열람 또는 교부 등) - 3일 이상 장기격리가 필요하여「아동복지법」제10조 제1항 제2호 내지 제5호의 보호조치를 의뢰 받은 피해아동에 대한 행정적인 조치 실시 - 사회복지전담공무원에 대한 신고의무자 교육 - 아동복지시설 등에서의 아동학대예방을 위한 지도·감독 - 법원에 친권행사의 제한 또는 친권상실 청구(「아동복지법」제12조) - 빈곤으로 인한 아동학대 발생가정 및 부모로부터 격리보호가 필요한 학대피해아동에 대한 국민기초생활수급권자 우선 선정

자료: 아동청소년사업안내, 보건복지가족부, 2009.

살펴보면 다음 〈표 2-3〉과 같다.

보건복지가족부는 아동보호업무와 관련된 법적·제도적 정책을 수립하며, 아동보호전문기관의 인력과 자격관리업무 그리고 중앙아동보호전문기관에 대한 보조금 지원 및 집행업무를 수행하는 것으로 나타났다.

지방자치단체 중 시·도와 시·군·구는 아동보호전문기관 지정 및 취소, 업무지도와 감독, 피학대아동에 대한 각종 행정조치, 사회복지전담공무원에 대한 신고의무자 교육, 아동복지시설 등에서의 아동학대 예방을 위한 지도·감독, 법원에 친권행사의 제한 또는 친권상실 청구 등의 업무를 담당하는 것으로 나타났다. 단지 시·군·구는 기본 업무 외에 아동보호전문기

관의 학대피해아동 및 보호자 또는 학대행위자의 신분조회 요청에 대한 협조(주민등록표, 등·초본, 가족관계등록부 열람 또는 교부 등)와 빈곤으로 인한 아동학대 발생가정 및 부모로부터 격리보호가 필요한 학대피해아동에 대한 국민기초생활수급권자 우선 선정 등의 업무를 추가적으로 하도록 규정되어 있다.

아동보호전문기관의 지정 및 취소 및 예산지원과 집행 그리고 업무지도와 감독 등의 사항은 보건복지부의 소관사항이었으나 2005년 11월 「아동복지법 시행령」 개정에 따라 시·도 및 시·군·구로 업무가 이관되었으며, 예산지원도 지방이양에 따라 보건복지가족부는 예산안에 대한 안내와 중앙아동보호전문기관에 대한 예산만 지원하고 있을 뿐 지방아동보호전문기관에 대한 예산 지원은 지방자치단체에 일임되어 있는 상태이다.

따라서 이러한 업무구분을 살펴보면, 보건복지가족부는 아동보호업무와 관련한 법적·제도적 정책 수립을 통괄하고 있지만, 각 지역의 학대아동보호업무는 지방자치단체에 맡겨져 있음을 알 수 있다. 또한 아동보호전문기관의 설치 및 예산지원 등의 중요업무가 지방자치단체에 위임되어 있어 지방자치단체에 따라 학대아동보호사업에 다양하게 전개될 수 있음을 보여준다.

2) 아동보호전문기관

아동보호전문기관은 「아동복지법」 제24조에 따라 학대아동의 발견, 상담, 보호, 치료에 대한 신속한 처리 및 아동학대 예방을 전담하는 기구로서, 2000년 10월부터 전국 16개 광역시 및 도에 17개소(서울시 2개소)가 설치되어 학대아동보호에 관한 사업을 시작하였다.

아동보호전문기관은 「아동복지법」에 아동보호전문기관으로 규정되어 있으나, 2005년까지 일반국민들이 아동학대에 대한 인식을 피부로 느낄 수 있고 명칭만으로 기관의 성격을 판단할 수 있는 아동학대예방센터로 사용

〈표 2-4〉 학대아동보호사업에 있어서 아동보호전문기관의 업무

구분	업　　무
중앙 아동보호 전문기관	- 전국 아동보호전문기관 업무 지원 - 업무수행지침 개발 및 수정 - 아동학대예방사업 정책건의 - 아동학대예방사업에 대한 전국적 홍보 - 아동보호전문상담원 교육 및 보수교육, 신고의무자 교육 및 연수프로그램 실시 - 아동보호전문기관 상담원의 신변안전 보호를 위한 교육 실시 - 아동보호전문기관 전산시스템 구축 및 운영 - 지방기관 사례 배치 및 조정 - 전국아동학대사례현황보고서 발간 - 아동학대 관련 각종 연구 및 프로그램 개발 - 관련기관 협력체계 구축 및 관리 - 국제 아동학대 사례 개입 - 해외 아동학대 관련기관과의 국제협력
지방 아동보호 전문기관	- 아동학대 신고전화 운영을 통한 신고접수 및 현장조사, 응급보호, 서비스 제공 - 아동학대 피해아동 · 학대행위자 상담, 교육 및 서비스 제공 · 연계 - 아동학대사례판정위원회 설치 · 운영 및 자체사례회의 운영(시 · 군 · 구 아동보호 　전문기관은 시 · 도 아동보호전문기관의 아동학대사례판정위원회 활용 가능) - 아동학대 사례의 전산시스템 입력 및 보존 - 신고의무자 · 일반인 대상 아동학대 예방교육 및 홍보 - 지역사회자원 개발 및 관련 기관 협력체계 구축 - 시장 · 군수 · 구청장에게 학대아동의 기초생활보장급여 또는 의료급여 등 필요한 　보호 및 양육조치 의뢰 - 아동학대 피해아동 보호를 위한 그룹홈(공동생활가정) 또는 단기보호시설 운영

자료 : 아동복지사업안내, 보건복지가족부, 2006.

하다가 2006년에 다시 공식 명칭인 아동보호전문기관으로 명칭을 사용하기 시작하였다.[1]

아동보호전문기관은 그 역할에 따라 중앙아동보호전문기관과 지방아동보호전문기관으로 나누어지며, 지방아동보호전문기관은 광역자치단체의 학대아동보호업무를 수행하는 지방아동보호전문기관(지방아동보호종합센터)과 기초지방자치단체를 담당하는 소규모 지역아동보호전문기관 등 3

---

[1] 2008년 하반기부터 논의되고 있는 아동청소년법 통합과정에서 국민들에게 쉽게 이해될 수 있는 '아동학대예방센터' 용어를 사용하자는 주장이 제기되고 있다.
[2] 2004년 복권기금 지원에 의해 중앙아동보호전문기관과 15개 지방아동보호전문기관에 그룹홈과 다양한 치료시설이 설치되면서 이들 기관을 2005년부터는 아동보호종합센터로 지칭하여, 그 명칭이 지방아동학대예방센터와 병행하여 사용되어졌다. 그러나 지방아동보호종합센터는 법률적 명칭이나 공식적으로 통용되는 명칭이 아니어서 명칭상의 혼란과 문제점을 야기시키고 있다.

가지 유형으로 구분되고 있으며,2 유형에 따른 업무를 살펴보면 〈표 2-4〉와 같다.

중앙아동보호전문기관의 업무는 전국 아동보호전문기관의 업무 지원, 아동학대예방사업과 관련된 정책 건의와 전국적 홍보업무, 아동보호전문상담원 및 신고의무자 교육, 전산시스템 구축 및 운영, 지방기관 사례 배치 및 조정, 아동학대 관련 각종 연구 및 프로그램 개발, 관련 기관 협력체계 구축, 국제 아동학대 사례 개입 및 해외 협력 등의 업무를 담당하고 있다.

지방아동보호전문기관의 업무는 아동학대와 관련, 직접적인 서비스 제공을 책임지고 있는 것으로 규정되어 있는데, 구체적인 업무를 살펴보면 아동학대 신고 접수 및 현장조사, 피해아동 및 학대행위자를 위한 각종 서비스 제공, 아동학대 예방교육, 지역사회 자원개발 및 협력체계 구축 등 다양한 업무를 제공하도록 규정되어 있다.

지방아동보호전문기관의 업무는 2007년 아동복지사업안내까지 지방아동보호전문기관과 지역아동보호전문기관으로 나누어 제시되다가 2008년부터는 지방아동보호전문기관으로 통합되어 제시되고 있다.

3) 기타 협력기관

학대아동보호사업을 수행하기 위해서는 아동보호전문기관은 지역사회 내 다양한 기관과 연계 및 협력 사업을 실시하게 된다. 이러한 연계 협력기관으로는 사법경찰, 의료기관, 교육기관, 법률기관 등이 있으며 이들 기관의 역할은 다음 〈표 2-5〉와 같다.

경찰은 아동보호전문기관과 학대아동 사례개입을 위해 가장 기본적인 협조체계를 구축하는 기관이며, 신고에서부터 현장조사, 가해자 수사 등에 대한 업무를 담당하게 된다. 의료기관 역시 학대아동의 신고와 치료, 아동학대 판정에 중요한 역할을 담당하고 있다. 교육기관은 학대아동에 대한 신고

〈표 2-5〉 학대아동보호사업에 있어서 협력기관의 역할

구분	업무
사법경찰	- 아동보호전문기관과 아동학대 사례 개입을 위한 협력체계 구축 - 112에 신고된 아동학대 사례를 아동보호전문기관에 의뢰 - 아동보호전문기관에 접수된 신고사례에 대해 현장조사 시 동행 협조 - 아동학대행위자의 형사재판을 요하는 사례에 대한 수사 전담 - 응급조치를 요하는 아동학대 사례를 일시보호시설 또는 의료기관에 조치 의뢰 - 아동보호전문기관으로부터 의뢰받은 사례에 대한 현장조사 및 조사 이후 현장조사서 사본 송부(관할 아동보호전문기관) 등
의료기관	- 의료행위 시 학대가 의심되는 아동에 대해 아동보호전문기관에 신고 - 의료체계 내에 소아과, 소아정신과, 외과, 내과, 산부인과, 의료사회사업가 등으로 구성된 학대아동보호팀을 구성·운영하며, 아동학대로 의심되는 아동에게 종합적인 의료서비스 제공 - 아동학대 판정을 위한 의학적 진단, 소견 및 증언 진술
교육기관	- 아동학대 사례 조기 발견, 아동보호전문기관 또는 경찰에 신고 - 아동보호전문기관 상담원이 학교를 방문하여 현장조사(아동상담)를 실시할 경우 적극 협조 - 피해아동과 부모에 대한 치료적 개입 및 협조 - 피해아동의 학교생활, 가족력 등 관련 자료 제공 - 피해아동에 대한 학교사회사업서비스 제공 - 학대행위자의 예방, 치료계획을 위한 지원 - 아동학대 예방을 위한 교과과정의 포함 등 교육지원 - 초·중·고 교과과정 포함 및 교육을 통한 예방 및 홍보 - 부모교육프로그램 실시 - 교사에 대한 신고의무자 교육 - 부모로부터 분리된 피해아동의 보호 - 학대아동의 입학, 전학 등의 신속한 조치와 편의 도모 - 학대행위자로부터 아동보호를 위한 아동 관련 정보 비밀유지
법률기관	- '아동의 최선의 이익 우선 원칙'에 따른 사법적 소송 진행 - 피학대아동의 법률적 보호 및 학대행위자에 대한 보호처분 등에 대해 아동보호전문기관과의 긴밀한 협조 - 학대행위자의 처벌 및 보호처분을 포함한 판정, 친권의 상실 또는 친권의 일시정지 선고, 후견인의 지정, 부모로부터 아동의 격리, 학대행위자에 대한 구상권 청구 등

자료 : 아동청소년사업안내, 보건복지가족부, 2009.

와 아동학대 예방교육 그리고 피학대아동을 위한 지지서비스 제공 등의 역할을 수행하고 있다. 법률기관은 피학대아동을 위한 각종 소송 지원과 법률적 보호 등의 서비스를 제공하고 있다. 이외에도 지역사회 내에서 아동보호와 관련된 다양한 기관들이 학대아동을 보호하기 위해 다양한 서비스를 제공하고 있다.

이상의 우리나라 아동보호와 관련된 전달체계를 살펴보면 〈그림 2-1〉과 같다.

〈그림 2-1〉 아동보호 관련 전달체계

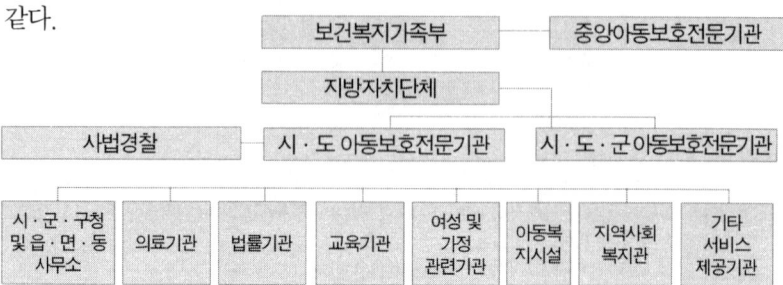

2 | 아동보호전문기관의 이해

우리나라의 아동보호전문기관 설치 현황을 살펴보면, 중앙아동보호전문기관은 1개소가 설치되어 운영되고 있으며, 지방아동보호전문기관은 19개소, 지역아동보호전문기관은 24개소가 설치되어 2009년 6월말 현재 44개소의 아동보호전문기관이 운영되고 있다.

1. 아동보호전문기관 설치기준 및 운영기준

1) 시설 설치기준 및 상담원 배치기준

아동보호전문기관 설치기준은 「아동복지법 시행령」 제15조 제2항에 규정되어 있다. 먼저 시설기준으로서, 사무실과 상담실, 심리검사 치료실 그리고 자료실 또는 대기실 등을 갖추어야 한다고 규정되어 있으며 각 실의 면적이 각각 16.5제곱미터 이상의 규모를 갖추어야 한다고 규정되어 있다. 구체적인 설치기준은 다음 〈표 2-6〉과 같다.

<표 2-6> 아동보호전문기관 시설 설치기준

구분	업무
사무실	긴급전화 설치에 필요한 적정 규모를 확보하여야 하며, 아동학대 관련 사무를 처리할 수 있는 적당한 설비를 갖추어야 한다.
상담실	- 16.5제곱미터 이상의 규모로 상담 내용이 드러나지 아니하고 자연스러운 분위기에서 상담할 수 있는 구조를 갖추어야 한다. - 효과적인 상담을 위하여 녹취기, 무인카메라 등 필요한 장비를 갖추어야 한다.
심리 치료실	- 16.5제곱미터 이상의 규모로 아동의 심리치료에 적합한 구조와 설비를 갖추어야 한다. - 놀이치료 · 미술치료 · 음악치료, 심리상담 등 전문적인 치료를 위하여 필요한 설비를 갖추어야 한다. - 가족에 대한 상담 · 치료 · 교육에 적합한 구조와 설비를 갖추어야 한다.
기타	16.5제곱미터 이상의 자료실 또는 대기실 등을 갖추어야 한다.

자료:「아동복지법 시행령」, 별표 5-2.

「아동복지법 시행령」에 규정된 상담원 배치기준을 살펴보면, 아동보호전문기관에는 긴급전화의 운영과 법 제25조의 업무수행에 필요한 기관의 장 1명, 임상심리치료 전문인력 1명 및 상담원 6명 이상을 두어야 한다고 규정되어 있다. 다만, 아동보호전문기관의 장이 제17조 제2항에 따른 상담원의 자격을 갖춘 경우에는 상담원을 겸할 수 있다. 또한 학대받은 아동의 신고 · 접수, 긴급 출동 등 아동학대 관련 업무 수행에 필요한 사무원 등 필요인력 1명 이상을 두어야 한다고 규정되어 있다.

이러한 상담원 배치기준과 달리 보건복지가족부는 매년 아동복지사업 안내를 통해 아동보호전문기관의 인건비 지원기준을 제시하고 있는데 이를 살펴보면 다음 <표 2-7>과 같다.

먼저 중앙아동보호전문기관의 인건비 지원기준을 살펴보면 사업이 개시된 이래 2004년까지 8명의 인건비를 지원받았으나 2008년 이후 13명의 인건비를 지원받고 있다.

지방아동보호전문기관 인건비 지원기준을 살펴보면, 2003년까지 5명, 2005년에는 9명, 2007년에는 11명, 2009년에는 13명의 인건비를 지원하

〈표 2-7〉 아동보호전문기관 인건비 지원기준

구분 \ 연도	2002	2003	2004	2005	2006	2007	2008	2009
중앙아동보호전문기관	8	8	8	9	9	11	13	13
지방아동보호전문기관	5	5	8	9	9	11	11	13
지역아동보호전문기관	-	-	3	4	4	7	7	9

자료: 각 연도별 보건복지가족부 아동복지사업안내에서 재작성.

도록 안내하고 있다.

지역아동보호전문기관에서 사업도입 초기에는 3명의 인건비를 지원받았으나, 2005년 7명, 2007년 7명, 2009년 9명의 인건비를 지원하도록 안내하고 있다.

이렇게 인건비 지원기준이 계속 증가하고 있는 것은 아동학대 신고건수 및 아동학대 사례건수의 증가, 기존 아동학대 사례의 누적으로 인해 시·도 및 시·군·구 아동보호전문기관의 심각한 업무과중을 고려하여 상담원의 증원할 필요가 있기 때문이다.

상담원의 자격기준을 살펴보면, 사회복지사 1급 이상의 자격을 가지고 있거나, 대학 이상의 학교에서 심리학과 또는 아동복지나 사회복지 관련 교과목을 이수하고 졸업자이며, 100시간의 아동보호전문기관 상담원 교육과정을 이수해야 한다.

또한 아동보호전문기관의 임상심리치료 전문 인력은 임상심리사 자격이 있거나 놀이치료, 미술치료, 음악치료, 심리상담 등 전문적인 치료를 할 수 있는 등 학대아동의 심리치료를 할 수 있는 사람을 채용해야 한다.

2) 운영기준

아동보호전문기관의 운영기준을 살펴보면, 먼저 아동보호전문기관의 장은 조직, 인사, 급여, 회계, 물품 및 그 밖에 운영에 필요한 규정을 제정·시행하여야 한다고 규정되어 있다. 또한 아동보호전문기관에 시설 연혁에 관한 기록부, 재산 목록과 그 소유권 또는 사용권에 대한 증명서, 아동보호전문기관의 운영일지, 아동보호전문기관의 장 및 직원의 인사카드, 예산서 및 결산서, 총계정 원장 및 수입·지출 보조부, 금전·물품의 출납부와 그 증빙서류, 보고서철 및 관계 행정기관과의 문서철, 신고 또는 접수받은 아동학대의 조사·상담기록과 관련 서류 등의 각종 장부를 비치하도록 되어 있다.

이외에도 아동보호전문기관은 가족보존 및 가족기능 회복의 원칙, 피학대아동 및 그 부모와 가족을 대상으로 하는 개입원칙, 사례관리 철저실시원칙, 아동학대예방교육 실시 등의 운영원칙이 제시되고 있다.

2. 아동보호전문기관의 조직 체계

1) 시·도 아동보호전문기관

시·도 아동보호전문기관은 광역자치단체에 설치되는 아동보호전문기관으로서 2009년 보건복지가족부의 사업안내에 의하면 13명 이상의 상담원이 배치되도록 권고되어 있다. 시·도 아동보호전문기관의 조직체계를 살펴보면 상담·치료팀, 교육·홍보팀, 일시보호팀, 총무팀 등 4개 팀으로 구성되어 있으며 그 구체적인 업무는 다음 〈그림 2-2〉와 같다(중앙아동보호전문기관, 2008: 29).

<그림 2-2> 시·도 아동보호전문기관 조직체계

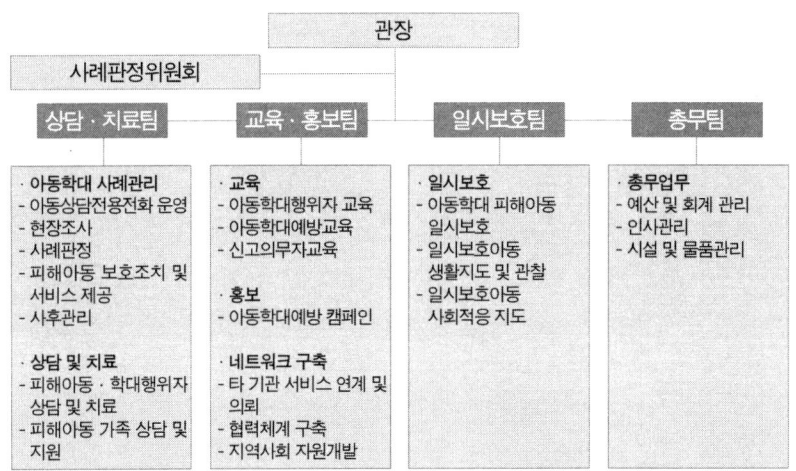

그러나 시·도 아동보호전문기관의 인력배치 기준 및 조직구조에도 불구하고 상담원의 부족으로 인해 4개 팀의 조직체계로 운영되는 것은 현실적으로 어렵다. 즉 2008년 시·도 아동보호전문기관의 상담원 배치현황을 살펴보면 전북 11명, 충북 10명으로 가장 많이 배치되어 있으며, 인천과 울산은 7명, 제주는 6명이 배치되어 있는 등 상담원의 수가 절대적으로 부족하다(보건복지가족부·중앙아동보호전문기관, 2009: 147). 따라서 대부분의 기관에서는 상담원 1인이 다양한 업무를 수행하는 등 수행하는 업무가 매우 과중한 것으로 나타나고 있다.

2) 시·군·구 아동보호전문기관

시·군·구 아동보호전문기관은 기초자치단체에 설치되는 아동보호전문기관으로서 2009년 보건복지가족부의 사업안내에 의하면 9명 이상의 상담원이 배치되도록 권고되어 있다.

시·군·구 아동보호전문기관의 조직체계를 살펴보면 상담·교육·홍

<그림 2-3> 시·군·구 지역아동보호전문기관 조직체계

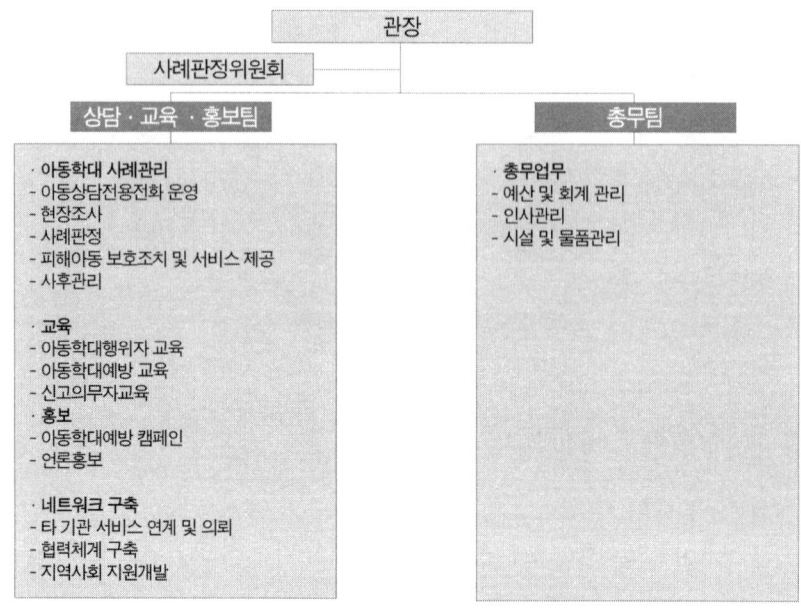

보팀과 총무팀의 2개 팀으로 구성되어 있으며, 그 구체적인 업무는 <그림 2-3>과 같다(중앙아동보호전문기관, 2008 : 32).

시·도 아동보호전문기관과 달리 시·군·구 아동보호전문기관은 행정 및 예산업무를 담당하는 직원을 제외하고는 모든 상담원이 상담·교육·홍보팀에 편성되어 아동학대와 관련된 모든 업무를 수행하는 체계이다. 따라서 아동보호전문기관에 담당 지역과 배치된 상담원 수에 따라서 상담원의 업무량에 차이가 나타나게 된다. 서울 성북과 은평의 아동보호전문기관은 8명의 상담원이 배치되어 있는 반면 서울 마포는 5명, 경기 남양주와 제주 서귀포는 4명의 상담원이 배치되어 업무를 수행하고 있다. 그 결과 성북과 은평 아동보호전문기관의 경우 상담원 1인당 신고 건수가 15건으로 나타나고 있으나, 상담원 5명이 배치된 마포아동보호전문기관의 경우 상담원 1인당 신고 건수가 21건으로 높게 나타나고 있다(보건복지가족부·중앙아동보호전문기관, 2009: 151).

3) 사례판정위원회

아동보호전문기관은 아동학대와 관련된 조치 결정에 대한 객관성 확보와 전문성 향상을 도모하기 위해 아동학대 사례판정위원회를 두고 있다.

사례판정위원회는 아동보호전문기관 상담원(사례담당자 등 2인 이내), 관계공무원 및 의료·법률·교육·아동(사회)복지 분야의 전문가 각 1인 이상을 위촉하여, 시·도 아동보호전문기관의 경우 10인 이상, 시·군·구 아동보호전문기관의 경우 5인 이상의 위원으로 구성된다. 단, 시·군·구의 경우 시·도의 사례판정위원회를 활용할 수 있다(중앙아동보호전문기관, 2008: 35).

사례판정위원회의 역할로는 아동학대 사례로 판정하기에 모호하고, 자체 사례회의에서 판단이 어려운 사례에 대한 판정, 부모가 이의를 제기하는 사례에 대한 판정, 시·도지사 또는 시장·군수·구청장이 의뢰하는 사례에 대한 판정, 아동학대 사례에 대한 개입 및 처리방향에 대한 논의 및 조언, 기타 아동보호전문기관장이 필요하다고 판단되는 사례에 대한 논의 등이다.

한편 구체적인 아동학대와 관련된 업무진행도는 다음 〈그림 2-4〉와 같다.

〈그림 2-4〉 아동학대 사례 업무진행도

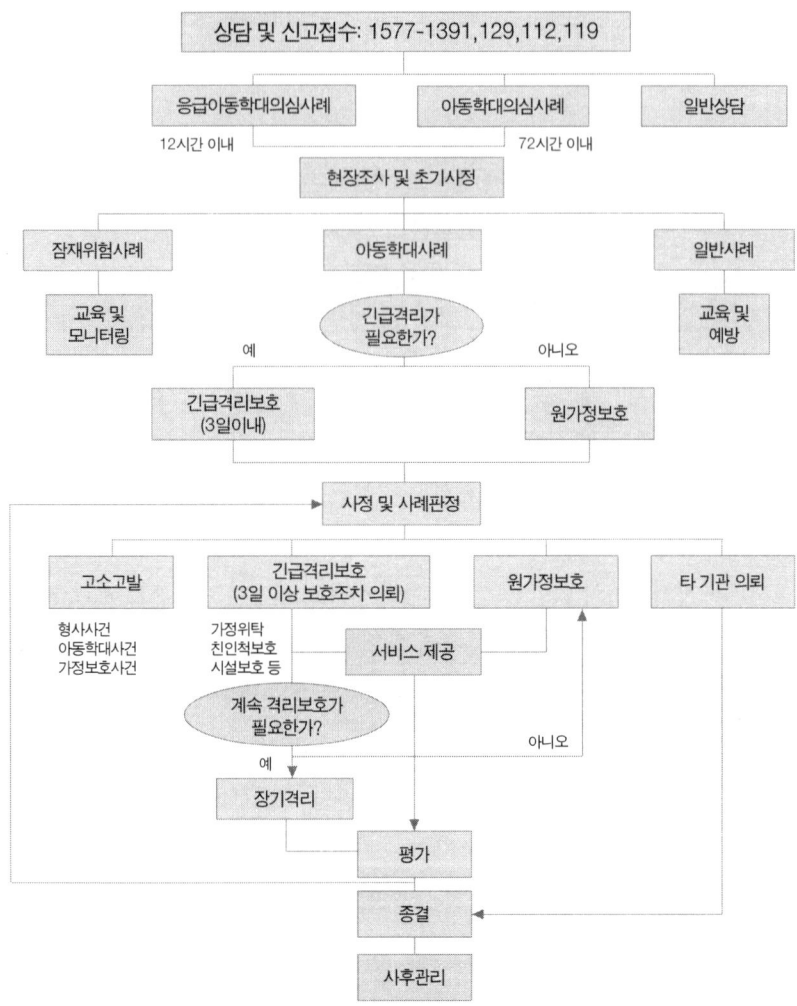

제3장
아동보호전문기관 운영 현황

정부의 학대아동보호사업은 아동학대와 관련된 각종 정책의 수립과 평가 그리고 아동학대예방 및 치료업무를 담당하는 아동보호전문기관에 대한 각종 운영지원 등으로 이루어진다. 특히 학대아동보호사업과 관련된 모든 사업은 중앙아동보호전문기관과 지방의 아동보호전문기관에 위임되어 운영되고 있다. 따라서 아동보호전문기관의 운영 현황을 이해하는 것이 우리나라 학대아동 보호사업을 이해하는 첫걸음이 된다.

본 장에서 활용한 자료는 오승환·변귀연·이민홍(2007)이 조사 분석한 자료이다. 이 자료는 2006년 말 현재 전국에 설치된 42개소의 아동보호전문기관을 대상으로 아동보호전문기관의 운영 전반에 관해 실태조사를 실시한 결과이다. 또한 이 자료를 토대로 보건복지가족부와 중앙아동보호전문기관에서 발간한 각 연도별 전국아동학대현황보고서를 참조하여 2007년과 2008년 실적을 추가하여 아동보호전문기관의 운영 현황을 분석하였다.

1 | 아동보호전문기관 기본 현황

1. 아동보호전문기관 현황

1) 운영 현황

아동보호전문기관 운영현황을 살펴보면 2008년 12월 현재 전국에 44개의 아동보호전문기관이 운영되고 있으며, 구체적인 현황은 다음 〈표 3-1〉과 같다.

2000년 16개 광역자치단체의 아동학대에 관한 업무를 담당하기 위하여 서울을 제외한 시·도에 1개소씩을 원칙으로 하여 2000년에 개소하였으며, 지역이 넓고 아동인구가 많은 서울의 경우 2개소가 설치되었으며, 또한 경기와 강원의 경우 추가로 1개소씩 개소하여 총 19개소의 광역자치단체 아동보호전문기관이 운영되고 있다. 19개 아동보호전문기관 중 서울과 부산의 아동보호전문기관의 경우 기존의 아동복지업무를 수행하고 있는 시립 아동복지센터에 아동학대와 관련된 업무를 부가하여 수행하도록 하였고, 아동복지센터가 설치되지 않은 타 광역자치단체의 경우 신규기관을 지정하여 사업을 진행하였다.

〈표 3-1〉 전국 아동보호전문기관 현황

구 분			지정연도	법인명	쉼터 여부
중 앙		중앙아동보호전문기관	2001	굿네이버스	
서울·부산 아동보호 전문기관	직영	서울특별시아동보호전문기관	2000	서울특별시	일시보호시설
	민간위탁	서울특별시동부아동보호전문기관	2000	천주교쌘뽈재단	○
	직영	부산광역시아동보호전문기관	2000	부산광역시	○
기타지방 아동보호 전문기관 (지방센터)	민간위탁	대구광역시아동보호전문기관	2000	한국어린이재단	○
		인천광역시아동보호전문기관	2000	세이브더칠드런	○
		광주광역시아동보호전문기관	2000	한국어린이재단	○
		대전광역시아동보호전문기관	2000	굿네이버스	○
		울산광역시아동보호전문기관	2000	세이브더칠드런	○
		경기도아동보호전문기관	2000	굿네이버스	○
		경기북부아동보호전문기관	2003	굿네이버스	
		강원도아동보호전문기관	2000	한국어린이재단	○
		강원동부아동보호전문기관	2003	한국어린이재단	○
		충청북도아동보호전문기관	2000	굿네이버스	○
		충청남도아동보호전문기관	2000	굿네이버스	○
		전라북도아동보호전문기관	2000	굿네이버스	○
		전라남도아동보호전문기관	2000	한국어린이재단	○
		경상북도아동보호전문기관	2000	우봉복지재단	○
		경상남도아동보호전문기관	2000	인애복지재단	○
		제주도아동보호전문기관	2000	한국어린이재단	○
지역 아동 보호 전문 기관 (소규모 센터)	민간위탁	서울강서아동보호전문기관	2004	굿네이버스	
		서울은평아동보호전문기관	2004	굿네이버스	
		서울영등포아동보호전문기관	2004	굿네이버스	
		서울성북아동보호전문기관	2004	굿네이버스	
		서울마포아동보호전문기관	2004	세이브더칠드런	○
		부산동부아동보호전문기관	2004	한국어린이재단	
		인천북부아동보호전문기관	2004	굿네이버스	
		경기성남아동보호전문기관	2004	굿네이버스	○
		경기고양아동보호전문기관	2004	굿네이버스	
		경기화성아동보호전문기관	2006	굿네이버스	
		경기부천아동보호전문기관	2004	세이브더칠드런	○

구 분			지정연도	법인명	쉼터여부
지역아동보호전문기관(소규모센터)	민간위탁	경기부천아동보호전문기관	2004	세이브더칠드런	○
		경기남양주아동보호전문기관	2007	대한불교조계종 사회복지재단	
		강원원주아동보호전문기관	2004	굿네이버스	○
		충북북부아동보호전문기관	2004	화이트아동복지회	
		충북남부아동보호전문기관	2006	명지원	○
		충남남부아동보호전문기관	2004	굿네이버스	
		전북서부아동보호전문기관	2004	굿네이버스	
		전북동부아동보호전문기관	2006	굿네이버스	
		전남목포아동보호전문기관	2004	굿네이버스	○
		경북안동아동보호전문기관	2004	그리스도의 교육 수녀원	
		경북포항아동보호전문기관	2004	굿네이버스	○
		경북구미아동보호전문기관	2005	대한불교조계종 사회복지재단	○
		경남서부아동보호전문기관	2004	한국복지재단	○
		제주서귀포아동보호전문기관	2006	제남	○

중앙아동보호전문기관의 경우 아동보호전문기관에 대한 체계적인 지원과 아동학대에 대한 전국적인 2001년에 개소하였으며, 굿네이버스에서 위탁받아 운영하고 있다.

2004년에는 아동학대 발생의 증가와 피학대아동을 위한 전문적인 서비스를 제공하기 위해 일정 지역을 담당하는 소규모 아동보호전문기관을 추가로 설치하여, 2004년 18개소, 2005년 1개소, 2006년 4개소, 2007년 1개소가 개소하여 2008년 12월 말 현재 총 24개소의 지역 소규모 아동보호전문기관이 운영되고 있다.

한편 업무의 효과적 수행을 위하여 광역자치단체의 아동보호전문기관의 담당지역을 소규모 아동보호전문기관으로 일부 분담하여 아동학대와 관련된 업무를 수행하고 있으며, 명칭구분에 있어서 광역자치단체에 설치된 아동보호전문기관을 지방(거점)아동보호전문기관으로 그리고 일부 지역을 담당하는 기관을 지역(소규모)아동보호전문기관으로 구분하고 있다.

2) 운영주체

아동보호전문기관을 운영하고 있는 주체를 살펴보면, 광역자치단체 직영이 2개소이며, 나머지 42개소의 아동보호전문기관의 경우 민간위탁되어 운영되고 있다. 운영 법인을 구별하여 보면 사회복지법인 굿네이버스가 21개소를 위탁운영 받아 전국 아동보호전문기관의 47.7%를 운영하고 있으며, 한국복지재단이 8개소로 18.2%, 세이브더칠드런이 4개소 9.1%를 운영하고 있으며, 이외에도 우봉복지재단, 인애복지재단, 제남, 화이트아동복지회 등이 운영하고 있다. 종교법인의 경우 서울동부아동보호전문기관과 경기 남양주, 경북 안동, 경북 구미 등 등 4개소를 운영하고 있는 것으로 나타났다.

3) 담당지역

아동보호전문기관이 담당하고 있는 지역을 살펴보면 평균 5.44개소의 기초자치단체를 담당하고 있는 것으로 분석되었다. 지방아동보호전문기관의 경우 평균 7.47개소의 기초자치단체를 담당하고 있는 것으로 나타났으며, 전남아동보호전문기관의 경우 15개 기초자치단체, 경남아동보호전문기관은 13개 지방자치단체를 담당하여 최대 지역을, 제주아동보호전문기관은 제주시를 담당하여 최소지역을 담당하는 것으로 조사되었다(보건복지가족부・중앙아동보호전문기관, 2009).

소규모 지역아동보호전문기관의 경우 평균 3.83개소의 기초자치단체를 담당하는 것으로 조사되었으며, 경북안동 아동보호전문기관이 8개소로 최

〈표 3-2〉 2008년 아동보호전문기관 담당 기초자치단체 현황   (단위: 개소)

구 분	평균	표준편차	최대	최소
거점 지방아동보호전문기관	7.47	3.15	15	1
소규모 지역아동보호전문기관	3.83	1.93	8	1
전 체	5.44	3.10	15	1

대 지역을, 강원 원주와 제주 서귀포 아동보호전문기관이 1개 지역으로 최소지역을 담당하는 것으로 조사되었다.

4) 이동거리 및 이동시간[1]

아동학대 현장조사와 사례관리를 수행하기 위하여 상담원들이 이동하는 거리를 조사한 결과 평균 91.1km를 이동하는 것으로 조사되었다.

지방아동보호전문기관의 경우 평균 114km를 이동하는 것으로 조사되었으며, 강원아동보호전문기관이 최대 350km를, 서울동부아동보호전문기관이 15km를 이동하는 것으로 분석되었다.

소규모 지역아동보호전문기관의 경우 평균 75.2km를 이동하는 것으로 나타났으며, 경북 구미가 200km를, 인천 북부가 15km를 이동하는 것으로 분석되었다.

〈표 3-3〉 아동보호전문기관 상담원 이동거리   (단위: km)

구 분	평균	표준편차	최대	최소
거점 지방아동보호전문기관	114.21	91.73	350	15
소규모 지역아동보호전문기관	75.18	61.98	200	15
전 체	91.03	79.04	350	15

---

[1] 2006년 조사를 분석한 자료이며, 2009년 담당지역이 일부 변경되었기 때문에 현재 구체적인 거리 및 시간은 변동이 있을 수 있다.

<표 3-4> 아동보호전문기관 상담원 이동시간

구 분	평균	표준편차	최대	최소
거점 지방아동보호전문기관	2.42	1.4	6	1
소규모 지역아동보호전문기관	1.64	0.8	3	0.5
전 체	1.96	1.2	6	0.5

이러한 결과는 아동보호전문기관의 담당지역에 따라 상담원들이 이동해야 하는 거리에 많은 차이가 나타나고 있음을 보여준다.

둘째, 아동보호전문기관 상담원들이 현장조사와 사례관리를 위해 이동한 시간을 조사한 결과 평균 1.96시간을 이동하는 것으로 나타났으며, 최대 6시간에서 최소 30분을 이동하는 것으로 조사되었다.

지방아동보호전문기관은 평균 2.4시간을, 소규모 지역아동보호전문기관은 평균 1.6시간을 이동하는 것으로 나타났는데, 이는 지방아동보호전문기관의 담당 지방자치단체의 수가 더 많고 이동거리가 더 길기 때문이다.

2. 시설현황

아동보호전문기관의 경우 「아동복지법」에 따라 사무실과 상담실 그리고 심리검사 및 치료실 등의 공간 등을 확보하게 되어 있다.

1) 독립건물 보유 여부

아동보호전문기관이 독립 건물을 가지고 있는지를 조사한 결과, 독립건물을 가지고 있는 아동보호전문기관이 19개소 45.2%로 나타났고, 독립건물을 가지지 못하고 다른 건물을 임대하여 사용하는 아동보호전문기관은

<표 3-5> 아동보호전문기관의 독립건물 보유 여부 (단위: 개소, %)

구 분	거점 지방 아동보호전문기관	소규모 지역 아동보호전문기관	계
독립건물	18(89.5)	1(4.5)	19(45.2)
사무실 임대	2(10.5)	21(95.5)	23(54.8)
전 체	20(100.0)	22(100.0)	42(100)

23개소 54.8%로 나타났다.

중앙아동보호전문기관과 지방아동보호전문기관 20개소 중 경기 북부와 강원 동부 2개소를 제외한 18개소가 독립건물을 보유한 것으로 나타났는데, 이는 2004년 복권기금으로부터 지원을 받아 아동보호전문기관의 독립건물을 구입한 결과이다. 소규모 아동보호전문기관의 경우 강원 원주 아동보호전문기관을 제외한 모든 아동보호전문기관이 독립건물이 아닌 다른 건물을 임대하여 사용하고 있는 것으로 나타나 지방아동보호전문기관과의 차이를 보여주고 있다.

2) 건물 및 사무실 준비 경비 부담 주체

아동보호전문기관의 건물 및 사무실 경비 부담 주체를 살펴보면, 운영법인이 지원한 경우가 20개소 47.6%로 가장 높게 나타났으며, 복권기금 지원 14개소 33.3%, 지방자치단체 보유 및 법인과 공동부담이 각각 9.5%, 기타 1개소 2.4%로 조사되었다. 서울 및 부산의 지방아동보호전문기관의 경우는 지방자치단체 지원으로, 경기 북부와 강원 동부를 제외한 기타지역 지방아동보호전문기관의 경우 복권기금으로 건물과 관련된 경비를 지원받은 것으로 조사되었다. 이와 반면에 소규모 아동보호전문기관의 경우 대부분이 법인 자체 재정으로 사무실을 마련한 것으로 조사되었다.

〈표 3-6〉 아동보호전문기관 건물 및 사무실 경비부담 주체   (단위: 개소, %)

시설현황	중앙 아동보호 전문기관	지방아동보호전문기관		소규모 지역 아동보호전문기관	계
		서울 및 부산	기타지역		
법인 부담	-	-	2 (12.5)	18 (81.9)	20 (47.6)
법인과 공동부담	-	-	1 (6.3)	3 (13.6)	4 (9.5)
지방자치단체	-	3 (100.0)	-	-	3 (7.1)
복권기금	1 (100.0)	-	13 (81.3)	-	14 (33.3)
기 타	-	-	-	1 (4.4)	1 (2.4)

3) 아동보호전문기관의 시설 현황

아동보호전문기관의 평수를 살펴보면 다음 〈표 3-7〉과 같다. 먼저 건물 크기를 살펴보면 평균 373평으로 조사되었는데, 서울 및 부산의 지방아동보호전문기관의 3개소는 기존의 아동복지센터에서 통합 운영되기 때문에 시설의 규모가 3,214평으로 가장 큰 것으로 조사되었으며, 기타지역의 지방아동보호전문기관이 290평으로 조사되었다. 한편 소규모 아동보호전문기관의 경우 50평으로 가장 규모가 작은 것으로 나타났다. 이는 독립건물 보유 여부에 따라 건물의 크기에서 많은 차이가 있음을 보여주는 결과이다.

사무실의 경우 평균 1.4개소로 나타나 「아동복지법」에 규정된 기준을 지키고 있는 것으로 나타났으며, 서울 및 부산의 지방아동보호전문기관 2.3개소, 기타 지방아동보호전문기관 1.5개소, 소규모 지역아동보호전문기관 1.1개소 등으로 조사되었다.

상담실의 경우 평균 1.5개소로 조사되었고, 서울 및 부산 지방아동보호전문기관 2.3개소, 기타지역 아동보호전문기관 1.7개소, 소규모 아동보호

<표 3-7> 아동보호전문기관 시설 현황

시설현황	중앙 아동보호 전문기관	지방아동보호전문기관		소규모 지역 아동보호 전문기관	계
		서울 및 부산	기타지역		
건물(평)	306	3,214	290	50.0	373.3
사무실(개소)	1	2.3	1.5	1.1	1.36
상담실(개소)	2	3.0	1.7	1.1	1.48
심리검사 및 치료실(개소)	4	2.0	6.1	2.0	3.34
강당(개소)	2	1.3	0.8	0.1	0.48
쉼터(개소)	0	1.0	1.0	0.3	0.67
기타(개소)	2	3.7	1.3	0.5	1.05

전문기관 1.1개소로 나타나 모두 법적인 시설 기준을 갖추고 있는 것으로 분석되었다.

심리검사 및 치료실 등의 각종 프로그램실 등을 조사한 결과 평균 3.4개소로 나타나 다양한 프로그램실을 갖추고 있는 것으로 나타났는데, 서울 및 부산 지방아동보호전문기관 2개소, 기타지역 아동보호전문기관 6.1개소, 소규모 아동보호전문기관 2개소로 나타났다. 이러한 결과는 지방아동보호전문기관의 경우 독립 건물을 보유하고 있어 다양한 프로그램실을 갖추는 것으로 보인다.

강당의 숫자를 살펴보면 평균 0.5개소로 나타났으며, 서울 및 부산 지방아동보호전문기관 1.3개소, 기타지역 지방아동보호전문기관 0.8개소, 소규모 아동보호전문기관 0.1개소로 나타나 지방아동보호전문기관은 대부분 강당을 보유하고 있으나 소규모 아동보호전문기관의 경우 강당을 보유하지 못한 것으로 조사되었다.

쉼터의 경우 평균 0.7개소로 조사되었는데, 서울 및 부산의 지방아동보호전문기관과 기타지역 아동보호전문기관의 경우 1개소를 보유하고 있으나, 소규모 지역아동보호전문기관은 0.3개소로 나타났다. 즉 지방거점 아동보호전문기관의 역할을 수행하는 아동보호전문기관의 경우 쉼터를 보유하고 있어 피학대아동을 위한 일시보호서비스를 제공하고 있으나, 소규모 지역아동보호전문기관의 경우 쉼터를 보유하고 있는 기관은 6개소에 불과해 대부분의 기관에서 일시보호서비스를 제공하지 못하는 것으로 분석되었다.

자료실 등의 기타 공간으로는 평균 1개소로 나타났는데, 서울 및 부산의 지방아동보호전문기관의 경우 3.7개소로 나타났으며, 기타지역 아동보호전문기관 1.3개소 그리고 소규모 아동보호전문기관은 0.5개소로 나타났다.

4) 각종 안전시설 설치 현황

아동보호전문기관에는 각종 안전사고를 예방하기 위해 민간경비회사 연계 및 경찰 연계 그리고 화재대비 및 안전난간 설치 등 다양한 안전설비를 갖추고 있다. 이러한 다양한 안전시설 설치 현황을 조사한 결과는 다음 〈표 3-8〉과 같다.

먼저 화재대비시설을 살펴보면, 전체의 69.0%가 화재 대비시설을 갖추고 있는 것으로 조사되었는데, 서울 및 부산의 지방아동보호전문기관의 경우 100% 화재대비시설을 갖추었으나, 기타지역 지방아동보호전문기관 62.5%, 소규모 아동보호전문기관 68.2%만이 화재대비 안전시설을 갖추고 있는 것으로 조사되었다. 지방아동보호전문기관의 경우 쉼터가 설치되어 피학대아동들이 생활하고 있기 때문에 화재를 대비한 시설을 보완하는 것이 필요함을 보여준다.

두 번째, 계단 및 창문에 추락방지시설 등의 안전대비 시설의 설치 여부를 조사한 결과 23.8%만이 설치한 것으로 나타나 설치율이 낮은 것으로 조사되었다. 서울 및 지방아동보호전문기관은 안전대비시설이 100% 설치되

<표 3-8> 아동보호전문기관 안전시설 설치 현황 (단위: 개소, %)

시설현황	중앙 아동보호 전문기관	지방아동보호전문기관		소규모 지역아동보호 전문기관	계
		서울 및 부산	기타지역		
화재대비시설	1 (100.0)	3 (100.0)	10 (62.5)	15 (68.2)	29 (69.0)
안전대비시설	1 (100.0)	3 (100.0)	5 (31.3)	2 (9.1)	10 (23.8)
민간경호연계	1 (100.0)	2 (66.7)	16 (100.0)	10 (45.5)	29 (69.0)
경찰연계시설	0 (0.0)	2 (66.7)	1 (6.3)	5 (22.7)	8 (19.0)
기타보호시설	0 (0.0)	0 (0.0)	1 (6.3)	1 (4.5)	2 (4.8)
안전시설없음	0 (0.0)	0 (0.0)	0 (0.0)	2 (9.1)	2 (4.8)

었으나, 기타지역 지방아동보호전문기관은 31.3%만이 설치되었고, 소규모 아동보호전문기관의 경우 9.1%만이 설치되어 설치율이 가장 낮은 것으로 나타났다. 소규모 아동보호전문기관의 경우 사무실을 임대하여 사용하기 때문에 각종 안전대비시설을 갖추는 것이 현실적으로 어렵기 때문에 설치율이 낮은 것으로 보인다.

민간경호회사와의 연계 현황을 살펴보면, 연계된 비율이 69%로 나타나 아동보호전문기관의 2/3가 민간경비회사에 경비를 위탁하고 있음을 보여준다. 기타지역 지방아동보호전문기관의 경우 100% 민간경비회사와 연계체계를 갖추고 있으나, 소규모 아동보호전문기관의 경우 45.5%만이 연계체계를 갖추고 있는 것으로 나타나 이의 보완이 필요함을 보여준다.

경찰과의 연계 현황을 살펴보면, 전체 아동보호전문기관의 19%만이 연계체계를 구축하고 있는 것으로 나타나 매우 낮은 연계율을 보여준다. 서울 및 부산의 지방아동보호전문기관은 66.7%의 연계율을 보여주고 있지만, 기타지역 지방아동보호전문기관과 소규모 아동보호전문기관은 각 1개소씩만 경찰과의 연계체계를 구축하고 있는 것으로 나타나 아동보호전문기관의 안전과 관련된 경찰과의 협조체계 구축이 보완되어야 함을 보여준다.

　기타 안전시설을 설치한 아동보호전문기관은 2개소로 조사되었고, 안전시설이 전혀 설치되어 있지 않은 아동보호전문기관도 2개소로 나타나 안전보호시설의 추가 설치가 필요함을 보여준다.

　안전시설 설치현황에 대한 조사는 아동보호전문기관의 안전에 대한 각종 시설 설치가 보완될 필요성을 있음을 보여준다. 아동학대 가해자의 상담원에 대한 신변안전이나 위협 등의 위험요인이 증가하고 있고, 쉼터에서의 일시보호 아동들이 생활하고 있음을 고려한다면 아동보호전문기관에서의 화재예방시설이나 경찰연계 체계 구축 등은 더욱 완벽하게 구축될 필요가 있다.

2 | 아동보호전문기관 인력

1. 인력 현황

1) 직원 현황

아동보호전문기관의 정규직원 현황을 살펴보면 평균 7.83명으로 조사되었으며, 최소 4명에서 최대 18명으로 조사되었다. 서울 및 부산의 지방아동보호전문기관은 12.0명으로 조사되었는데 이는 아동복지센터에서 근무하는 총 인력 중 아동학대와 관련된 현장조사와 서비스 제공을 담당하는 인력만을 포함한 결과이다. 서울동부아동보호전문기관이 7명, 서울시 아동보호전문기관이 18명으로 조사되었다. 기타지역 아동보호전문기관은 인력은 10.1명으로 나타났으며, 최소 9명에서 최대 15명으로 조사되었다. 경기도 아동보호전문기관이 15명으로 가장 많은 직원이 근무하고 있는 것으로 조사되었다. 지방아동보호전문기관에 근무하는 인력에 있어서 차이가 있음을 보여준다.

소규모 아동보호전문기관은 평균 5.6명으로 나타났으며, 최소 4명에서 최대 9명으로 조사되었다. 서귀포 아동보호전문기관이 4명으로 가장 적게 나타났으며, 경기 화성 아동보호전문기관이 9명이 근무하는 것으로 나타나 지방아동보호전문기관과 마찬가지로 소규모 아동보호전문기관에 종사하는 인력들이 지역에 따라 차이가 있음을 보여준다.

정부가 인건비를 보조하는 인력을 살펴보면 평균 7.38명으로 나타났으며, 최소 4명에서 최대 18명으로 조사되었다. 서울 및 부산의 지방아동보호전문기관은 12명으로 나타났으며, 기타지역 지방아동보호전문기관은 9.6명, 소규모 아동보호전문기관은 5.1명으로 나타나 지방아동보호전문기관 여부에 따라 정부의 인건비 지원기준이 차이가 남을 보여준다. 한편 기타지역 지방아동보호전문기관에 있어서도 최소 7명에서 최대 13명의 인건비 지원을 받는 것으로 나타나 지역 간에 정부 인건비 지원 인력에 차이가 있음을 보여준다.

〈표 3-9〉 2006년 아동보호전문기관 인력 현황 (단위: 명)

	종사자 현황	평균	표준편차	최대	최소
정규 직원	전체기관	7.83	2.99	18	4
	서울 및 부산 지방아동보호전문기관	12.0	5.6	18	7
	기타지역 지방아동보호전문기관	10.1	1.6	15	9
	소규모 아동보호전문기관	5.6	1.1	9	4
정부인건비 지원 인력	전체기관	7.38	3.06	18	4
	서울 및 부산 지방아동보호전문기관	12.0	5.6	18	7
	기타지역 지방아동보호전문기관	9.6	1.4	13	7
	소규모 아동보호전문기관	5.1	1.1	9	4
법인 자부담 인력	전체기관	0.43	0.67	2	0
	서울 및 부산 지방아동보호전문기관	0.0	0.0	0	0
	기타지역 지방아동보호전문기관	0.4	0.7	2	0
	소규모 아동보호전문기관	0.5	0.7	2	0
보조 인력	전체기관	2.19	3.63	16	0
	서울 및 부산 지방아동보호전문기관	0.3	0.6	1	0
	기타지역 지방아동보호전문기관	3.9	5.3	16	0
	소규모 아동보호전문기관	1.3	1.3	4	0

법인 자부담인력을 살펴보면 평균 0.43명으로 조사되었고, 최대 2명을 자부담으로 고용하는 아동보호전문기관이 있는 것으로 조사되었다. 기타지역 지방아동보호전문기관은 0.4명, 소규모 아동보호전문기관은 0.5명을 법인 자부담으로 고용하는 것으로 나타나 규모가 작은 아동보호전문기관에서 오히려 더 많은 자부담 인력을 채용하여 사업을 수행하고 있음을 보여준다.

인턴·직장체험 및 사회적 일자리 지원 등 보조 인력의 활용 여부를 살펴보면, 평균 2.19명으로 나타났고, 최대 16명까지 보조 인력을 활용하는 것으로 분석되었다. 기타지역 지방아동보호전문기관인 평균 3.9명으로 가장 많은 보조인력을 활용하는 것으로 나타났으며, 소규모 아동보호전문기관 1.3명, 서울 및 부산 지방아동보호전문기관 0.3명으로 나타나 기관 특성에 따라 보조인력 활용에 차이가 있음을 보여준다. 특히 공공부문에서 운영하는 아동보호전문기관의 경우 보조 인력의 활용이 낮은 것으로 조사되었다.

2) 상담원 배치 현황

아동보호전문기관의 상담원 현황을 살펴보면 2005년 6.3명에서 2006년 5.8명, 2007년 5.9명, 2008년 7.0명으로 나타나 1개 기관 당 7명의 상담원이 근무하고 있음을 보여준다.

〈표 3-10〉 최근 4년간 아동보호전문기관 상담원 배치 현황

구 분	2005년	2006년	2007년	2008년
전체기관	6.3	5.8	5.9	7.0
서울 및 부산 지방아동보호전문기관	11.3	11.0	6.0	7.7
기타지역 지방아동보호전문기관	8.0	6.9	7.6	8.3
소규모 아동보호전문기관	4.0	4.2	4.8	6.1

자료: 각 연도별 전국아동학대현황보고서 자료로 재작성.

서울 및 부산의 지방아동보호전문기관의 상담원 수는 2005년과 2006년 11명을 기록하였으나 2007년 6명으로 감소하였다가 2007년 다시 7.7명으로 증가하였다. 이는 서울아동복지센터의 아동학대를 담당하는 상담원 수가 18명에서 6명으로 감소하였기 때문이다.[2]

기타지역 지방아동보호전문기관의 상담원 수는 2005년 8명에서 2006년 6.9명, 2007년 7.6명, 2008년 8.3명으로 나타나 2006년 이후 점차 증가하고 있다.

소규모 지역아동보호전문기관의 상담원 수는 2005년 4명, 2006년 4.2명, 2007년 4.8명, 2008년 6.1명으로 점차 증가하고 있다.

이러한 상담원 현황은 매년 보건복지가족부가 제시하고 있는 아동복지사업 안내의 인건비 지원기준에 비하여 매우 부족한 현황이다. 2009년 사업 안내에 따르면 지방아동보호전문기관은 13명 이상, 소규모 지역아동보호전문기관은 9명 이상을 배치하도록 되어 있는데, 행정요원을 제외하더라도 지방아동보호전문기관은 5명, 소규모 지역아동보호전문기관은 2명이 부족한 실정이다.

2. 이직 현황

직원들의 이직 현황을 살펴보면 2006년 1년 동안 이직한 직원 수는 평균 1.95명으로 나타났으며, 최대 10명까지 이직한 것으로 나타났다. 이는 2006년 아동보호전문기관 평균 종사자 7.9명 중 2.0명으로 이직률이 25.3%에 이르는 등 매우 높음을 보여준다. 서울 및 부산 지방아동보호전문

---

[2] 공공에서 직영하고 있는 서울 및 부산의 아동보호전문기관의 경우 아동보호업무 외에 다른 아동복지업무를 수행하고 있기 때문에 아동학대와 관련된 상담원을 몇 명으로 규정하느냐에 따라서 상담원 현황 파악에 차이가 나타나고 있다.

기관의 이직 인원은 2.0명, 기타지역 아동보호전문기관 2.6명, 소규모 아동보호전문기관 1.6명으로 나타났다. 기관별 이직률을 살펴보면, 서울 및 부산 지방아동보호전문기관은 16.7%, 기타 지방아동보호전문기관 25.7%, 그리고 소규모 아동보호전문기관 28.6%로 나타나 소규모 아동보호전문기관의 이직률이 가장 높음을 보여준다.

이직의 원인으로는 사직과 법인 내 타 기관으로의 전보 등이 나타나고 있는데, 사직인원은 평균 0.8명, 법인 내 타 기관 이동은 1.1명으로 나타나 타 기관으로 이동이 더 높은 이직의 원인임을 보여준다. 사직에 있어서는 기타지역 지방아동보호전문기관이 1.4, 소규모 아동보호전문기관이 0.6명으로 나타났다.

타 기관으로의 이동은 서울 및 부산 지방아동보호전문기관 2.0명, 기타지역 지방아동보호전문기관 1.1명 그리고 소규모 아동보호전문기관은 각 1.0명으로 조사되었다.

이러한 높은 이직률은 아동보호전문기관 상담원의 근무기간을 매우 짧게

〈표 3-11〉 2006년 아동보호전문기관 이직 현황 분석 (단위: 명)

종사자 현황		평균	표준편차	최대	최소
이직인원	전체기관	1.95	2.05	10	0
	서울 및 부산 지방아동보호전문기관	2.0	3.5	6	0
	기타지역 지방아동보호전문기관	2.6	1.6	5	0
	소규모 아동보호전문기관	1.6	2.2	10	0
사직인원	전체기관	0.83	1.23	5	0
	서울 및 부산 지방아동보호전문기관	0.0	0.0	0	0
	기타지역 지방아동보호전문기관	1.4	1.6	5	0
	소규모 아동보호전문기관	0.6	0.8	3	0
법인내 타기관 이동	전체기관	1.12	1.58	7	0
	서울 및 부산 지방아동보호전문기관	2.0	3.5	6	0
	기타지역 지방아동보호전문기관	1.1	1.3	4	0
	소규모 아동보호전문기관	1.0	1.6	7	0

만들고 있어 전문성 있는 상담원의 확보가 가장 큰 과제가 된다. 높은 이직률은 아동보호전문기관 상담원의 전문성 하락은 물론 사례관리의 문제점, 그리고 사업수행상의 연속성 단절 등 많은 문제점을 발생시키는 원인이 되기 때문에 아동보호전문기관 종사자의 이직을 줄일 수 있는 대책 마련이 필요하다.

3. 자원봉사자 현황

아동보호전문기관에서 봉사하는 자원봉사자 현황을 살펴보면 평균 73.6명으로 조사되었으며, 최소 0명에서 최대 290명으로 나타나 기관에 따라 큰 편차를 보여주고 있다. 서울 및 부산 지방아동보호전문기관은 78.3명, 기타지역 아동보호전문기관 83.3명, 소규모 아동보호전문기관 68.3명으로 나타나 지방아동보호전문기관의 자원봉사자가 가장 많은 것으로 조사되었다.

〈표 3-12〉 2006년 아동보호전문기관 자원봉사자 현황   (단위: 명)

종사자 현황	평균	표준편차	최대	최소
전체기관	73.6	67.9	290	0
서울 및 부산 지방아동보호전문기관	78.3	66.0	150	20
기타지역 지방아동보호전문기관	83.3	59.9	245	25
소규모 아동보호전문기관	68.3	75.7	290	0

4. 자격증 보유 현황

전국의 아동보호전문기관에 근무하는 정규 직원의 사회복지사 자격증 보유 여부를 조사한 결과 사회복지사 1급 자격증을 소지한 직원은 평균 6.10명, 2급 자격증 소지자는 0.5명, 임상심리사 자격증 소지자 0.33명, 사회복지사 자격증 미보유자는 0.48명으로 분석되었다. 이러한 자격증 소지율은 전체 아동보호전문기관 직원 평균수가 7.8명인 것을 고려하면 1급 자격증 소지율은 78.2%, 2급 자격증 소지율은 6.5%, 자격증 미소지자 비율은 6.2%로 나타나 대부분의 직원들이 사회복지사 자격증을 소지하고 있는 것으로 나타났다. 사회복지사 자격증 미보유자들을 조사한 결과 사무원으로 종사하고 있는 직원들로 나타나 모든 상담원들이 자격증을 보유하고 있는 것으로 나타났다.

이러한 결과는 아동보호전문기관에서 「아동복지법」에 규정된 아동보호전문기관 상담원의 자격기준을 준수하여 직원을 채용하고 있음을 보여주는 결과이다.

시설의 특성에 따른 자격증 보유 여부를 살펴보면, 서울 및 부산의 지방아동보호전문기관의 경우 평균 직원 12명 중 1급 자격증 보유자가 10.7명으로서 89.2%가 1급 자격증을 가지고 있는 것으로 나타났다. 기타지역 지방아동보호전문기관의 경우 평균 직원 10.1명 중 7.1명이 1급 자격증을 보유하고 있어 보유율은 70.3%로 분석되었다. 소규모 아동보호전문기관의 1급 자격증 보유자는 평균 4.6명으로 83.0%로 나타났다.

임상심리사 자격증 보유 여부를 조사한 결과 기타지역 지방아동보호전문기관과 소규모 지역아동보호전문기관 일부에서 임상심리사를 채용하여 피학대아동과 가해자의 심리검사를 담당하고 있는 것으로 나타났다.

〈표 3-13〉 아동보호전문기관 종사자 사회복지사 자격 보유 현황 분석 (단위: 명)

종사자 현황		평균	표준편차	최대	최소
사회복지사 1급	전체기관	6.10	2.22	16	2
	서울 및 부산 지방아동보호전문기관	10.7	4.7	16	7
	기타지역 지방아동보호전문기관	7.1	0.8	8	6
	소규모 아동보호전문기관	4.6	0.9	6	2
사회복지사 2급	전체기관	0.50	0.86	3	0
	서울 및 부산 지방아동보호전문기관	0.3	0.6	1	0
	기타지역 지방아동보호전문기관	0.7	0.9	3	0
	소규모 아동보호전문기관	0.4	0.7	3	0
임상심리사	전체기관	0.30	0.48	1	0
	서울 및 부산 지방아동보호전문기관	0	0	0	0
	기타지역 지방아동보호전문기관	1.0	0.0	1	0
	소규모 아동보호전문기관	0.1	0.4	1	0
상담원 중 사회복지사 자격증 미보유	전체기관	0.48	0.55	2	0
	서울 및 부산 지방아동보호전문기관	0.3	0.6	1	0
	기타지역 지방아동보호전문기관	0.7	0.6	2	0
	소규모 아동보호전문기관	0.3	0.5	1	0

3 | 학대아동보호사업 예산 분석[3]

학대아동보호사업과 관련된 예산은 정부의 학대아동보호사업 예산과 민간기관의 학대아동보호사업으로 크게 나누어 살펴볼 수 있다. 정부의 학대아동보호사업 예산지원은 중앙아동보호전문기관 및 지방아동보호전문기관 운영비 지원 등으로 구성되어 있으며, 보건복지가족부는 중앙아동보호전문기관 운영비를 지원하고, 지방아동보호전문기관의 운영비 지원은 분권교부세와 지방자치단체의 지방비를 통해 이루어지고 있다.

민간의 학대아동 보호사업과 관련된 예산은 아동학대와 관련된 각 시설 및 단체의 아동학대 사업예산을 총괄할 수 있다. 그러나 우리나라에서 어느 정도의 민간단체 예산이 학대아동보호사업에 투입되는지에 대한 체계적인 분석과 연구가 이루어져 있지 않다. 따라서 본 분석에서는 정부의 학대아동보호사업예산 특히 아동보호전문기관의 예산을 중심을 분석한다.

---

[3] 예산 현황 분석 결과는 오승환 등(2007)의 "학대아동보호사업 평가 및 성과분석"의 예산분석 부분을 전제하였다. 아동보호전문기관에 대한 예산분석은 매년 발간되는 각 연도별 아동학대현황보고서나 2008년과 2009년에 이루어진 아동보호전문기관 평가과정에서도 이루어지지 않아 최근 자료를 포함시키지 못하였다.

1. 세입분석

아동보호전문기관의 세입은 정부보조금, 자부담, 외부기관 지원 등으로 이루어져 있다. 정부보조금은 아동보호전문기관 운영에 필요한 상담원 인건비와 각종 운영비(사무용품 구입비, 인쇄비, 난방비, 운영비, 회의비, 아동보호비, 출장비 등)와 장비구입비 등을 정부예산으로 지원하는 것이다. 중앙아동보호전문기관의 경우 전액 국고로 지원하였으며, 지방아동보호전문기관의 경우 2004년까지는 국비와 지방비로 각각 50% 부담하여 지원하였으며, 2005년부터는 지방이양사업으로 분류되어 지방분권예산과 지방비로 지원되었다.

자부담은 아동보호전문기관이 마련하는 예산으로서 운영법인의 보조금과 민간의 후원금 그리고 기타경비(예금이자 및 잡수입) 등으로 구성되어 있다. 외부기관지원은 아동학대사업을 위해 외부기관에서 프로그램 사업비를 지원하는 것으로서 대표적인 지원 프로그램으로는 공동모금회나 삼성복지재단 등을 통한 프로그램비 지원 등이 포함된다.

1) 학대아동보호사업 세입 총액 분석[4]

(1) 세입 총액 분석

아동보호전문기관의 연도별 세입내역을 살펴보면 〈표 3-14〉와 같다. 2000년 10월에 아동보호전문기관이 운영이 시작되었지만, 1년의 예산이 집행된 기간은 2001년부터이기 때문에 2001년부터 2006년까지의 아동보호전문기관의 세입예산을 총합하여 분석하였다.

---

[4] 2006년 세입예산은 2006년 12월말 추경예산을 기준으로 작성되었기 때문에 정확한 세입예산은 아니지만 실제 세입과 큰 차이는 없을 것으로 판단된다.

〈그림 3-1〉 학대아동보호사업 관련 예산 증가

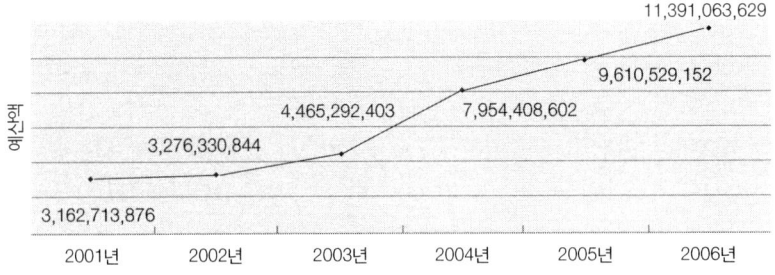

분석 결과 2001년도 전국의 아동보호전문기관의 예산 총합은 31억 6,264만 원으로 나타났으며, 2002년 32억 7,633만 원, 2003년 44억 5,629만 원, 2004년 79억 5,441만 원, 2005년 96억 1,052만 원, 2006년 113억 9,106만 원을 기록하였다.

2003년에 예산이 증가한 것은 2개소의 지방아동보호전문기관의 개소에 기인하며, 2004년에 급격하게 증가한 것은 소규모 아동보호전문기관의 개소에 따른 예산의 증가다. 아동보호전문기관 운영이 지방이양사업으로 분류된 2005년 이후에도 아동보호전문기관의 운영예산은 지속적으로 증가한 것으로 나타났다.

아동보호전문기관에 대한 정부보조금 지원현황을 살펴보면 2001년에는 18억 3,263만 원이 지원되었으며, 2002년에는 15억 8,586만 원으로 약간 감소하였다가, 2003년 30억 1,278만 원, 2004년 43억 7,060만 원, 2005년 56억 8,563만 원, 2006년 73억 6,142만 원을 기록하였다.

아동보호전문기관에 대한 기관의 자부담 현황을 살펴보면 2001년에는 12억 9,248만 원이 지원되었으며, 2002년에는 16억 1,617만 원, 2003년 13억 5,930만 원, 2004년 33억 7,047만 원, 2005년 35억 9,540만 원, 2006년 37억 841만 원을 기록하였다. 2003년에 기관의 자부담액은 약간 감소하였다가 2004년 급격하게 증가한 것으로 나타났는데 이는 2004년 소규모 아동보호전문기관이 개소할 때, 18개 신규기관 중 8개소만 정부보조금이 지

〈표 3-14〉 아동보호전문기관 세입 총액 분석 (단위: 원, %)

년도	총액	정부보조금	자체부담	외부기관지원
2001년	3,162,713,876	1,832,634,241	1,292,478,635	37,601,000
2002년	3,276,330,844	1,585,855,730	1,616,165,127	74,309,987
2003년	4,465,292,403	3,012,776,000	1,359,295,088	93,221,315
2004년	7,954,408,602	4,370,596,426	3,370,470,612	213,341,564
2005년	9,610,529,152	5,685,628,369	3,595,396,861	329,503,922
2006년	11,391,063,629	7,361,416,000	3,708,414,629	321,233,000

급되어 나머지 10개 기관의 경우 기관 개소에 필요한 예산을 정부지원금 없이 법인 지원금 및 후원금 등으로 자부담한 결과이다. 또한 2002년 기관 자부담액은 정부보조금 지원총액보다 더 많은 것으로 나타나 아동보호전문기관 운영에 있어서 민간운영 기관이 많은 역할을 수행하고 있음을 보여 준다.

아동보호전문기관이 외부로부터 지원받아 사업을 실시한 예산 현황을 살펴보면 2001년에는 3,760만 원에 불과했으나, 2002년 7,431만 원, 2003년 9,322만 원, 2004년 2억 1,334만 원, 2005년 3억 2,950만 원, 2006년 3억 2,123만 원을 기록하여 2005년에 최고액을 기록한 것으로 나타났다.

(2) 세입 항목별 구성 비율

아동보호전문기관 연평균 예산의 구성 비율을 살펴보면, 정부보조금의 비율은 2001년 57.9%를 기록하였으며, 2002년에 48.4%로 가장 낮은 비율을 그리고 2003년에는 67.5%로 가장 높은 비율을 기록하였다. 2004년에는 54.9%로 낮아졌다가 2005년 59.2%, 2006년에는 64.6%로 점차 증가하고 있는 추세이다.

자부담 비율은 2001년 40.9%를 기록하였으며, 2002년에 49.3%로 가장 높은 비율을 기록하였다. 2003년 30.5%로 가장 낮은 비율을 기록하였으

〈그림 3-2〉 학대아동보호예산 세입별 구성비

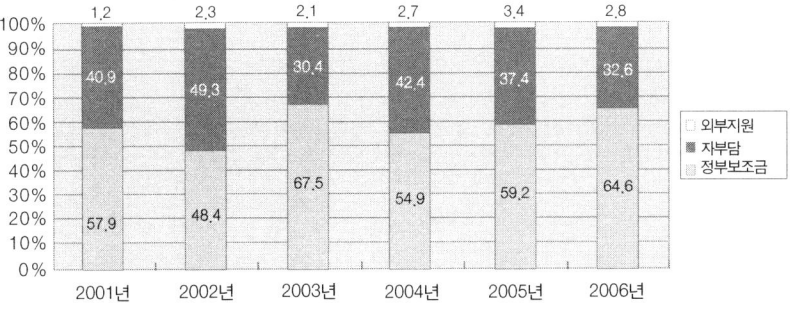

며, 2004년 42.4%, 2005년 37.4%, 2006년 32.6%로 점차 감소하고 있다.

외부 지원금 비율은 2001년 1.2%로 가장 낮은 비율을 기록하였으며, 2002년 2.3%, 2003년 2.1%, 2004년 2.7%, 2005년 3.4%, 2006년 2.8%로 사업초기 1%대에서 2006년 3%대로 점차 증가함을 보여준다.

(3) 예산 증가율

각 연도 아동보호전문기관 예산의 증가율을 살펴보면, 2001년을 100을 기준하였을 때, 2002년은 104%로 가장 낮은 증가율을 기록하였고, 2004년 증가율이 179%로 가장 높은 증가율을 기록하였다. 2003년 136%, 2005년 121%, 2006년 119%를 기록하여 2004년 이후 예산증가율은 점차 둔화되고 있다. 2001년을 100으로 기준하였을 때 2006년 예산은 360% 증가하여 지난 6년간 아동보호전문기관 관련 예산은 총액으로 3.5배 증가하였음을 보여준다.

각 연도 정부보조금 증가율을 살펴보면, 2002년에는 2001과 비교하여 87%를 기록하여 정부보조금은 감소한 것으로 나타났으며, 2003년에는 2001년 대비 164%로 증가하였다. 2004년은 238%, 2005년 310%, 2006년에는 402%를 기록하여 2002년 이후 아동보호전문기관에 대한 정부보조금 총액은 지속적으로 증가하고 있음을 보여준다. 2001년 대비 2006년 예산

<그림 3-3> 학대아동보호 항목별 예산 증가율

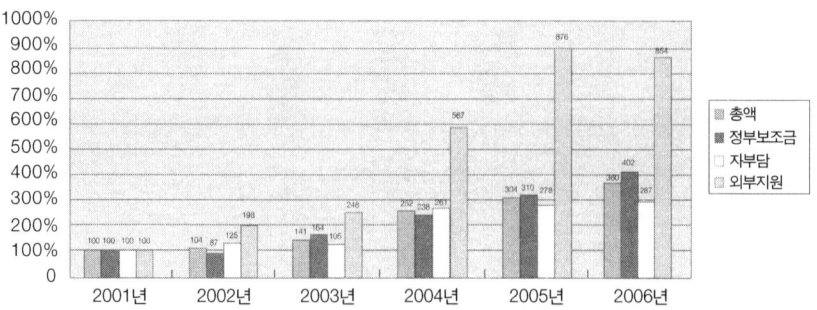

은 402% 증가하여 지난 6년간 4배의 예산 증가율을 보여준다.

각 연도 자부담액의 증가율을 살펴보면, 2002년에는 2001년 대비 125%를 기록하였고, 2003년 105%로 2002년에 비해 약간 감소하였다. 2004년 261%로 가장 많이 증가하였고, 2005년 278%, 2006년 287%를 기록하였다. 2001년을 100으로 기준하였을 때 2006년 자부담액은 283% 증가하여 지난 6년간 약 3배의 예산 증가율을 보여준다.

외부지원금 증가율을 살펴보면, 2001년 대비 2006년 외부지원금 지원액은 854% 증가한 것으로 사업초기에 비해 거의 9배의 외부 지원금을 지원받은 실적이다. 이는 각 아동보호전문기관이 피학대아동의 치료와 보호를 위한 각종 전문적인 프로그램 운영을 위해 공동모금회나 삼성복지재단 등

<표 3-15> 아동보호전문기관 연도별 세입 증가율 (단위: %)

구분	총액	정부보조금	자부담	외부지원
2001년	100	100	100	100
2002년	104	87	125	198
2003년	141	164	105	248
2004년	252	238	261	567
2005년	304	310	278	876
2006년	360	402	287	854

사회복지재단으로부터 외부지원금을 지원받았기 때문이다.

2) 아동보호전문기관 1개소 당 평균 세입 분석

(1) 아동보호전문기관 1개소 당 평균 세입 분석

아동보호전문기관 1개소 당 평균 세입을 살펴보면, 2001년에는 1억 7,570만 원으로 나타났으며, 2002년 1억 8,202만 원, 2003년 2억 2,365만 원, 2004년 2억 933만 원, 2005년 2억 4,624만 원, 2006년 2억 7,122만 원을 기록하였다.

1개소 당 평균 세입은 2001년부터 2003년까지 지속적으로 증가하다가 2004년에는 전년 대비 94%로 감소하였다. 그 이유는 소규모 지역아동보호전문기관 18개소가 개소한데 그 원인이 있는데, 소규모 지역아동보호전문기관의 경우 지방아동보호전문기관에 비해 상담원의 수나 운영비 등의 예산 규모가 작아 1개소 당 아동보호전문기관 평균 세입이 감소하게 되었다. 또한 개소한 18개소 중 8개소에만 정부보조금이 지원되었고, 10개소의 경우는 정부보조금 없이 민간 자체 부담으로만 기관을 운영하게 되어 평균 예산이 감소하게 되었다.

2004년을 기준으로 하여 아동보호전문기관 1개소 당 평균 세입액은 점

〈표 3-16〉 아동보호전문기관 1개소 당 연 평균 세입 세부 항목 분석 (단위: 원)

년도	기관 수	총액	정부보조금	자체부담	외부기관지원
2001년	18	175,706,326	101,813,013	71,804,369	2,088,944
2002년	18	182,018,380	88,103,096	89,786,952	4,128,333
2003년	20	223,264,620	150,638,800	67,964,754	4,661,066
2004년	38	209,326,542	116,006,066	88,696,595	5,614,252
2005년	39	246,423,824	145,785,343	92,189,663	8,448,819
2006년	42	271,215,800	176,570,366	89,203,763	7,648,405

차 증가하고 있으며, 2001년 1개소 당 평균 세입과 비교할 때 2006년 아동보호전문기관 1개소 당 평균 세입은 154% 증가하였다.

정부보조금은 2001년 아동보호전문기관 1개소 당 1억 181만 원을 지원하였으나 2002년에는 8,810만 원으로 감소하였다가, 2003년 1억 5,064만 원을 대폭 증가하였다. 2004년에는 1억 1,601만 원으로 다시 감소하였다가 2005년에는 1억 4,579만 원, 2006년에는 1억 7,657만 원으로 다시 증가하고 있음을 보여준다. 2002년 예산이 감소한 것은 2001년에 지원되었던 시설비의 감소에 따른 감소이며, 2004년의 감소는 소규모 아동보호전문기관 개소에 따른 감소이다.

자부담액은 아동보호전문기관 1개소 당 2001년 7,180만 원을 기록하였으며, 2002년 8,979만 원으로 증가하였다가 2003년 6,796만 원으로 감소하였다. 2004년 8,870만 원, 2005년 9,219만 원, 2006년 8,920만 원을 기록하는 등 2004년 이후 매년 9천만 원의 자부담을 하는 것으로 나타났다. 2003년 감소하였던 자부담이 2004년 증가한 것은 소규모 아동보호전문기관 개소에 따른 법인지원금의 증가에 기인한다. 각 연도별로 자부담액이 증가와 감소를 반복한 것은 아동보호전문기관 운영에 필요한 예산 중 정부보조금 지원액의 부족분을 개별 아동보호전문기관에서 부담해야 하기 때문이다. 따라서 정부보조금이 적게 지원된 연도에는 자부담 액수가 많고, 정부보조금이 많이 지원된 연도에는 자부담 액수가 적은 것으로 나타나고

〈그림 3-4〉 아동보호전문기관 1개소 당 예산 증가액

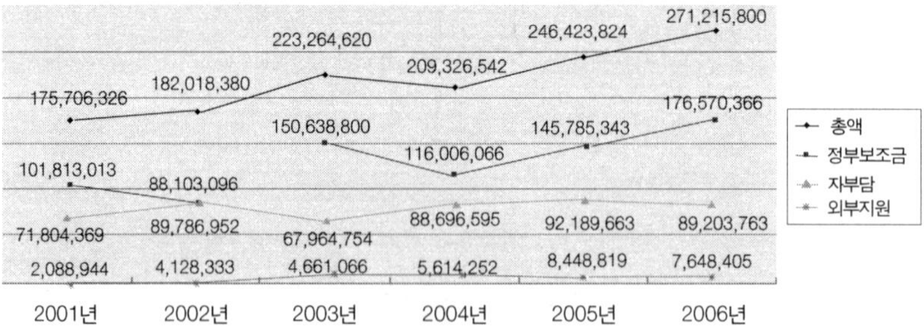

연도	총액	정부보조금	자부담	외부지원
2001년	175,706,258	101,813,013	71,804,369	2,088,944
2002년	182,018,380	88,103,096	89,786,952	4,128,333
2003년	223,264,620	150,638,800	67,964,754	4,661,066
2004년	209,326,542	116,006,066	88,696,595	5,614,252
2005년	246,423,824	145,785,343	92,189,663	8,448,819
2006년	271,215,800	176,570,366	89,203,763	7,648,405

있다.

외부지원금은 2001년 아동보호전문기관 1개소 당 209만 원에 불과했으나, 2002년 413만 원, 2003년 466만 원, 2004년 561만 원, 2005년 845만 원, 2006년 783만 원을 기록하여 점차 증가하고 있음을 보여준다.

(2) 아동보호전문기관 기관 특성별 세입 분석

아동보호전문기관 기관별로 연평균 예산을 살펴보면, 먼저 중앙아동보호전문기관의 경우, 2001년 1억 7,905만 원의 예산을 기록하였고, 2002년 3억 190만 원, 2003년 4억 2,613만 원, 2004년 4억 3,318만 원, 2005년 3억 9,129만 원, 2006년 4억 5,697만 원 등 매년 예산이 증가하고 있음을 보여준다. 이는 중앙아동보호전문기관의 상담원의 증가와 DB구축 및 분석, 각종 홍보 및 연구 등 각종 역할이 증가함에 따라 예산이 증가하고 있음을 보여준다.

둘째, 서울 및 부산의 지방아동보호전문기관의 경우 2001년 4,137만 원의 예산을 기록하였고, 2002년 3,398만 원, 2003년 3,739만 원, 2004년 4,168만 원, 2005년 3,409만 원, 2006년 4,411만 원을 기록하는 등 매년 3~4천만 원의 세입을 보여주고 있다. 이렇게 예산이 매우 적게 나타난 것은 서울 및 부산 아동보호전문기관이 학대아동보호사업만을 수행하는 것

〈표 3-17〉 아동보호전문기관 기관 특성별 1개소 평균 예산 (단위: 원)

구 분	중앙 아동보호전문기관	지방아동보호전문기관		소규모 아동보호전문기관
		서울 및 부산	기타지역	
2001년	179,048,805	41,370,667	204,253,791	-
2002년	301,899,494	33,980,000	205,177,954	-
2003년	426,133,786	37,386,667	215,137,414	
2004년	433,177,319	41,680,000	296,215,347	147,596,985
2005년	391,291,522	34,090,000	344,026,671	190,133,731
2006년	456,971,101	44,110,667	393,329,610	204,931,217

이 아니라 기존의 아동복지센터 운영 외에 학대아동보호 사업을 추가적으로 수행하기 때문에 이 사업에 필요한 예산만을 아동학대 예산으로 분류하였기 때문이다.

셋째, 기타지역 지방아동보호전문기관의 예산을 살펴보면, 2001년 2억 425만 원의 예산을 기록하였고, 2002년 2억 518만 원, 2003년 2억 4,544만 원, 2004년 2억 9,622만 원, 2005년 3억 4,403만 원, 2006년 3억 9,333만 원을 기록하는 등 점차 증가하고 있는 것으로 나타났다. 이러한 증가원인은 상담원의 증가와 상담원 급여 증가 그리고 학대아동 검사비 및 치료비 등의 사업비 증가에 그 원인이 있다. 예산의 지방이양이 이루어진 후에도 예산이 지속적으로 증가하고 있으며, 2006년에는 2001년의 거의 2배에 이르는 예산을 기록하였다.

넷째, 소규모 아동보호전문기관의 경우 2004년 1억 4,760만 원의 예산을 기록하였고, 2005년 1억 9,013만 원, 2006년 2억 493만 원을 기록하여 점차 증가하고 있음을 보여준다. 소규모 아동보호전문기관 역시 상담원 급여의 증가 및 각종 사업비 증가로 인해 평균 예산이 증가함을 보여준다.

〈그림 3-5〉 기관 특성별 아동보호전문기관 연평균 예산 증가액

연도	중앙	서울부산거점	기타거점	소규모	평균
2001년	204,253,791	179,048,805	101,813,013		41,370,667
2002년	301,899,484	205,177,954	88,103,096		33,980,000
2003년	426,133,786	245,437,414	150,638,800		37,386,667
2004년	433,177,786	296,215,347	147,596,985	116,006,066	41,680,000
2005년	391,291,622	344,026,671	190,133,731	145,785,343	34,090,000
2006년	456,971,101	393,329,610	204,931,217	176,570,366	44,110,667

(3) 기관 특성별 정부보조금 분석

기관 특성에 따른 정부보조금 지원현황을 살펴보면 첫째, 중앙아동보호전문기관은 2001년에는 1억 5,435만 원을 지원받았으며, 2002년에는 1억 4,145만 원으로 감소하였다가, 2003년에는 2억 8,336만 원으로 지원액이 급격히 증가하였으며, 2006년에는 3억 985만 원을 지원받았다. 2006년 지원액을 2001년과 비교하였을 때는 201% 증가한 금액이다. 2003년에 지원액이 급격히 증가한 이유는 학대아동과 관련한 사례관리시스템 운영을 위한 서버구입과 사례관리 프로그램 운영비로 1억 3,000만 원을 지원받았기 때문이다.

둘째, 지방아동보호전문기관 중 서울 및 부산의 지방아동보호전문기관은 기관 지정시 기존에 운영하고 있는 아동복지센터 및 아동상담소에 학대아동보호 기능을 추가하여 사업을 실시하도록 하였다. 따라서 타 아동보호전문기관처럼 인건비와 운영비를 지원하는 것이 아니라 일정액의 사업비를 지원하는 방식으로 정부보조금을 지원하였다. 3개 기관의 평균 정부보조금을 살펴보면 2001년 4,137만 원, 2002년 2,731만 원, 2003년 3,739만 원, 2004년 3,668만 원, 2005년 3,076만 원, 2006년 4,411만 원을 지원받은 것으로 나타났다. 2006년 지원액은 2001년 대비 107%에 불과하였으며, 2005년까지는 2001년 지원액보다 적은 정부보조금을 지원받았으며 2006년

〈표 3-18〉 아동보호전문기관 1개소 평균 정부보조금 지원액 (단위: 원)

구 분	중앙 아동보호전문기관	지방아동보호전문기관		소규모 아동보호전문기관
		서울 및 부산	기타지역	
2001년	154,345,000	41,370,667	111,012,660	-
2002년	141,450,000	27,313,333	97,318,981	-
2003년	283,359,000	37,386,667	163,578,563	-
2004년	292,480,000	36,680,000	197,013,356	43,381,808
2005년	236,350,000	30,756,667	230,443,625	87,890,019
2006년	309,850,000	44,110,667	265,186,438	121,629,524

<그림 3-6> 아동보호전문기관 1개소 당 정부보조금 증가액

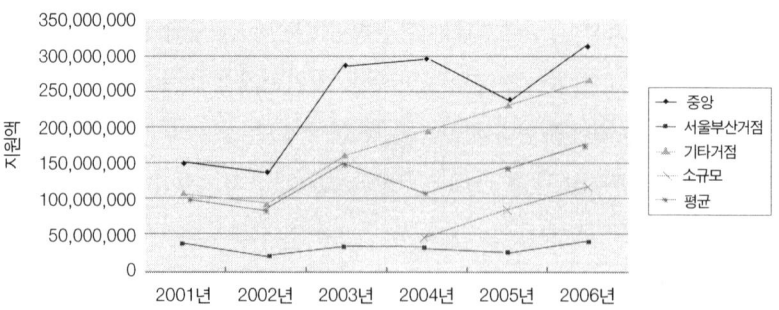

만 2001년에 비해 약간 더 많은 보조금을 지원받았다.

셋째, 기타지역의 지방아동보호전문기관은 2001년 1억 1,101만 원을 지원받았으며, 2002년 9,732만 원으로 약간 감소하였다가 2003년 1억 6,358만 원, 2004년 1억 9,701만 원, 2005년 2억 3,044만 원, 2006년 2억 6,519만 원을 지원받은 것으로 나타났다. 2002년을 제외하고는 매년 정부보조금이 증액되었으며, 2006년 지원금은 2001년에 비해 239% 증가된 금액이다.

넷째, 소규모 아동보호전문기관은 사업개시 연도인 2004년에 4,338만 원의 정부보조금을 지원받았으며, 2005년 8,789만 원, 2006년 1억 2,163만 원을 지원받아 지속적으로 보조금이 증가하고 있음을 보여준다. 2006년 정부보조금은 2004년 대비 280% 증가한 금액인데 이는 소규모 아동보호전문기관 사업이 정착되면서 예산지원이 증가하고 있음을 보여준다.

(4) 기관 특성별 자부담 분석

먼저 중앙아동보호전문기관은 2001년에는 2,470만 원을 자부담하였으나, 2002년 1억 6,045만 원으로 최대 액수를 자부담한 것으로 나타났다. 2003년 1억 4,277만 원, 2004년 1억 4,070만 원, 2005년 1억 5,494만 원, 2006년 1억 4,712만 원을 자부담하였다. 2001년 자부담액이 매우 적게 나타난 것은 중앙아동보호전문기관의 사업 개시일이 2001년 중간에 시작하

〈표 3-19〉 아동보호전문기관 1개소 평균 기관 자부담액

(단위: 원)

구 분	중앙 아동보호전문기관	지방아동보호전문기관		소규모 아동보호전문기관
		서울 및 부산	기타지역	
2001년	24,703,805	0	90,555,345	-
2002년	160,449,494	6,666,667	102,551,117	-
2003년	142,774,786	0	76,032,519	-
2004년	140,697,319	5,000,000	86,933,814	101,324,015
2005년	154,941,522	3,333,333	97,346,128	98,574,594
2006년	147,121,101	0	118,205,110	77,092,924

였기 때문이다. 2006년 자부담 금액을 2001년과 비교하였을 때는 595% 증가한 금액이다.

둘째, 서울 및 부산의 지방아동보호전문기관의 자부담 현황을 살펴보면, 2001년과 2003년 그리고 2006년은 자부담액이 없는 것으로 나타났으며, 2002년 667만 원, 2004년 500만 원 그리고 2005년 333만 원으로 매우 낮은 것으로 나타나고 있다. 이렇게 자부담 액수가 낮게 나타나는 것은 서울과 부산의 지방 아동보호기관 중 서울특별시 및 부산광역시 아동보호전문기관의 경우 시립운영시설로 전액 정부보조금을 통해 운영되어 자부담이 필요 없으며, 서울동부 아동보호전문기관의 경우에도 동부아동상담소를 통해 인건비와 운영비 등이 지원됨으로 기관 자부담이 거의 필요 없기 때문에 자부담 액수가 미미한 것으로 나타났다.

셋째, 기타지역의 지방아동보호전문기관은 2001년에 9,056만 원을 자부담한 것으로 조사되었으며, 2002년 1억 255만 원, 2003년 7,603만 원, 2004년 8,693만 원, 2005년 9,735만 원 그리고 2006년에 1억 1,821만 원을 자부담한 것으로 나타나 2006년에 가장 많은 금액을 자부담한 것으로 나타났다.

넷째, 소규모 지역아동보호전문기관은 사업개시 연도인 2004년에 1억

〈그림 3-7〉 아동보호전문기관 1개소 당 자부담 증가액

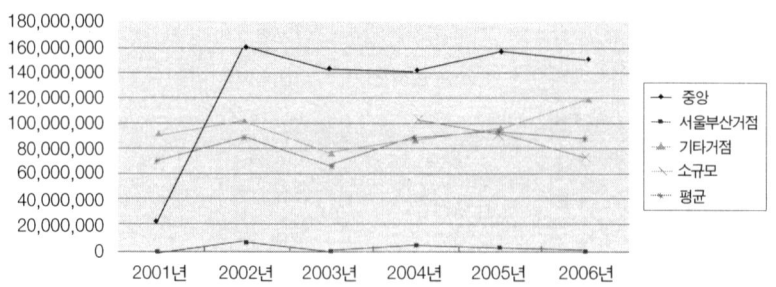

132만 원을 자부담하여 가장 많은 금액을 자부담한 것으로 나타났으며, 2005년 9,857만 원, 2006년 7,709만 원으로 점차 감소하고 있다. 자부담액이 2004년에 가장 높게 기록된 것은 사업개시에 있어서 정부보조금의 부족에 따른 아동보호전문기관 인건비와 운영비 등을 기관에서 자부담한 이유이며, 정부보조금의 증가에 따라 자부담 금액이 점차 감소하고 있음을 보여준다.

(5) 기관 특성별 외부지원금 분석

기관특성에 따른 외부지원금 현황을 살펴보면 첫째, 중앙아동보호전문기관과 서울 및 부산의 지방아동보호전문기관은 외부지원금이 없는 것으로 나타났다. 이는 정부보조금과 자부담만으로 아동보호전문기관 운영을 한 결과이다.

둘째, 기타지역 지방아동보호전문기관은 2001년 269만 원을 지원받았으며, 2005년에 1,624만 원으로 최고 금액을, 그리고 2006년에는 994만 원을 지원받은 것으로 나타났다.

셋째, 소규모 지역아동보호전문기관은 사업시작연도인 2004년 95만 원을 지원받았으나, 2005년에 367만 원 그리고 2006년에 737만 원을 지원받은 것으로 나타나 매년 매우 높은 증가세를 보이고 있다.

〈표 3-20〉 아동보호전문기관 1개소 평균 외부 지원금 현황 (단위: 원)

구 분	중앙 아동보호전문기관	지방아동보호전문기관		소규모 아동보호전문기관
		서울 및 부산	기타지역	
2001년	0	0	2,685,786	-
2002년	0	0	5,307,856	-
2003년	0	0	5,826,332	-
2004년	0	0	12,268,177	947,263
2005년	0	0	16,236,918	3,669,117
2006년	0	0	9,938,063	7,373,818

기관 특성에 따라 외부 지원금 현황에 큰 차이가 나타나는 것은 중앙아동보호전문기관과 서울 및 부산 지방아동보호전문기관의 특성과 다른 아동보호전문기관의 특성에 차이가 나기 때문인 것으로 보인다. 즉 민간위탁되어 운영되는 아동보호전문기관의 경우 전문적인 프로그램의 개발과 실시를 위한 예산확보를 위해 정부보조금과 자부담 외에 외부자원을 동원하기 때문에 외부지원금이 높은 것으로 평가된다.

2. 세출분석

아동보호전문기관의 세출 내역을 살펴보면, 첫째, 기관 운영에 필요한 필수적인 경비인 관리운영비, 둘째, 상담원들의 급여와 관련된 인건비, 셋째, 아동보호전문기관의 각종 시설 및 장비 구입 및 유지와 관련된 시설구입비 그리고 학대아동 보호 및 예방, 가해자 치료, 교육 및 홍보와 관련된 각종 사업비 등으로 나누어 살펴볼 수 있다.

한편 서울 및 부산의 지방아동보호전문기관의 경우 다른 아동보호전문기관과 달리 학대아동보호사업에 대한 추가 사업비를 보조받기 때문에 지원

예산의 대부분을 사업비로 쓰게 되어 있다. 조사결과 서울 및 부산아동보호 전문기관은 지원받은 사업비를 학대아동 치료 및 예방과 관련한 현장조사 여비 등의 관리운영비, 인건비 보조·치료실 수리 등의 시설비와 사업비로 사용하고 있는 것으로 나타났다. 이에 본 조사에서도 이러한 조사항목을 재분류하지 않고 그대로 분석하였다.

1) 세출내역

(1) 항목별 세출 총액 분석[5]

아동보호전문기관의 세출 총액을 살펴보면 2001년 31억 4,946만 원에서 2006년 113억 2,664만 원으로 증가하였고, 이는 2001년에 비해 360% 증가한 것이다.[6]

세출 항목 중 관리운영비를 살펴보면 2001년 4억 9,294만 원에서 2006년 13억 8,040만 원으로 증가하였으며, 2001년 대비 280% 증가한 것이다.

인건비의 경우 17억 6,177만 원에서 2006년 70억 3,217만 원으로 증가하였으며, 이는 2001년 대비 399% 증가한 금액이다.

〈표 3-21〉 아동보호전문기관 세출 총액 분석   (단위: 원)

구분	관리운영비	인건비	시설비	사업비	총계
2001년	492,939,379	1,761,770,272	552,267,120	342,478,841	3,149,455,612
2002년	389,891,683	2,283,185,583	160,475,280	445,498,944	3,279,051,490
2003년	523,086,585	2,946,889,691	334,022,370	642,974,375	4,446,973,021
2004년	1,077,219,759	4,729,752,115	707,150,111	1,357,988,407	7,872,110,392
2005년	1,297,086,191	6,017,395,023	619,932,329	1,596,420,205	9,530,833,748
2006년	1,380,401,102	7,032,167,394	761,089,228	2,152,979,586	11,326,637,310

---

[5] 기관에 따라 이월금과 기타 예산을 어떤 항목에 포함시켰는가에 따라 아동보호전문기관 간에 세출 항목의 차이가 있을 수 있으며 예산 총액과 차이를 보이게 된다.
[6] 세출 총계 분석은 세입총계 분석과 동일한 결과를 보여주기 때문에 간략하게 분석한다.

시설비는 2001년 5억 5,227만 원에서 2006년 7억 6,109만 원을 기록하였으며, 매년 큰 차이를 보이는 것으로 나타났다. 2006년 예산은 2001년에 비해 138% 증가한 것이다.

사업비는 2001년 3억 4,248만 원에서 2006년 21억 5,298만 원으로 급격하게 증가하였으며, 2006년은 2001년에 비해 629% 증가하여 모든 항목 중 가장 높은 증가율을 기록하였다.

(2) 항목별 비율 분석

아동보호전문기관 세출 중 관리 운영비의 비율을 살펴보면 2001년에는 15.7%로 최고치를 기록하였으며, 2002년 11.9%, 2003년 11.8%, 2004년 13.7%, 2005년 13.6%, 2006년 12.2%를 기록하여 12~13%의 비율을 보여주고 있다.

세출항목 중 인건비가 차지하는 비율을 살펴보면 2001년 55.9%로서 가장 낮은 비율을 기록하였고, 2002년에는 69.6%로 가장 높은 비율을 기록하였다. 2003년 66.3%, 2004년 60.1%, 2005년 63.1%, 2006년 62.1%로 나타나 60%대의 비율을 보여주고 있다. 이러한 인건비 비율은 아동보호전문기관 운영예산의 2/3로서 인건비 비율이 매우 높음을 보여준다.

<그림 3-8> 각 연도별 아동보호전문기관 항목별 구성비

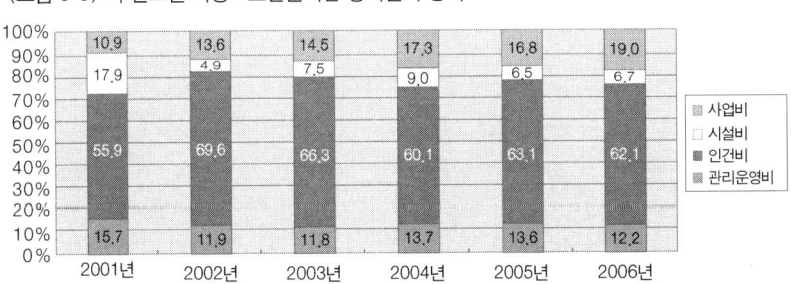

시설비를 살펴보면 2001년에 17.5%로 가장 높은 비율을 기록하였으며, 2002년 4.9%, 2003년 7.5%, 2004년 9%, 2005년 6.5%, 2006년 6.7% 등 점차 감소하고 있음을 보여준다. 2001년과 2004년 시설비의 비율이 다른 연도에 비해 높게 나타난 것은 2000년과 2004년 아동보호전문기관이 개소함에 따라 2001년과 2004년 예산에서 시설 설치 및 각종 장비 구입을 편성하여 다른 예산에 비해 시설비의 비율이 다소 높아졌기 때문이다.

사업비의 비율을 살펴보면 2001년 10.9%로 가장 낮은 비율을 기록하였으며, 2002년 13.6%, 2003년 14.5%, 2004년 17.3%, 2005년 16.8%, 2006년 19%로 점차 증가하고 있음을 보여준다. 즉 아동보호전문기관의 운영이 안정됨에 따라 관리운영비와 시설비의 비율이 점차 감소하게 되고 사업비의 비중이 점차 증가하고 있다.

2) 아동보호전문기관 1개소 당 세출 분석

아동보호전문기관의 1개소 당 평균 세출내역을 살펴보면 2001년에는 1억 7,497만 원으로 나타났으며, 2002년 1억 8,217만 원, 2003년 2억 2,235만 원, 2004년 2억 716만 원, 2005년 2억 4,438만 원 그리고 2006년에 2억 6,968만 원을 기록하여 2004년을 제외하고 점차 증가한 것으로 분

〈표 3-22〉 각 연도별 아동보호전문기관 1개소 당 세출 분석 (단위: 원)

구분	기관 수	관리운영비	인건비	시설비	사업비	총계
2001년	18	27,385,521	97,876,126	30,681,507	19,026,602	174,969,756
2002년	18	21,660,649	126,843,644	8,915,293	24,749,941	182,169,527
2003년	20	26,154,329	147,344,485	16,701,119	32,148,719	222,348,651
2004년	38	28,347,888	124,467,161	18,609,213	35,736,537	207,160,800
2005년	39	33,258,620	154,292,180	15,895,701	40,933,851	244,380,353
2006년	42	32,866,693	167,432,557	18,121,172	51,261,419	269,681,841

석되었다. 2004년에 아동보호전문기관의 세출이 감소된 것은 소규모 아동보호전문기관 18개소의 증가에 따른 일시적인 세입의 감소에 기인한다.

관리운영비를 살펴보면 2001년에 2,739만 원을 기록하였으며, 2002년에 2,166만 원으로 최소액을 기록하였다가, 2003년 2,615만 원, 2004년 2,835만 원, 2005년 3,326만 원, 2006년 3,287만 원으로 점차 증가한 것으로 나타났다.

인건비를 살펴보면 2001년에 9,788만 원으로 최소액을 기록하였으며, 2002년 1억 2,684만 원, 2003년 1억 4,734만 원, 2004년 1억 2,447만 원, 2005년 1억 5,429만 원, 2006년 1억 6,743만 원으로 점차 증가한 것으로 나타났다. 이렇게 인건비 지급액이 증가한 것은 아동보호전문기관의 상담원 수 증가 및 급여의 증가에 따른 인건비 총액이 더 많아졌기 때문이다.

시설비를 살펴보면 2001년에 3,068만 원으로 최고액을 기록하였다가, 2002년 892만 원으로 급격히 감소하였고, 2003년 1,670만 원, 2004년 1,861만 원, 2005년 1,590만 원, 2006년 1,812만 원을 기록하였다. 2001년에 가장 많이 배정된 이유는 2000년에 개소한 아동보호전문기관의 시설비를 2001년에 배정한 이유이며, 2004년에 증가한 이유는 소규모 아동보호전문기관 개소에 따른 시설비 배정이 높았기 때문이다.

사업비를 살펴보면 2001년 1,903만 원으로 최소를 기록하였고, 2002년 2,475만 원, 2003년 3,215만 원, 2004년 3,574만 원, 2005년 4,093만 원, 2006년 5,126만 원으로 점차 증가하고 있다. 이러한 결과는 아동보호전문기관이 점차적으로 학대아동보호를 위한 사업비를 점차 늘려가고 있음을 보여준다.

<그림 3-9> 각 연도별 아동보호전문기관 1개소 당 세출 분석

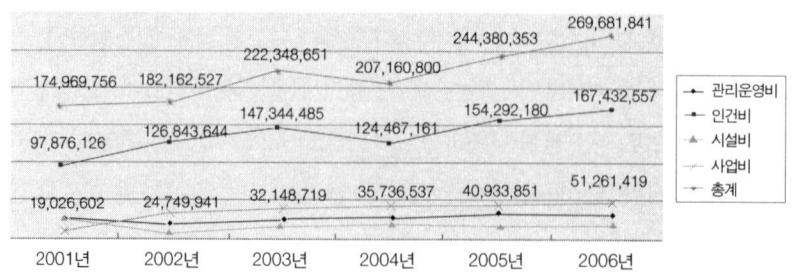

3) 아동보호전문기관의 기관 특성에 따른 항목별 세출 분석

(1) 관리운영비 분석

기관 특성별로 관리운영비를 분석한 결과를 살펴보면, 중앙아동보호전문기관은 2001년 1,008만 원의 관리운영비를 사용하였으며, 2002년 3,945만 원, 2003년 4,843만 원, 2004년 3,317만 원, 2005년 5,178만 원, 2006년 3,331만 원을 사용하여, 2005년에 관리운영비를 가장 많이 사용한 것으로 나타났다.

서울 및 부산의 지방아동보호전문기관은 매년 약 1,000만 원의 관리운영비를 사용하고 있는데, 이는 앞서 제시된 대로 한정된 지원 예산을 사용하기 때문에 타 아동보호전문기관에 비해 관리운영비의 예산이 적게 나타났다.

기타 지방아동보호전문기관의 관리운영비를 살펴보면 2001년 3,244만 원을 사용하였으며, 2002년 2,297만 원, 2003년 2,782만 원, 2004년 3,432만 원, 2005년 4,196만 원, 2006년 4,456만 원을 기록하였다. 2002년에 관리운영비가 가장 낮은 것으로 나타났으며 이후 점차 증가하고 있다.

소규모 아동보호전문기관은 사업시작 연도인 2004년에 2,568만 원의 관리운영비를 사용하였으며, 2005년 2,869만 원, 2006년 2,749만 원의 관리운영비를 사용한 것으로 나타났다.

<표 3-23> 아동보호전문기관 특성별 관리운영비 분석 (단위: 원)

구 분	중앙 아동보호전문기관	지방아동보호전문기관		소규모 아동보호전문기관
		서울 및 부산	기타지역	
2001년	10,077,980	9,586,000	32,435,957	-
2002년	39,450,857	9,586,000	22,970,345	-
2003년	48,433,337	9,852,667	27,818,453	-
2004년	33,171,004	10,865,333	34,320,417	25,683,004
2005년	51,784,087	9,596,667	41,957,497	28,694,323
2006년	33,308,980	9,833,333	44,556,500	27,485,824

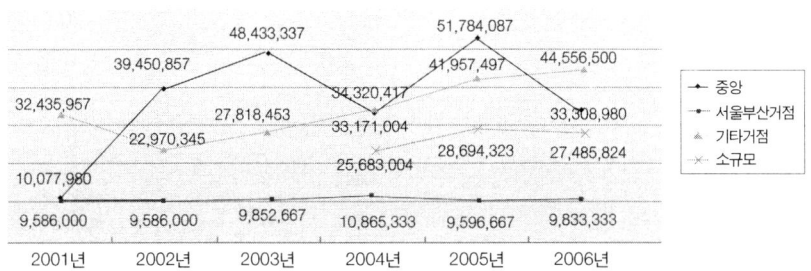

<표 3-10> 아동보호전문기관 특성별 관리운영비 지출액

 관리운영비 분석결과는 지방아동보호전문기관의 관리운영비는 지속적으로 증가하고 있지만, 중앙아동보호전문기관과 소규모 지역아동보호전문기관의 관리운영비는 매년 증가와 감소를 반복하고 있어 일관된 패턴을 보여주지 않고 있다.

(2) 인건비 분석

 아동보호전문기관 기관 특성별로 인건비를 분석한 결과를 살펴보면, 중앙아동보호전문기관은 2001년 3,974만 원의 인건비를 사용하였으며, 2002년 1억 8,288만 원, 2003년 1억 8,911만 원, 2004년 2억 1,106만 원, 2005

〈표 3-24〉 아동보호전문기관 특성별 인건비 분석 (단위: 원)

구 분	중앙 아동보호전문기관	지방아동보호전문기관		소규모 아동보호전문기관
		서울 및 부산	기타지역	
2001년	39,739,165	0	123,002,222	-
2002년	182,875,807	0	150,022,127	-
2003년	189,114,721	0	172,360,936	-
2004년	211,062,265	0	192,571,958	79,863,251
2005년	249,059,254	0	220,613,266	117,817,027
2006년	288,331,742	0	250,008,872	124,713,350

년 2억 4,906만 원, 2006년 2억 8,833만 원을 사용하여, 매년 인건비가 증가하고 있다.

서울 및 부산의 지방아동보호전문기관의 경우 인건비는 기존의 아동복지센터 및 아동상담소에 지원되는 예산으로 충당하고 있어, 학대아동보호사업 지원예산으로는 인건비를 사용하지 않는 것으로 나타났다.

기타 지방아동보호전문기관의 인건비를 살펴보면 2001년 1억 2,300만 원을 사용하였으며, 2002년 1억 5,002만 원, 2003년 1억 7,236만 원, 2004년 1억 9,257만 원, 2005년 2억 2,061만 원, 2006년 2억 5,001만 원을 기록하여 매년 인건비가 증가하고 있음을 보여준다.

소규모 지역아동보호전문기관은 사업시작 연도인 2004년에 7,986만 원의 인건비를 사용하였으며, 2005년 1억 1,782만 원, 2006년 1억 2,471만 원의 인건비를 사용하여 매년 증가하고 있다.

인건비 분석 결과는 아동보호전문기관의 인건비가 매년 증가하고 있음을 보여주고 있는데 이는 아동보호전문기관의 상담원 수가 증가하고, 상담원에 대한 급여가 매년 증가함에 따라 나타난 결과이다.

〈그림 3-11〉 아동보호전문기관 특성별 인건비 지출액

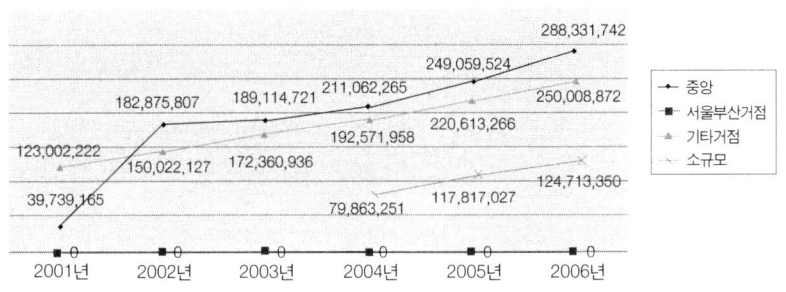

(3) 시설비 분석

아동보호전문기관 기관 특성별로 시설비를 분석한 결과를 살펴보면, 중앙아동보호전문기관은 2001년 1억 90만 원의 시설비를 사용하였으며, 2002년 314만 원, 2003년 1억 601만 원, 2004년 1억 3,522만 원, 2005년 658만 원, 2006년 1,203만 원을 사용하여 연도별로 큰 차이를 보여주고 있다. 이는 중앙아동보호전문기관이 연도별로 장비를 구입하거나 장소이전에 따른 각종 시설을 설치함에 따라 시설비 투입에 차이가 나고 있음을 보여준다.

서울 및 부산의 지방아동보호전문기관의 경우 시설비는 관리운영비와 마찬가지로 한정된 예산을 가지고 사용하고 있는데, 2006년을 제외하고는 매년 1,000만 원 이상의 시설비를 사용하고 있으며, 2006년에는 2,614만 원 시설비를 사용한 것으로 나타났다.

기타 지방아동보호전문기관의 시설비를 살펴보면 2001년 2,844만 원을 사용하여 가장 높은 금액을 기록하였으며, 2002년 753만 원, 2003년 1,220만 원, 2004년 1,298만 원, 2005년 2,106만 원, 2006년 1,829만 원을 기록하여 연도별로 큰 차이를 보여주고 있다.

소규모 지역아동보호전문기관은 사업시작 연도인 2004년에 1,795만 원의 시설비를 사용하였으며, 2005년 1,193만 원, 2006년 1,718만 원의 시설

〈표 3-25〉 아동보호전문기관 기관 특성별 시설비 분석 (단위: 원)

구 분	중앙 아동보호전문기관	지방아동보호전문기관		소규모 아동보호전문기관
		서울 및 부산	기타지역	
2001년	100,901,660	17,756,000	28,435,533	-
2002년	3,144,800	17,327,333	75,248,911	-
2003년	106,011,900	10,934,000	12,200,529	-
2004년	135,220,410	13,814,667	12,957,936	17,953,263
2005년	6,579,960	16,596,667	21,057,656	11,928,414
2006년	12,033,350	26,144,000	18,288,935	17,181,860

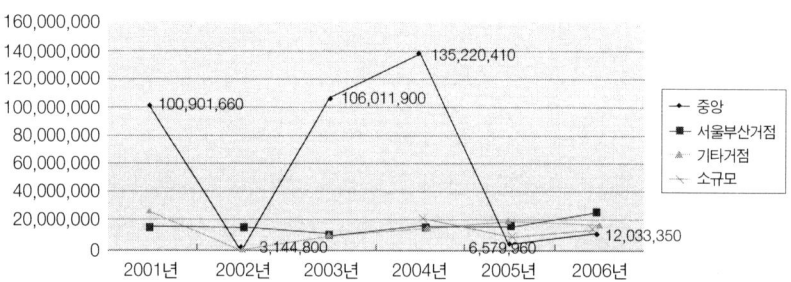

〈그림 3-12〉 아동보호전문기관 기관 특성별 시설비 지출액

비를 사용한 것으로 나타나고 있다.

이러한 분석결과는 아동보호전문기관의 시설비의 경우 아동보호전문기관의 시설 설치나 각종 장비 구입 등에 따라 연도별로 큰 차이가 있는 것으로 나타났다.

(4) 사업비 분석

아동보호전문기관 기관 특성별로 사업비를 분석한 결과를 살펴보면, 중앙아동보호전문기관은 2001년 2,830만 원의 사업비를 사용하였으며, 2002년 7,643만 원, 2003년 8,257만 원, 2004년 5,372만 원, 2005년 8,387만

〈표 3-26〉 아동보호전문기관 기관 특성별 시설비 분석 (단위: 원)

구 분	중앙 아동보호전문기관	지방아동보호전문기관		소규모 아동보호전문기관
		서울 및 부산	기타지역	
2001년	28,330,000	14,028,667	19,433,060	-
2002년	76,428,030	7,066,667	24,847,922	-
2003년	82,573,808	16,600,000	31,912,534	-
2004년	53,723,640	17,400,000	51,441,497	23,833,378
2005년	83,868,221	7,896,667	56,552,190	30,738,260
2006년	123,297,029	8,133,333	77,489,428	34,793,259

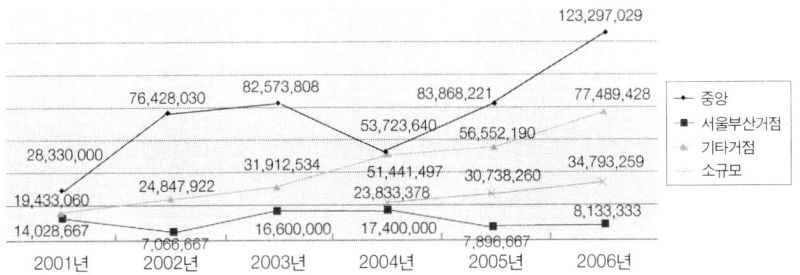

〈그림 3-13〉 아동보호전문기관 기관 특성별 시설비 지출액

원, 2006년 1억 2,330만 원을 사용하여 매년 사업비가 증가하고 있음을 보여준다.

서울과 부산 지방아동보호전문기관의 경우 최소 706만 원에서 최대 1,740만 원의 사업비를 사용하고 있음을 보여준다.

기타 지방아동보호전문기관은 2001년 1,943만 원을 사용하였으며, 2002년 2,485만 원, 2003년 3,192만 원, 2004년 5,144만 원, 2005년 5,655만 원, 2006년 7,749만 원을 기록하여 연도별로 계속 증가하고 있다.

소규모 지역아동보호전문기관은 사업시작 연도인 2004년에 2,383만 원의 사업비를 사용하였으며, 2005년 3,074만 원, 2006년 3,479만 원의 사업비를 사용하였다.

　이러한 사업비 분석결과는 서울 및 부산 지방아동보호전문기관을 제외하고는 아동보호전문기관의 사업비가 매년 지속적으로 증가하고 있으며, 증가된 사업비를 통해 학대아동 보호와 예방을 위한 다양한 사업들이 진행되고 있음을 보여준다.

5 | 학대아동보호사업 실적

학대아동 보호를 위해 아동보호전문기관에서 다양한 사업을 실시하고 있다. 우리나라 아동학대현황보고서에서는 매년 이러한 사업실적으로 학대아동보호실적, 신고접수 실적, 현장조사 실적, 학대아동과 가족, 가해자를 위한 각종 서비스 제공 실적, 교육 실적, 홍보 실적으로 나누어 제시하고 있다.

중앙아동보호전문기관에서 발간된 각 연도 아동학대현황보고서와 중앙아동보호전문기관의 DB에 구축된 서비스 제공 실적을 중심으로 아동보호전문기관 사업 실적을 분석한다.

1. 아동학대 신고 현황

1) 연도별 신고 현황

전국의 아동보호전문기관에서는 24시간 아동학대 신고전화를 개설하고,

<표 3-27> 연도별 학대아동 관련 상담신고 접수 건수 (단위: 건, %)

구 분	신고 실적	아동학대 의심사례	일반상담 사례	전년대비 증가율
2001년	4,133	2,606 (63.1)	1,527 (36.9)	
2002년	4,111	2,946 (71.7)	1,165 (28.3)	-0.5
2003년	4,983	3,536 (71.0)	1,447 (29.0)	21.2
2004년	6,998	4,880 (69.7)	2,118 (30.3)	40.4
2005년	8,000	5,761 (72.0)	2,239 (28.0)	14.3
2006년	9,404	6,452 (72.5)	2,451 (27.5)	11.3
2007년	9,478	7,083 (74.7)	2,395 (25.3)	6.5
2008년	9,570	7,219 (75.4)	2,351 (24.6)	1.0

아동학대 신고에 즉각적으로 대응하고 있다. 2001년 이후 아동보호전문기관에 신고된 상담신고 사례를 분석하면 <표 3-27>과 같다.

2001년에는 4,133건의 사례가 신고되었으며, 2002년 4,111건, 2003년 4,983건, 2004년 6,998건, 2005년 8,000건, 2006년 9,404건, 2007년 9,478건, 2008년 9,570건으로 2002년 이후 지속적으로 증가하고 있다. 2001년에 비해 2008년 신고 건수는 2.3배 증가한 실적이다.

특히 2004년에 아동학대 관련 신고 건수가 2003년에 비해 급격히 증가하였는데, 이는 18개소 소규모 지역아동보호전문기관이 개소함에 따라 그동안 지역이 멀거나 담당사례가 많아서 일부 누락되었던 아동학대 사례에 대한 접근성이 높아지고, 소규모 지역아동보호전문기관이 보다 적극적인 홍보와 교육을 실시하여 아동학대에 대한 인식에 제고되었기 때문이다.

한편 매년 지속적으로 증가하던 신고 실적은 2006년 이후 소폭 증가하고 있는데, 이는 2007년 이후 아동보호전문기관의 확대가 이루어지지 않았으며, '1391'의 아동학대 신고화가 폐지되고 보건복지 통합 콜센터 '129'로 통합되어 신고방법이 변화된 것과 관련이 있다.

한편 매년 아동보호전문기관에 접수된 상담 중 학대의심사례 비율을 살펴보면 2001년에 63.1%를 기록하였으나 매년 증가하여 2008년 75.4%를

〈그림 3-14〉 연도별 학대의심 사례 및 일반상담사례 비율

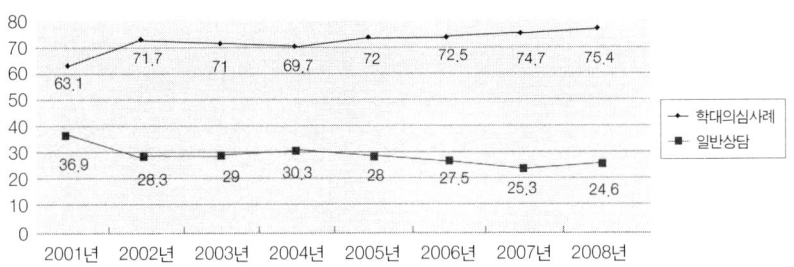

기록하고 있으며, 자녀양육과 관련된 일반상담 사례는 2001년 36.9%에서 2008년 24.6%로 감소하였다. 이는 아동보호전문기관에 대한 국민들의 인식이 증가하여 아동학대와 관련된 주요 사항들을 상담하는 비율이 점차 높아지고 있음을 보여준다.

아동보호전문기관 특성에 따른 신고 건수를 살펴보면, 중앙아동보호전문기관은 국내 신고접수를 담당하지 않지만 외국사례 및 직접 신고된 사례를 담당하는 경우가 있어 매년 극소수의 신고 건수를 기록하고 있다.

서울 및 부산의 지방아동보호전문기관의 신고 건수를 살펴보면, 2001년 1,027건을 기록하였으며, 2002년 980건으로 최소 건수를 기록하였고, 2003년 1,006건, 2004년 1,299건, 2005년 1,257건, 2006년 1,233건, 2007년 1,114건, 2008년 984건의 실적을 기록하였다. 이렇게 2004년 1,299건을 최고로 점차 하락하는 것은 서울의 소규모 지역아동보호전문기관이 개소하고, 이들 기관이 활발한 활동을 전개함에 따라 서울 및 서울동부 아동보호전문기관이 담당했던 지역이 감소하였기 때문이다.

기타지역 지방아동보호전문기관의 신고 건수를 살펴보면 2001년 3,106건을 기록하였으며, 2002년 3,131건, 2003년 3,976건, 2004년 4,370건, 2005년 4,322건 그리고 2006년 4,850건, 2007년 4,239건, 2008년 4,487건을 기록하여 2006년에 최고 실적을 기록한 다음 2007년 소폭 감소한 실적을 보여준다. 기타지역 지방아동보호전문기관의 경우 소규모 지역아동

〈표 3-28〉 연도별 학대아동 관련 신고 현황 (단위: 건)

구 분	신고 실적	중앙 아동보호 전문기관	지방아동보호전문기관		소규모 아동보호 전문기관
			서울 및 부산	기타지역	
2001년	4,133	0	1,027	3,106	-
2002년	4,111	0	980	3,131	-
2003년	4,983	1	1,006	3,976	-
2004년	6,998	5	1,299	4,370	1,324
2005년	8,000	3	1,257	4,322	2,718
2006년	9,404	2	1,233	4,850	3,319
2007년	9,478	0	1,114	4,239	4,125
2008년	9,570	0	984	4,487	4,099

보호전문기관이 지속적으로 증가함에 따라 담당지역에 감소하고 이에 따라 신고실적이 소폭 감소하고 있음을 보여준다.

소규모 지역아동보호전문기관은 2004년에 1,324건을 기록하였으며, 2005년 2,718건, 2006년 3,319건, 2007년 4,125건, 2008년 4,099건을 기록하여 지속적인 증가세를 보여주고 있다. 특히 2005년에 급격히 증가한 것은 2004년 개소이후 소규모 아동보호전문기관에 대한 지역주민들의 인식이 높아져 신고가 급증하였음을 보여준다.

2) 아동보호전문기관 1개소 당 신고실적

아동보호전문기관 1개소 당 평균 신고접수 실적을 살펴보면 2001년에 229.6건을 기록하였으며, 2002년 228.4건, 2003년 249.2건, 2003년 184.2건, 2005년 205.1건, 2006년 223.9건, 2007년 215.4건, 2008년 217.5건을 기록하였다. 평균 접수 실적으로는 2003년에 최대를 기록하였으며, 2004년에 최소를 기록하였다. 2004년에 평균 신고 실적이 최소를 기록한 것은 아동보호전문기관의 숫자가 2003년 20개소에서 2004년에 38개소로 크게 증가

<표 3-29> 아동보호전문기관 1개소 당 평균 아동학대 관련 신고 실적 (단위: 건)

구분	평균 신고실적	중앙 아동보호 전문기관	지방아동보호전문기관		소규모 아동보호 전문기관
			서울 및 부산	기타지역	
2001년	229.6	0	342.3	221.9	-
2002년	228.4	0	326.7	223.6	-
2003년	249.2	1	335.3	248.5	-
2004년	184.2	5	433.0	273.0	73.6
2005년	205.1	3	419.0	270.1	143.1
2006년	223.9	2	411.0	303.1	150.9
2007년	215.4	0	371.3	264.9	171.9
2008년	217.5	0	328.0	280.4	170.8

하였고, 대부분의 아동보호전문기관이 사업 시작을 2004년 1월이 아니라 하반기에 시작하였기 때문에, 6개월 정도의 신고 실적으로 1년 신고실적을 계산하였기 때문이다.

서울 및 부산의 지방아동보호전문기관의 신고 접수실적을 살펴보면 2002년에 326.7건으로 최소 실적을, 2004년에 433건으로 최대 실적을 기록하였으며, 2004년 최대 신고 건수를 기록한 이후 점차 감소하고 있다.

기타지역 지방아동보호전문기관은 2001년 221.9건을 기록한 후 2006년 303.1건으로 최고 신고 건수를 기록하였다가 2007년 264.9건, 2008년 280.4건의 실적을 기록하였다. 2006년까지 신고 건수가 증가하였다가 2007년부터 감소한 것은 신고 전화의 변화에 따른 조정기간인 것으로 보인다.

소규모 지역아동보호전문기관의 경우에도 2004년 평균 73.6건에서 2006년 150.9건, 2007년 171.9건, 2008년 170.8건을 기록하여 매년 증가 추세를 보여주다가 2008년에는 약간 감소하였다. 증가이유를 살펴보면 소규모 아동보호전문기관이 지역사회 내에서 아동학대와 관련된 사업을 안정적으로 추진하게 됨에 따라 신고활동이 점차 증가하였기 때문이다.

이러한 신고접수 실적 분석은 아동보호전문기관의 확대에 따라 신고 접수 건수가 지속적으로 증가하고 있음을 보여준다. 즉 소규모 아동보호전문기관 개소에 따라 그동안 지방아동보호전문기관의 상담원들이 원거리 출장이나 현장조사의 어려움, 업무 과다 등으로 인해 관심을 기울이지 못했던 지역의 아동학대에 대한 각종 신고 접수들이 증가하고 있음을 보여주는 결과이다.

한편 2007년과 2008년의 경우 기관 1개소 당 평균 신고실적이 2006년에 비해 감소하고 있는데, 이는 각 아동보호전문기관에 연결된 '1391' 아동학대 전담 신고전화가 2007년 1월에 폐지되고, 보건복지가족부 산하의 보건복지콜센터 긴급지원전화 '129'로 통합 운영되는 과정에서 나타나는 과도기적 현상으로 보인다(중앙아동보호전문기관, 2008: 12). 그러나 '129'로 통합된 2007년과 2008년의 아동보호전문기관 1개소 당 평균 신고 실적은 연 2건 증가한 것으로 나타나 '129'와 아동상담 전용전화 '1577-1391'에 대한 적극적인 홍보가 필요함을 보여준다.

2. 아동학대 현장조사 실적

아동학대와 관련된 신고 접수 사례 중 아동학대로 의심되는 경우, 아동보호전문기관에서는 현장조사를 반드시 실시하고, 피해아동과 학대행위자 등을 만나고 학대 및 응급성 여부 등을 파악해야 한다. 현장조사를 통해 아동학대 사례에 대한 정확하고 많은 정보를 파악해야 하므로 1회의 현장조사만으로 판정이 이루어지기보다는 여러 번에 걸친 현장조사가 이루어지는 경우가 있다.

1) 현장조사 실적

각 연도별 아동학대 의심사례에 대한 현장조사 실적을 살펴보면, 2001년 1,672건에서 2002년 3,846건, 2003년 5,250건, 2004년 6,873건, 2005년 8,409건, 2006년 9,508건, 2007년 10,375건, 2008년 9,992건을 기록하고 있으며, 2007년 최고 실적을 기록하였다가 2008년에는 약간 감소하고 있다.[7] 이는 아동학대 관련 신고가 증가함에 따라 현장조사도 증가하고 있음을 보여준다.

서울 및 부산의 지방아동보호전문기관의 현장조사 실적을 살펴보면, 2005년 1,043건으로 최고 현장조사 실적을 기록하였고, 2006년 768건으로 최저 실적을 기록하였다가 2007년 1,042건, 2008년 874건을 기록하는 등 변동이 심하게 나타나고 있다. 이는 2004년부터 소규모 지역아동보호전

〈표 3-30〉 연도별 학대아동 관련 현장조사 실적   (단위: 회)

구 분	현장조사 실적	중앙 아동보호 전문기관	지방아동보호전문기관		소규모 아동보호 전문기관
			서울 및 부산	기타지역	
2001년	1,672	0	312	1,360	-
2002년	3,846	0	829	3,017	-
2003년	5,250	0	1,020	4,230	-
2004년	6,873	6	908	4,463	1,496
2005년	8,409	0	1,043	4,492	2,874
2006년	9,508	1	768	5,057	3,682
2007년	10,375	0	1,042	4,758	4,575
2008년	9,992	0	874	5,023	4,095

---

[7] 2001년 아동학대현황보고서에는 현장조사를 실시한 사례만 기록되어 있을 뿐 몇 회의 현장조사를 실시한 횟수는 기록되어 있지 않다. 실제로 1 사례당 2회 이상의 현장조사를 실시하는 경우가 많이 있어 실제 현장조사는 1,672 건보다 많을 것으로 판단된다.

문기관이 서울에 점차 확대되어 설치됨에 따라 서울 및 서울 동부 아동보호전문기관의 현장조사 실적도 감소와 증가를 반복하고 있다.

기타지역 지방아동보호전문기관은 2001년 1,360건을 기록하였으며, 2002년 3,017건, 2003년 4,230건, 2004년 4,463건, 2005년 4,492건, 2006년 5,057건으로 최고를 기록하였다가 2007년 4,758건, 2008년 5,023건을 기록하고 있다. 소규모 지역아동보호전문기관의 개소에도 불구하고 지방아동보호전문기관의 현장조사 실적이 감소하지 않는 것은 지방아동보호전문기관의 아동학대 신고실적이 감소하지 않고 있다는 것을 보여준다.

소규모 아동보호전문기관의 실적을 살펴보면, 2004년 1,496건, 2005년 2,874건, 2006년 3,682건, 2007년 4,575건, 2008년 4,095건으로 2007년에 최고 실적을 기록하였다가 2008년 약간 감소한 것으로 나타났다. 소규모 지역아동보호전문기관의 아동학대 신고 건수가 증가함에 따라 현장조사 실적도 동일하게 증가하고 있다.

2) 아동보호전문기관 1개소 당 현장조사 실적

아동보호전문기관 1개소 당 평균 현장조사 실적을 살펴보면 2001년에 89건을 기록하였으며, 2002년 214건, 2003년 263건, 2003년 181건, 2005년 216건, 2006년 226건, 2007년 236건으로 최고를 기록하였고 2008년에는 227건으로 소폭 감소하였다. 평균 현장조사 실적으로는 2003년에 최대를 기록하였으며, 2001년에 최소를 기록하였다. 2001년의 경우 사업도입 초기로서 현장조사가 정착되지 않은 시기이며, 2004년의 경우 소규모 아동보호전문기관의 개소에 따라 평균 실적이 감소하였기 때문이다.

서울 및 부산의 지방아동보호전문기관의 평균 현장조사 실적을 살펴보면 매년 300건 정도의 현장조사 실적을 보여주고 있으며, 2005년 평균 348건으로 가장 높은 실적을 기록하였으며, 2006년 256건으로 최소를 기록하였

〈표 3-31〉 아동보호전문기관 1개소 당 평균 학대아동 관련 현장조사 실적   (단위: 회)

구 분	평균 현장조사 실적	중앙 아동보호 전문기관	지방아동보호전문기관		소규모 아동보호 전문기관
			서울 및 부산	기타지역	
2001년	89.2	0	104.0	97.1	-
2002년	213.7	0	276.3	215.5	-
2003년	262.5	0	340.0	264.4	-
2004년	180.9	6	302.6	278.9	83.1
2005년	215.6	0	347.7	280.8	151.3
2006년	226.3	1	256.0	316.1	167.4
2007년	235.8	0	347.3	297.4	190.6
2008년	227.1	0	291.3	313.9	170.6

다. 2006년의 경우 신고사례 중 일반상담 건수가 아동학대 의심사례 건수보다 더 많아 현장조사 실적이 감소하였다.

기타지역 지방아동보호전문기관의 평균 현장조사 건수는 2001년 97건을 기록한 후 2006년 316건으로 매년 지속적인 증가세를 보여주고 있다. 이는 소규모 아동보호전문기관 개소 이후에도 지방아동보호전문기관의 현장조사 건수가 감소하지 않고 있다는 것을 보여준다.

소규모 지역아동보호전문기관의 경우에도 사업 시작 연도인 2004년 평균 83건에서 2007년 191건, 2008년 171건으로 초기에 비해 2배 이상 증가하였다.

3) 아동학대 의심 사례 대비 현장조사 실시 비율

아동학대신고 접수 사례 중 학대의심 사례로 분류된 사례에 대해 어느 정도 현장조사를 실시했는가를 분석한 결과 2002년 131%, 2003년 149%, 2004년 141%, 2005년 146%, 2006년과 2007년 147%, 2008년 138%로 나

〈표 3-32〉 연도별 의심 사례 대비 현장조사 비율

구 분	아동학대 의심 사례	현장조사 실적	의심사례 대비 현장조사 비율
2001년	2,606	미파악	-
2002년	2,946	3,846	130.5%
2003년	3,536	5,250	148.5%
2004년	4,880	6,873	140.8%
2005년	5,791	8,409	146.0%
2006년	6,452	9,508	147.4%
2007년	7,083	10,375	146.5%
2008년	7,219	9,992	138.4%

타나 아동학대 의심 사례에 대해 약 1.3회에서 1.5회의 현장조사가 이루어지고 있음을 보여준다.

현장조사 실적은 매년 일정한 비율을 보여주고 있는데 이는 상담원이 업무량 특성에 따라 상담원 1인이 담당할 수 있는 현장조사 사례가 한정될 수밖에 없기 때문이다.

3. 학대아동 보호 실적[8]

1) 학대아동 보호 실적

아동학대가 의심되어 현장조사가 실시된 사례들은 아동학대 사례, 잠재위험 사례, 일반 사례로 분류된다. 아동학대 사례는 학대의 정황이 명백히 드러나며, 상담원들이 아동학대라고 판단할 만한 증거 또는 진술이 뒷받침되는 경우에 아동학대 사례로 판정되고 보호서비스를 제공받게 된다. 2001년 이후 우리나라에서 아동학대로 보호받은 실적을 살펴보면 다음 〈표 3-

---
[8] 학대아동 보호 건수와 보호를 제공받은 아동 수는 일치하지 않는데, 이는 동일한 아동이 1회 이상 중복 신고되어 2회 이상 보호를 제공받기 때문이다.

<표 3-33> 연도별 학대아동 보호 건수 (단위: 명)

구 분	학대아동 보호 건수	중앙 아동보호 전문기관	지방아동보호전문기관		소규모 아동보호 전문기관
			서울 및 부산	기타지역	
2001년	2,105	0	710	1,395	-
2002년	2,478	0	586	1,892	-
2003년	2,921	1	597	2,323	-
2004년	3,891	4	542	2,519	826
2005년	4,633	0	514	2,517	1,602
2006년	5,202	0	431	2,807	1,964
2007년	5,581	0	515	2,508	2,558
2008년	5,578	0	551	2,540	2,487

33)과 같다.

학대아동보호사업이 본격적으로 실시된 2001년에는 2,105건의 학대아동보호 실적을 기록하였으며, 2002년 2,478건, 2003년 2,921건, 2004년 3,891건, 2005년 4,633건, 2006년 5,202건, 2007년 5,581건, 2008년 5,578건의 아동보호 실적을 기록하여 보호아동이 매년 증가하고 있음을 보여준다.

특히 소규모 지역아동보호전문기관이 개소한 2004년에 학대아동보호 건수가 급격히 증가하여 아동보호전문기관의 증가에 따라 아동학대가 많이 발견되었음을 보여주고 있다. 2008년 보호 건수는 2001년 대비 265% 증가한 것으로서 8년간 2.5배 이상 학대아동보호 실적이 증가하였음을 보여준다.

서울 및 부산 지방아동보호전문기관의 보호 실적을 살펴보면 2001년 710건으로 최대를 기록하였으며, 2002년 586건, 2003년 597건, 2003년 542건, 2004년 514건 그리고 2006년 431건으로 점차 감소하였다가 2007년 515건, 2008년 551건으로 다시 증가하고 있음을 보여준다.

기타지역 지방아동보호전문기관의 학대아동 보호 실적을 살펴보면,

2001년에 1,395건을 기록하였으며, 2002년 1,892건, 2003년 2,323건, 2004년 2,519건, 2005년 2,517건, 2006년 2,807건, 2007년 2,508건, 2008년 2,540건을 기록하여 2006년 최고를 기록하였다가 2007년 이후 약간 감소된 실적을 보여준다. 서울과 부산의 지방아동보호전문기관과 달리 기타 지역 지방아동보호전문기관의 경우 소규모 아동보호전문기관의 개소에도 불구하고 학대아동 보호 건수가 일정 수준을 유지하고 있어 이들 지방아동보호전문기관의 경우 소규모 아동보호전문기관 활동에 상관없이 아동학대 보호 사업이 활발하게 이루어지고 있음을 보여준다.

소규모 아동보호전문기관의 경우 2004년 826건의 학대아동 보호 실적을 기록하였으며, 2005년 1,602건, 2006년 1,964건, 2007년 2,558건, 2008년 2,487건을 기록하여 학대아동보호 실적이 점차 증가하고 있는데, 이는 소규모 아동보호전문기관의 사업전개에 따라 이들 기관을 통한 아동학대의 신고 및 보호가 증가하기 때문이다.

2) 유형별 학대아동 보호 실적

2001년 이후 우리나라에서 아동학대로 보호받은 실적을 학대유형별로 살펴보면 다음 〈표 3-34〉와 같다.

중복학대를 별도로 구분하여 아동학대 사례 유형을 연도별로 살펴보면 매년 방임과 중복학대 사례가 동일하게 가장 많음을 알 수 있다. 특히 방임의 경우 2001년부터 지속적으로 전체 아동학대 사례의 30% 이상을 차지하여 왔으며, 급기야 2008년에는 40%에 해당되어 방임에 대한 근본적이고 현실적인 대책마련이 필요하다.

중복학대의 경우 2001년에 29.6%를 기록하였으며, 2003년 39.5%로 최고를 기록하다가 2008년에 34%를 기록하였다. 매년 학대아동의 1/3 정도가 중복학대를 당하는 것으로 보고되고 있어, 이들 사례에 대한 다각적이고

〈표 3-34〉 연도별 아동학대 유형
(단위: 건, %)

구 분	신체학대	정서학대	성학대	방임	유기	중복학대	계
2001년	476 (22.6)	114 (5.4)	86 (4.1)	672 (31.9)	134 (6.4)	623 (29.6)	2,105
2002년	254 (10.3)	184 (7.4)	65 (2.6)	814 (32.8)	212 (8.6)	949 (38.3)	2,478
2003년	347 (11.9)	207 (7.1)	134 (4.6)	965 (33.0)	113 (3.9)	1,155 (39.5)	2,921
2004년	364 (9.4)	350 (9.0)	177 (4.5)	1,367 (35.3)	125 (3.2)	1,508 (38.8)	3,891
2005년	423 (9.1)	512 (11.1)	206 (4.4)	1,635 (35.3)	147 (3.2)	1,710 (36.9)	4,633
2006년	439 (8.4)	604 (11.6)	249 (4.8)	2,035 (39.1)	76 (1.5)	1,799 (34.6)	5,202
2007년	473 (8.5)	589 (10.6)	266 (4.8)	2,107 (37.7)	59 (1.0)	2,087 (37.4)	5,581
2008년	422 (7.6)	683 (12.2)	284 (5.1)	2,237 (40.1)	57 (1.0)	1,895 (34.0)	5,578

종합적인 접근과 지원이 필요함을 보여준다.

신체학대의 경우 2001년에 22.6%로 최고를 기록한 이래 그 비율이 매년 감소하고 있으며 2008년 7.6%로 최저를 기록하고 있다. 이렇게 신체학대의 비율이 감소하고 있는 것은 아동학대에 대한 인식이 증가하면서 정서학대나 방임을 학대로 인식하는 비율이 높아져 이들 학대에 대한 신고가 증가하고 있는 반면, 신체학대에 대한 신고는 감소하기 때문이다. 한편 중복학대를 제외한 신체학대의 비율을 분석할 경우에도 신체학대의 비율은 매년 감소하고 있는 것으로 나타나고 있는데 2001년 41.8%에서 2008년 23.8%로 감소하였다(보건복지가족부·중앙아동보호전문기관, 2009: 165).

정서학대의 경우 2001년 5.4%를 기록하였으나 점차 증가하여 2008년 12.2%로서 최고치를 기록하였다. 이는 점차 정서학대에 대한 국민들의 인식이 증가하여 신고가 증가함에 따라 정서학대 발생율도 증가하기 때문이다.

성학대의 경우 2001년 4.1%를 기록하였으며, 2008년 5.1%로 지난 8년간 1%만이 증가하고 있어 그 증가율은 매우 미미한 것으로 나타났다.

유기의 경우 2001년 6.4%로 나타났으나 2008년 1%로 감소하여 아동을 유기하는 경우가 거의 사라지는 것으로 나타나고 있다.

4. 아동학대 관련 서비스 제공 실적

아동보호전문기관에서는 아동학대가 발생된 이후에 피학대아동을 보호하기 위한 보호 서비스, 피학대아동의 가족이나 부모를 위한 서비스, 학대행위자를 위한 가해자 치료서비스 등의 전문적인 치료서비스와 아동학대를 예방하기 위해 일반국민이나 신고의무자를 대상으로 하는 각종 교육 및 홍보 등의 예방 서비스를 제공하고 있다.

1) 치료서비스

(1) 치료서비스 제공 실적

치료서비스는 아동학대가 발생된 이후에 제공되는 전문적인 서비스로서, 피학대아동을 위한 상담 및 치료, 자원 연결 등의 서비스와, 가족 및 부모 관련 서비스, 학대행위자를 위한 치료 서비스, 기타 서비스 등으로 이루어져 있다.

매년 제공된 치료서비스 제공 실적을 살펴보면 2001년 총 57,813건의 치료서비스가 제공되었고, 2002년에는 39,126건, 2003년 49,266건으로 2001년보다 감소한 실적을 보여주고 있다. 2004년 91,264건으로 크게 증가하였으며, 2005년 160,045건, 2006년 203,272건, 2007년 251,320건, 2008년 353,078건으로 지속적으로 증가하고 있으며, 2008년 실적은 2001년 대비 610% 증가한 것이다.

먼저 아동학대 피해아동을 위한 치료서비스는 아동보호전문기관 상담원들이 아동학대 사례 각각에 대하여 학대유발 상황을 변화시킬 수 있도록 각 서비스 대상의 욕구를 파악한 후 상담 및 치료, 교육, 경제적인 지원, 지역사회의 이용 가능한 자원 연결 등 다양한 서비스를 제공하는 것이다(보건복지가족부 · 중앙아동보호전문기관, 2005: 60).

　피해아동에 대한 제공 실적을 살펴보면, 2002년 27,949건을 기록하였고, 2003년 33,142건, 2003년 46,755건, 2005년 90,314건, 2006년 111,763건, 2007년 143,328건, 2008년 207,111건을 기록하여 학대 피해아동을 위한 서비스가 지속적으로 증가하고 있음을 보여준다. 2008년에 제공된 피학대 아동을 위한 치료서비스는 2001년 대비 740% 증가하였다. 이처럼 피해아동을 위한 서비스의 높은 증가율은 아동보호전문기관의 확대와 상담원들의 피해아동 보호를 위한 다양한 서비스 제공 노력 등이 어우러진 결과이다.

　가족 및 부모 관련 서비스는 학대행위자를 제외한 부모와 기타 가족들에게 제공된 서비스를 의미한다. 서비스 제공 실적을 살펴보면 2002년에 3,427건이 제공되었고, 2003년에 5,884건, 2004년에 15,001건, 2005년 23,477건, 2005년 25,091건, 2007년 26,603건, 2008년 38,256건이 제공되었다. 2004년과 2008년에 가족을 위한 서비스가 급격하게 증가하고 있는데, 2004년에 서비스 제공 건수가 급격히 증가한 것은 소규모 아동보호전문기관의 개소에 따라 가족 및 부모에 대한 서비스 제공이 증가하였기 때문이며, 2008년 증가는 아동보호전문기관 전체적으로 부모 및 가족에 대한 서비스가 증가한 결과이다. 2008년 서비스 제공 실적은 2002년에 비해 1,879% 증가한 것으로 부모 및 가족에 대한 서비스가 매우 큰 폭으로 증가하였음을 보여준다.

　학대행위자에 대한 치료서비스는 아동학대를 근절시키기 위하여 각종 상담 및 치료, 교육, 경제적 지원, 자원연결 등의 서비스를 제공하는 것이다. 서비스 제공 실적을 살펴보면, 2002년 7,268건이 제공되었으며, 2003년 9,596건, 2004년 14,201건, 2005년 18,276건, 2006년 27,625건, 2007년 34,287건, 2008년 43,057건이 제공되어 매년 지속적으로 증가하고 있음을 보여준다. 2008년 서비스 제공은 2002년에 비해 592% 증가한 것이다.

　기타 서비스는 피해아동, 학대행위자, 부모 및 가족 이외의 관련 친인척

<표 3-35> 연도별 치료서비스 제공 실적   (단위: 건, %)

구 분	치료서비스 총 제공 실적	피해아동 치료서비스	가족 및 부모 관련 서비스	학대행위자 치료서비스	기타 대상 서비스
2001년	57,813	-	-	-	-
2002년	39,126	27,949	3,427	7,268	482
2003년	49,266	33,142	5,884	9,596	644
2004년	91,264	46,755	15,001	14,201	15,307
2005년	160,045	90,314	23,477	18,276	27,978
2006년	203,272	111,763	25,091	27,625	38,793
2007년	251,320	143,328	26,603	34,287	47,102
2008년	353,078	207,111	38,256	43,057	58,746

이나 보호를 제공하는 시설보호자 등에게 제공한 서비스를 의미한다. 제공 실적을 살펴보면, 2002년에 482건이 제공되었으며, 2003년 644건, 2004년 15,307건, 2005년 27,978건, 2006년 38,793건, 2007년 47,102건, 2008년 58,746건이 제공되었다. 이러한 서비스 제공 실적은 2002년에 비해 12,188% 증가한 것으로서 치료 및 보호과정에서 피해아동을 돌보는 친인척이나 보호를 제공하는 기관들에게 지속적인 서비스를 제공하고 있음을 보여준다.

(2) 아동보호전문기관 1개소 당 아동학대 관련 치료서비스 제공 실적

아동보호전문기관 1개소 당 치료서비스 제공 실적을 살펴보면, 2001년에는 3,212건으로 나타났으며, 2002년 2,174건, 2003년 2,463건, 2004년 2,401건, 2005년 4,104건, 2006년 4,840건, 2007년 5,712건, 2008년 8,025건을 기록하였다.

2008년 실적은 2001년 대비 250% 증가한 것으로서 아동보호전문기관에서 다양한 치료서비스를 제공하기 위해 노력하고 있다는 것을 보여준다. 한편 2002년과 2004년이 평균 실적이 감소하고 있는데, 2002년에 서비스 제공 실적이 감소한 것은 서비스 제공 분류상의 체계가 변화되어 서비스 제공

<표 3-36> 아동보호전문기관 1개소 당 치료서비스 제공 실적 (단위: 건)

구 분	평균 실적	피해아동 치료 서비스	가족 및 부모 관련 서비스	가해자 치료서비스	기타서비스
2001년	3,211.8	-	-	-	-
2002년	2,173.7	1,552.7	190.4	403.8	26.8
2003년	2,463.3	1,657.1	294.2	479.8	32.2
2004년	2,401.7	1,230.4	394.8	373.7	402.8
2005년	4,103.7	2,315.7	602.0	468.6	717.4
2006년	4,839.8	2,661.0	597.4	657.7	923.6
2007년	5,711.8	3,257.5	604.6	779.3	1,070.5
2008년	8,024.5	4,707.0	869.5	978.6	1,335.1

방식이 변화되었기 때문이며, 2004년 실적이 감소한 것은 소규모 아동보호전문기관의 개소가 1월부터 이루어진 것이 아니라 연중에 개소가 이루어져 평균 제공 실적이 감소하였기 때문이다.

피해아동에 대한 치료서비스를 살펴보면, 2002년에는 1개소 당 1,553건이 제공되었고, 2003년 1,657건, 2004년 1,230건, 2005년 2,316건, 2006년 2,661건, 2007년 3,258건, 2008년 4,707건이 제공되었다. 2008년 실적은 2002년 대비 303% 증가한 것이다.

가족 및 부모 관련 서비스 제공 실적은 2002년에 190건이 제공되었으나, 2003년 294건, 2004년 395건, 2005년 602건, 2006년에 597건, 2007년 605건, 2008년 870건으로 2008년에 급격하게 증가하고 있다. 2008년 실적은 2002년 대비 457% 증가한 것으로 치료서비스 중 매우 높은 증가율을 보여준다.

가해자 치료서비스 제공 실적은 2002년 404건, 2003년 480건, 2004년 374건, 2005년 469건, 2006년 658건, 2007년 779건, 2008년 979건으로 증가하고 있다. 2008년 실적은 2002년 대비 242%로 2배 정도 증가한 실적이다.

기타 서비스 제공 실적을 살펴보면, 2002년에 27건, 2003년 32건, 2004년

403건, 2005년 717건, 2006년 924건, 2007년 1,071건, 2008년 1,355건으로 치료서비스 중 가장 많이 증가하였다.

아동보호전문기관 1개소 당 치료서비스 제공 실적 분석은 아동보호전문기관 1개소 당 서비스 제공 실적도 2004년 이후 지속적으로 증가하고 있음을 보여준다. 18개소의 소규모 지역아동보호전문기관이 개소한 2004년에만 서비스 제공 실적이 약간 감소하였지만 그 이후에는 점차 증가하고 있음을 보여준다. 특히 2008년에 피해아동을 위한 서비스와 가족 및 부모를 위한 서비스가 2007년에 비해 크게 증가하여 아동보호전문기관에서 피해아동과 그 가족을 위한 서비스 제공에 노력하고 있다는 것을 보여준다.

(3) 기관 특성별 아동학대 관련 치료서비스 제공 실적

기관 특성에 따른 아동학대 관련 치료 서비스 제공 실적을 살펴보면, 중앙아동보호전문기관의 경우 기관특성상 한정된 사례에 대한 치료서비스를 제공하고 있는데, 2003년 96건, 2004년 95건, 2005년 5건, 2006년 9건으로 2003년과 2004년만 일부 제공했을 뿐 다른 연도는 제공 실적이 거의 없거나 제공하지 않아 피해아동을 위한 치료서비스 제공 실적은 매우 미미하다.

둘째, 서울 및 부산의 지방아동보호전문기관의 서비스 제공 실적을 살펴보면, 2001년에는 22,194건을 기록하였고, 2002년 16,509건, 2003년 1,435건, 2004년 10,084건, 2005년 28,621건, 2006년 26,251건, 2007년 15,855건, 2008년 19,407건을 기록하였다. 2003년 대폭 감소하였다가 2005년 최고 실적을 기록하였으며, 2007년 다시 실적이 감소한 이후 점차 증가세를 보이고 있다.[9]

---

[9] 2003년 서비스 제공 실적이 대폭 감소한 것은 실제로 서비스 제공 실적이 감소한 것이 아니라 DB 입력상의 오류로 판단된다. 왜냐하면 2003년의 이들 보호전문기관에서 보호한 피학대아동의 수는 2002년에 비해 증가하였기 때문이다. 따라서 실제 서비스 제공 실적은 2002년과 비슷한 것으로 추정할 수 있다.

<표 3-37> 기관특성별 아동학대 관련 치료서비스 제공 실적 (단위: 건)

구 분	치료 서비스	중앙 아동보호 전문기관	지방아동보호전문기관		소규모 아동보호 전문기관
			서울 및 부산	기타지역	
2001년	57,813	0	22,194	35,619	-
2002년	39,126	0	16,509	22,617	-
2003년	49,266	96	1,435	47,735	-
2004년	91,264	95	10,084	67,053	14,032
2005년	160,045	5	28,621	58,543	44,255
2006년	203,272	9	26,251	113,944	63,068
2007년	251,320	0	15,855	141,354	94,111
2008년	353,078	0	19,407	185,683	147,988

셋째, 기타지역 지방아동보호전문기관의 치료 서비스 제공 실적을 살펴보면, 2002년 35,619건, 2002년 22,617건, 2003년 47,735건, 2004년 67,053건, 2005년 58,543건, 2006년 113,944건, 2007년 141,354건, 2008년 185,683건으로 2002년과 2005년만 전년도 실적에 비해 약간 감소하였으며, 2006년에는 전년에 비해 대폭 증가하였고 이후 실적이 계속 증가하고 있다. 2004년에 제공 실적이 감소한 것은 소규모 지역아동보호전문기관 개소에 따라 학대아동의 감소하고 그 결과로 서비스 제공이 감소하였다.

넷째, 소규모 지역아동보호전문기관의 실적을 살펴보면 2004년에 14,032건, 2005년 44,255건, 2006년 63,068건, 2007년 94,111건, 2008년 147,988건으로 나타나 개소 이후 실적이 급속하게 증가하고 있다.

아동보호전문기관 1개소 당 치료서비스 평균 제공 실적을 살펴보면, 서울 및 부산의 지방아동보호전문기관의 경우 2001년 7,398건을 기록하였으며, 2002년 5,503건, 2003년 478건, 2004년 3,361건, 2005년 9,540건, 2006년 8,750건, 2007년 5,285건, 2008년 6,469건을 기록하였다. 2001년에 이후 치료 서비스 제공 실적이 점차 하락하다가 2005년에 3배 증가하여 최고 실적을 기록한 다음 각종 치료서비스 제공이 감소하고 있다.

<표 3-38> 기관특성에 따른 아동보호전문기관 1개소 당 아동학대 관련 치료서비스 제공 실적

(단위: 건)

구 분	중앙 아동보호전문기관	지방아동보호전문기관		소규모 아동보호전문기관
		서울 및 부산	기타지역	
2001년	0	7,398	2,544	-
2002년	0	5,503	1,616	-
2003년	96	478	2,983	-
2004년	95	3,361	4,191	780
2005년	5	9,540	3,659	2,329
2006년	9	8,750	7,122	2,867
2007년	0	5,285	8,835	3,921
2008년	0	6,469	11,605	6,166

기타지역 지방아동보호전문기관의 치료서비스 평균 제공 실적을 살펴보면, 2001년 2,544건을 기록하였으며, 2002년 1,161건, 2003년 2,983건, 2004년 4,191건, 2005년 3,659건, 2006년 7,122건, 2007년 8,835건, 2008년 11,605건을 기록하였다. 2002년에 최저 실적을 기록하였으며, 2005년 이후 증가세를 보여준다.[10]

소규모 지역아동보호전문기관의 평균 치료서비스 제공 실적을 살펴보면, 2004년에 780건을 기록하였으며, 2005년 2,329건, 2006년 2,867건, 2007년 3,921건, 2008년 6,166건을 기록하여 크게 증가하고 있다.

기관 특성에 따라 평균 치료서비스 제공 분석 결과를 살펴보면 소규모 지역아동보호전문기관의 경우에는 매년 지속적인 증가세를 보여주지만, 서울 및 부산의 지방아동보호전문기관의 경우 해마다 큰 격차를 보여주고 있다. 즉 2003년과 2005년을 주기로 증가와 감소를 나타내 치료서비스 제공

---

[10] 2006년 까지 기타지역 지방아동보호전문기관의 서비스 실적이 서울 및 부산보다 적은 이유는, 서울 및 부산의 경우 일시보호시설이 2001년부터 설치되어 서비스를 제공하였지만, 기타지역 지방아동보호전문기관의 경우 2005년에 일시보호시설이 설치되어 치료서비스를 제공하였기 때문이다.

실적에 일관된 흐름을 보여주지는 않는다. 기타지역 지방아동보호전문기관의 경우에도 2005년 이전에는 증가와 감소를 반복하였지만, 2006년 이후 급격한 증가 추세를 기록하고 있다.

2) 예방서비스

예방서비스는 아동보호전문기관이 아동학대를 예방하기 위하여 일반 국민을 대상으로 제공하는 각종 교육서비스와 홍보서비스를 의미한다. 이러한 예방서비스는 아동학대에 대한 이해와 지평을 넓혀 아동학대를 예방하며, 아동학대를 조기에 발견하고 학대 재발생을 미연에 방지할 수 있는 효과를 가지고 있다.

(1) 교육서비스

아동보호전문기관에서 제공되는 교육서비스는 일반인과 신고의무자를 대상으로 하는 교육서비스로 분류할 수 있다. 일반인을 대상으로 하는 교육서비스는 아동과 부모, 자원봉사자와 경찰 등을 대상으로 하는 교육이 포함되며, 신고의무자를 대상으로 하는 교육에는 교직원, 의료인, 시설종사자, 사회복지전담공무원 등을 대상으로 하는 교육 등이 포함된다.

연도별로 학대아동 관련 교육 실적을 살펴보면, 2001년에는 33,345명이 교육에 참여한 것으로 나타났으며, 2002년 71,006명, 2003년 89,819명, 2004년 113,076명, 2005년 224,689명, 2006년 236,029명, 2007년 425,943명, 2008년 589,839명이 참여하며 매년 지속적으로 증가하고 있다. 이렇게 교육 실적이 증가하고 있는 것은 아동보호전문기관에서 아동학대를 예방하고 조기에 발견하기 위해 각종 교육 사업을 활발하게 전개하고 있기 때문이다.

중앙아동보호전문기관의 경우 2001년과 2002년의 경우 교육사업을 실

<표 3-39> 연도별 학대아동 관련 교육 실적   (단위: 명)

구 분	교육실적	중앙아동보호전문기관	지방아동보호전문기관		소규모 아동보호 전문기관
			서울 및 부산	기타지역	
2001년	33,345	0	8,312	25,033	-
2002년	71,006	0	14,960	56,046	-
2003년	89,819	1,815	27,049	60,955	-
2004년	113,076	2,127	6,931	85,481	18,537
2005년	224,689	1,931	73,660	88,672	60,426
2006년	236,029	1,600	7,110	124,424	102,895
2007년	425,943	1,626	6,136	187,425	230,739
2008년	589,839	8,831	14,773	247,984	318,251

시하지 않았지만, 2003년부터 교육사업을 시작하여 1,815명, 2004년 2,127명, 2005년 1,931명, 2006년 1,600명, 2007년 1,626명, 2008년 8,831명의 교육 실적을 기록하였다. 중앙아동보호전문기관의 경우 2008년 교육활동을 적극 강화하여 개소이후 최대의 교육실적을 기록하고 있다.

서울과 부산의 지방아동보호전문기관의 교육 실적을 살펴보면 2001년에 8,312명을 기록하였으며, 2002년 14,960명, 2003년 27,049명, 2004년 6,931명, 2005년 73,660명, 2006년 7,110명, 2007년 6,136명, 2008년 14,773명을 기록하는 등 연도별로 큰 차이를 보여주고 있다.[11]

기타지역 지방아동보호전문기관 교육 실적을 살펴보면, 2001년 25,003명을 기록하였으며, 2002년 56,046명, 2003년 60,955명, 2004년 85,481명, 2005년 88,672명, 2006년 124,424명 등 지속적으로 증가하고 있음을 보여준다.

소규모 지역아동보호전문기관의 교육실적을 살펴보면 2004년에 18,537

---

[11] 이러한 차이는 부산 아동보호전문기관의 교육 실적에 기인한다. 부산의 경우 만 명 이상의 실적을 기록하고 있으나 2004년과 2006년의 경우 1,462명과 2,577명의 실적을 기록하는 등 큰 격차를 보이고 있다.

〈표 3-40〉 아동보호전문기관 1개소 당 학대아동 관련 교육 실적 (단위: 명)

구분	연평균 교육실적	중앙 아동보호 전문기관	지방아동보호전문기관		소규모 아동보호 전문기관
			서울 및 부산	기타지역	
2001년	1,853	0	2,771	1,788	-
2002년	3,945	0	4,987	4,003	-
2003년	4,491	1,815	9,016	3,810	-
2004년	2,976	2,127	2,310	5,343	1,030
2005년	5,761	1,931	24,553	5,542	3,180
2006년	5,620	1,600	2,370	7,777	4,677
2007년	9,644	1,626	2,051	11,714	9,614
2008년	13,405	8,831	4,924	15,499	13,260

명을 기록하였으며, 2005년 60,246명, 2006년 102,895명, 2007년 230,739명, 2008년 318,251명을 기록하여 매년 비약적인 증가세를 보여준다. 즉 2008년 실적은 2004년 대비 1,717% 증가한 것으로 소규모 아동보호전문기관에서 교육사업을 중점적으로 실시하고 있음을 보여준다.

아동보호전문기관 1개소 당 평균 교육 실적을 살펴보면, 2001년 1,853명을 기록하였으며, 2002년 3,945명, 2003년 4,491명, 2004년 2,976명, 2005년 5,761명, 2006년 5,620명, 2007년 9,644명, 2008년 13,405명을 기록하여, 2004년과 2006년에만 감소하였음을 보여준다. 이들 2개년도 감소 이유는 소규모 아동보호전문기관 증가에 따라 평균 실적이 감소함에 그 원인이 있다.

기관특성별 평균 교육 실적을 살펴보면, 서울과 부산의 지방아동보호전문기관은 2001년에 2,771명을 기록하였으며, 2002년 4,987명, 2003년 9,016명, 2004년 2,310명, 2005년 24,553명, 2006년 2,370명, 2007년

---

12 이러한 차이는 부산 아동보호전문기관의 교육 실적에 기인한다. 부산의 경우 만 명 이상의 실적을 기록하고 있으나 2004년과 2006년의 경우 1,462명과 2,577명의 실적을 기록하는 등 큰 격차를 보이고 있다.

2,051명, 2008년 4,924명을 기록하여 연도 별로 큰 차이를 보여주고 있다.[12]

기타지역 지방아동보호전문기관 교육 실적을 살펴보면, 2001년 1,788명을 기록하였으며, 2002년 4,003명, 2003년 3,810명, 2004년 5,343명, 2005년 5,542명, 2006년 7,777명, 2007년 11,714명, 2008년 15,499명을 기록하여 2003년을 제외하고는 지속적으로 증가하고 있음을 보여준다.

소규모 지역아동보호전문기관의 교육실적을 살펴보면 2004년에 1,030명을 기록하였으며, 2005년 3,180명, 2006년 4,677명, 2007년 9,614명, 2008년 13,260명을 기록하여 매년 증가세를 보여준다.

(2) 홍보서비스

아동보호전문기관의 홍보사업은 크게 브로슈어, 포스터, 전단 등 인쇄물을 통한 홍보와 방송, 신문, 잡지 등 언론을 활용한 홍보, 인터넷 매체를 이용한 홍보 등으로 나누어 살펴볼 수 있다.

연도별 홍보 실적을 살펴보면 2001년 18,146건에 불과한 홍보 실적이 2002년에 149,814건으로 크게 증가하였고, 2003년 601,570건, 2004년 744,916건, 2005년 687,280건, 2006년 2,752,501건, 2007년 1,133,017건, 2008년 1,673,085건으로 나타났으며, 2006년 급격히 증가한 다음 2007년 이후 약간 감소한 것으로 나타났다.[13] 이러한 홍보 실적의 증가는 아동보호전문기관 사업에 대한 적극적인 홍보를 통해 아동학대에 대한 이해를 증가시키고, 아동학대를 조기 발견하고 예방하는 목표를 달성할 수 있기 때문에 각 기관에서 홍보사업을 활발하게 전개하기 때문이다.

기관특성별 홍보 실적을 살펴보면 먼저 중앙아동보호전문기관의 경우 2003년부터 홍보사업을 실시하였는데, 2003년 18,630건, 2004년 3,765건, 2005년 94,881건, 2006년 186,805건, 2007년 117,082건, 2008년 412,625

---

[13] 이러한 결과는 인천 아동보호전문기관의 홍보 실적에 그 원인이 있다. 2006년 홍보 실적은 183만 건으로 전국 홍보 실적의 2/3를 차지하고 있다.

〈표 3-41〉 연도별 학대아동 관련 홍보 실적 (단위: 건)

구 분	홍보 실적	중앙 아동보호 전문기관	지방아동보호전문기관		소규모 아동보호 전문기관
			서울 및 부산	기타지역	
2001년	18,146	0	532	17,614	-
2002년	149,814	0	26,806	123,008	-
2003년	601,570	18,630	142,125	440,815	-
2004년	744,916	3,765	104,600	555,549	81,002
2005년	687,280	94,881	53,677	352,344	186,378
2006년	2,752,501	186,805	47,380	2,253,402	264,914
2007년	1,133,017	117,082	53,074	514,684	448,177
2008년	1,673,085	412,625	115,812	610,497	534,151

건을 기록하여 2004년과 2007년을 제외하고는 급격하게 증가한 실적을 보여주고 있다. 특히 중앙아동보호전문기관은 홍보사업을 활성화하기 위해 홍보대사를 임명하고, 각종 홍보물을 제작 보급하는 등 다양한 사업을 전개하고 있다.

서울 및 부산의 지방아동보호전문기관의 홍보 실적을 살펴보면, 2002년 532건에 불과했으나 2002년 26,806건, 2003년 142,125건, 2004년 104,600건, 2005년 52,677건, 2006년 47,380건, 2007년 53,074건, 2008년 115,812건을 기록하였다. 2003년에 최고 실적을 기록한 후 점차 감소하다가 2006년을 기점으로 다시 증가하고 있다. 이는 이들 3개 기관은 주 업무가 아동학대가 아니라 아동복지 전반을 담당하여 홍보보다는 아동보호에 더 많은 서비스를 제공하기 때문이다.

기타지역 지방아동보호전문기관의 실적을 살펴보면, 2002년 17,614건을 기록하였으며, 2002년 123,008건, 2003년 440,815건, 2004년 555,549건, 2005년 352,344건, 2006년 2,253,402건, 2007년 514,684건, 2008년 610,497건을 기록하고 있다. 2006년에는 매우 급격하게 증가하였다가 2007년 감소하고 있다.

<표 3-42> 아동보호전문기관 1개소 당 학대아동 관련 홍보 실적 (단위: 건)

구 분	연평균 홍보 실적	중앙 아동보호 전문기관	지방아동보호전문기관		소규모 아동보호 전문기관
			서울 및 부산	기타지역	
2001년	648	0	177	1,258	-
2002년	5,351	0	8,935	8,786	-
2003년	30,079	18,630	47,375	27,551	-
2004년	19,603	3,765	34,867	34,722	4,500
2005년	17,623	94,881	17,892	22,022	10,354
2006년	65,536	186,805	15,793	140,838	14,717
2007년	25,750	117,082	17,691	32,168	18,674
2008년	38,025	412,625	38,604	38,156	22,256

　소규모 지역아동보호전문기관의 홍보 실적을 살펴보면 2004년 81,002건의 실적을 기록하였으며, 2005년 186,378건, 2006년 264,914건, 2007년 448,177건, 2008년 534,151건으로 매년 지속적인 증가를 보여준다.

　아동보호전문기관 1개소 당 학대아동 관련 평균 홍보 실적을 살펴보면 2001년 648건에 불과한 홍보 실적이 2002년 5,351건으로 증가하였고, 2003년 30,079건, 2004년 19,603건, 2005년 17,623건, 2006년 65,536건, 2007년 25,750건, 2008년 38,025건을 기록하였다. 즉 2003년까지 큰 폭의 증가세를 기록하였지만 2004년 소규모 아동보호전문기관이 개소할 때부터 감소하다가 2006년에 급격하게 증가하였다.

　서울 및 부산의 지방아동보호전문기관의 홍보 실적을 살펴보면, 2001년 177건에 불과한 홍보 실적이 2002년 8,935건, 2003년 47,375건으로 최고 실적을 기록하였다. 이후 점차 감소경향을 보여주고 있는데 2004년 34,867건, 2005년 17,892건, 2006년 15,793건, 2007년 17,691건, 2008년 38,604건을 기록하였다.

　기타지역 지방아동보호전문기관의 홍보 실적을 살펴보면 2001년 1,258건을 기록하였으며, 2002년 8,786건, 2003년 27,551건, 2004년 34,722건,

2005년 22,022건, 2006년 140,838건, 2007년 32,168건, 2008년 38,156건을 기록하여 2004년까지 증가하다가 2005년에 감소하고 다시 증가하여 2006년에 최고 실적을 기록하였다.

소규모 지역아동보호전문기관의 홍보 실적을 살펴보면 2004년 4,500건을 기록하였으며, 2005년 10,354건, 2006년 14,717건, 2007년 18,674건, 2008년 22,256건을 기록하여 매년 증가하고 있다.

3) 서비스 총 제공 실적

(1) 서비스 총 제공 실적

아동보호전문기관에서 아동학대의 발견과 치료 그리고 예방을 위해 제공한 서비스 중 현장조사, 서비스 제공 실적, 교육 실적, 홍보 실적을 종합하여 분석하였다.

분석결과 2001년에는 아동학대와 관련하여 총 110,976건의 서비스가 제공되었으며, 2002년 263,792건, 2003년 745,905건, 2004년 956,129건, 2005년 1,080,394건, 2006년 3,201,307건, 2007년 1,820,655건, 2008년 2,625,994건의 서비스가 제공되었다. 아동학대 관련 서비스 제공 실적이 매년 증가하고 있음을 보여주며, 특히 2001년부터 2003년까지는 연평균 2배 정도의 증가세를 보여주고 있다. 특히 2006년에도 2001년 대비 2,880% 증가한 서비스를 제공한 것으로 나타나 아동보호전문기관 상담원들의 학대아동보호사업에 대한 노력을 보여주고 있다.[14]

중앙아동보호전문기관의 경우 2002년까지는 특정 아동학대에 대한 서비스를 제공하지 않다가 2003년부터 홍보서비스를 제공하기 시작하였으며, 2004년에 5,993건으로 최저를 기록하였다가 2006년 188,415건, 2007년

---

[14] 2006년 서비스 제공 실적의 급격한 증가는 앞서 분석된 것처럼 인천아동보호전문기관의 홍보 실적에 그 원인이 있다.

<표 3-43> 연도별 학대아동 관련 총 서비스 제공 실적 (단위: 건)

구분	총 실적	중앙 아동보호 전문기관	지방아동보호전문기관		소규모 아동보호 전문기관
			서울 및 부산	기타지역	
2001년	110,976	0	31,350	79,626	-
2002년	263,792	0	59,104	204,688	-
2003년	745,905	20,541	171,629	553,735	-
2004년	956,129	5,993	122,526	712,543	115,067
2005년	1,080,394	96,817	157,001	532,643	293,933
2006년	3,201,307	188,415	81,508	2,496,825	434,559
2007년	1,820,655	118,708	76,124	848,221	777,602
2008년	2,625,994	421,456	150,866	1,049,187	1,004,485

118,708건, 2008년 421,456건의 제공 실적을 기록하였다.

서울 및 부산의 지방아동보호전문기관의 경우 2001년에 31,350건, 2002년 59,104건, 2003년 171,629건, 2004년 122,526건, 2005년 157,001건, 2006년 81,508건, 2007년 76,124건, 2008년 150,866건으로 기록하였다. 2003년 최고실적을 기록한 다음 감소하다가 2008년에는 다시 증가하고 있다.

기타지역 지방아동보호전문기관의 경우 2001년 79,626건, 2002년 204,688건, 2003년 553,735건, 2004년 712,543건, 2005년 532,643건, 2006년 2,496,825건, 2007년 848,221건, 2008년 1,049,187건을 기록하였다. 2006년 인천아동보호전문기관의 홍보 실적으로 인해 최대의 서비스 제공 실적을 기록한 다음 감소하였다가 2008년에 다시 증가하고 있다.

소규모 지역아동보호전문기관은 2004년에 115,067건의 서비스 제공 실적을 기록하였으며, 2005년 293,933건, 2006년 434,559건, 2007년 777,602건, 2008년 1,004,485건을 기록하여 사업 개시 이후 8.7배의 서비스 제공 증가 실적을 보여주고 있다.

(2) 아동보호전문기관 1개소 당 평균 서비스 제공 실적

〈표 3-44〉 아동보호전문기관 1개소 당 학대아동 관련 총 서비스 제공 실적

(단위: 건)

구 분	연평균 총 실적	중앙 아동보호 전문기관	지방아동보호전문기관		소규모 아동보호 전문기관
			서울 및 부산	기타지역	
2001년	6,165	0	10,450	5,688	-
2002년	14,655	0	19,701	14,621	-
2003년	37,295	20,541	57,210	34,608	-
2004년	25,161	5,993	40,842	44,534	6,393
2005년	27,702	96,817	52,334	33,290	15,470
2006년	76,222	188,415	27,169	156,052	19,753
2007년	41,379	118,708	25,375	53,014	32,400
2008년	59,682	421,456	50,289	65,574	41,854

아동보호전문기관 1개소 당 평균 서비스 제공 실적을 살펴보면, 2001년에 6,165건을 기록하였으며, 2002년에 14,655건, 2003년 37,295건, 2004년 25,161건, 2005년 27,702건, 2006년에 76,222건, 2007년 41,379건, 2008년 59,682건을 기록하였다. 즉 2003년까지 증가하였다가 소규모 지역아동보호전문기관이 개소한 2004년에 약간 감소하였으며, 2006년에 최고 실적을 기록한 이후 약간 감소하다가 다시 증가하고 있다.

서울 및 부산의 지방아동보호전문기관의 경우 2001년에 10,450건의 제공 실적을 기록하였으며, 2003년 57,210건의 최대 실적을 기록하였다가 2004년 40,842건, 2006년 27,169건, 2007년 25,375건, 2008년 50,289건으로 점차 감소하다가 2008년 증가하였다. 이는 소규모 아동보호전문기관 개소에 따라 아동학대와 관련된 서비스 제공이 점차적으로 감소하였음을 보여준다.

기타지역 지방아동보호전문기관의 평균 서비스 제공 실적을 살펴보면, 2001년에 5,688건을 기록하였으며, 2004년 44,534건으로 점차 증가하였다. 2005년 33,290건으로 약간 감소하였다가 2006년 156,052건으로 급격하게 증가한 다음 2007년 53,014건, 2008년 65,574건으로 약간 감소하였

다. 2006년 인천 아동보호전문기관의 홍보 실적 증가에 따른 급격한 증가를 고려한다면 2006년 이후 서비스 제공 실적이 증가하고 있다고 평가할 수 있다.[15]

소규모 지역아동보호전문기관의 평균 서비스 제공 실적을 살펴보면, 2004년 6,393건을 기록하였으며, 2005년 15,470건, 2006년 19,753건, 2007년 32,400건, 2008년 41,854건을 기록하여 개소 이후 6.5배 이상의 서비스 제공 실적을 보여주고 있다.

---

[15] 인천아동보호전문기관의 최대 홍보 실적을 제외하고 계산한다면 전반적으로 지방아동보호전문기관의 서비스 제공 실적이 증가한 것으로 나타나고 있다.

제4장

아동보호전문기관 인력 특성 분석

1 | 아동보호전문기관의 인력관리

1. 아동보호전문기관의 인력관리

아동보호전문기관의 운영과 관련하여 최근에 주목을 받고 있는 것이 아동보호전문기관의 전문인력 확보 문제이다. 학대아동보호서비스의 질을 결정하는 상당한 부분이 서비스를 제공하는 인력의 질에 달려 있다는 점이 인식되면서, 아동보호전문기관 상담원들의 업무능력에 영향을 미칠 수 있는 업무환경과 상담원들이 인식하는 업무만족도와 소진의 정도를 파악하고, 업무에 영향을 미치는 요인을 규명함으로써 상담원들이 효과적으로 학대아동보호업무를 수행할 수 있도록 하는 여건을 만들어 가는 데 점차 관심이 높아지고 있다(공계순, 2005; 윤혜미, 2005).

아동복지분야에서 전문인력의 확보 및 이직 문제는 미국에서도 이슈가 되는 문제로 보고되고 있다(US GAO, 2003). 아동보호서비스를 제공하는 인력은 아동학대 업무의 성격상 타 사회복지분야보다 더 많은 스트레스를 경험하고, 이로 인해 이직률이 높으며, 안정적이고 효과적인 아동보호업무를 수행하는 데 상당한 지장이 있는 것으로 보고되고 있다(Nissly, Barak & Levin, 2005; 공계순 2005 재인용). 또한 우리나라 아동보호전문기관의 상담원에 대한 연구에서도 상담원들의 근무연수가 매우 짧게 나타나고 있고, 소진현상도 매우 높게 나타나는 등 미국과 동일한 특성이 나타난다(윤혜미·박병금, 2004; 공계순 2005). 또한 2008년 아동보호전문기관 성과평가 결과를 살펴보면, 아동학대전문상담원 교육과정 이수율 59점, 상담원 아동보호전문기관 총 근무연수 39.5점, 상담원 인력 충족률 50.8점, 상담원 근무여건 개선노력도 49.8점 등 아동보호전문기관 운영성과 지표 39개 지표 중 인적자원 영역의 4개 지표가 60점 미만을 기록하여 인적자원 관리 영역의 성과가 가장 취약함을 보여주고 있다(중앙아동보호전문기관, 2008).

지금까지 국내에서 진행된 아동보호전문기관 상담원의 업무특성에 관한 연구를 살펴보면, 상담원의 소진과 직무스트레스 그리고 이에 기초한 이직 의도를 분석하고 있는 연구가 대부분이다. 본 장에서는 이러한 상담원의 업무특성 외에 업무환경, 상담원의 신변안전, 슈퍼비전, 직무만족 등에 대한 조사를 추가하여 아동보호전문기관에 근무하는 상담원의 업무환경에 대한 체계적인 분석을 실시하였다.

또한 상담원의 직무만족도, 소진, 이직 의도에 영향을 미치는 요인에 관한 분석을 실시하여 상담원들이 자신들의 직무에 어느 정도 만족하고 있는지, 소진을 어느 정도 경험하고 있는지 그리고 이직하려는 의사를 어느 정도 가지고 있는지를 분석하고, 이들 요인에 영향을 미치는 요인이 무엇인지 종합적으로 분석하였다.

이러한 분석을 통해 아동보호전문기관 상담원들의 업무환경을 개선하고, 직무만족을 극대화할 수 있는 효과적인 방안을 모색하여 우리나라 학대아동보호서비스의 질을 향상시키는데 기여한다.

본 장의 분석에서 활용한 자료는 오승환 등(2007)이 조사한 자료이다. 이 자료는 아동보호전문기관에 근무하는 상담원으로서 전국에 설치된 42개소의 아동보호전문기관을 대상으로 우편조사를 실시한 자료이며, 조사기간은 2006년 11월부터 12월까지 진행되었다. 42개 아동보호전문기관을 대상으로 조사된 설문지 중 소장과 행정업무 담당직원을 제외한 상담원 215명을 조사한 결과이다.

2. 아동보호전문기관 상담원의 업무 및 자격기준

1) 아동보호전문기관 상담원의 업무

아동보호전문기관 상담원의 주요업무를 살펴보면 크게 아동학대 사례관리, 상담 및 치료서비스 제공, 피해아동 일시보호, 교육, 홍보, 네트워크 구축 등으로 나누어 살펴볼 수 있다(보건복지가족부·중앙아동보호전문기관, 2008).

첫째, 아동학대 사례관리 업무는 학대신고 접수와 의심사례에 대한 현장조사 실시, 사례판정, 피해아동 보호조치, 서비스 제공 등으로 이루어진다. 이 업무는 아동학대신고부터 종결에 이르기까지 전 과정을 포괄하는 업무이며 구체적인 업무는 〈표 4-1〉과 같다.

둘째, 상담 및 치료업무는 피해아동과 학대행위자로 나누어 실시된다. 피해아동을 위한 상담 및 치료는 피해아동을 위한 지속적인 상담 및 놀이치료, 미술치료, 심리치료, 병원치료 등을 실시하며, 학대행위자 상담 및 치료는 학대행위자의 재학대 예방을 위한 상담 및 치료를 실시하는 것이다.

셋째, 일시보호업무는 피해아동이 일정기간 가정으로부터 격리되어 보호가 필요한 경우, 기관 내 일시보호시설로 피해아동을 분리하는 업무이다. 또한 일시보호 된 아동의 심신안정을 도모하며, 일시보호 된 아동의 생활지도 및 사회적응 지도를 실시하는 것도 포함된다.

넷째, 교육업무는 신고의무자 교육과 대국민 아동학대예방교육 그리고

〈표 4-1〉 상담원의 아동학대 사례 업무 내용

업 무	구체적 업무
아동학대 신고업무	- 아동상담전용전화(1577-1391) 운영 및 보건복지콜센터 긴급전화(129)를 통한 신고접수 - 우편 또는 전자우편 등을 통한 신고접수 - 방문을 통한 신고접수 - 관련 기관 의뢰에 의한 신고접수 - 경찰에 의한 신고접수
아동학대 의심사례에 대한 현장조사 실시	- 응급아동학대의심사례로 판단될 경우 12시간 이내에 현장조사 실시 - 아동학대의심사례로 판단될 경우 72시간 이내에 현장조사 실시 - 응급아동학대의심사례로 판단되나 12시간 이내에 현장조사 실시가 불가능한 경우, 경찰에게 협조 요청
사례판정	- 자체사례회의 및 사례판정위원회를 통해 사례 판정
피해아동 보호조치	- 심각한 신체학대 또는 성학대를 받은 아동에 대한 응급처치 및 증거 확보 - 일정기간 가정으로부터 격리가 필요한 아동학대 사례의 경우 기관 내 일시보호 또는 친인척, 타 시설에서 보호될 수 있도록 조치
서비스 제공	- 지속적인 상담 및 놀이치료, 미술치료, 심리치료 등 피해아동에 대한 각종 서비스 제공 - 학대행위자의 재학대 예방을 위한 상담 실시 - 정신질환 등 치료가 필요할 경우 병원 연계 등의 지원 제공
종결 및 사후관리	- 치료가 종결된 사례에 대한 관리 - 학대 재발생 예방위한 사후 관리
아동보호전문기관 전산시스템에 아동학대 사례 입력	- 시스템에 전산입력

자료 : 보건복지가족부 · 중앙아동보호전문기관(2008년), 아동보호전문기관업무수행지침.

학대행위자 교육으로 나눌 수 있다. 신고의무자 교육은 아동학대 신고의무자를 대상으로 아동학대 예방교육을 실시하는 것을 의미하며, 대국민 교육은 아동학대 예방교육으로 일반 부모를 대상으로 아동발달에 대한 지식 제공 및 올바른 양육기법 등 부모 교육을 실시하는 것과 어린이집, 유치원, 초 · 중 · 고등학교 학생을 대상으로 아동학대 예방교육을 실시하는 것, 그리고 일반인 및 자원봉사자를 대상으로 아동학대 예방교육을 실시하는 것 등이다. 아동학대 행위자 교육으로는 재학대 예방을 위해 아동학대행위자를 대상으로 교육을 실시하는 것이다.

다섯째, 홍보업무로는 아동학대를 예방하기 위하여 아동학대예방캠페인, 각종 홍보물 제작, 홈페이지를 통한 홍보를 실시하는 것이다.

여섯째, 네트워크 구축업무는 아동보호전문기관의 원활한 사업수행을 위해 파출소, 병원, 복지관, 사회복지시설 등 관련 기관과의 협조체계를 구축하여, 지역사회의 이용 가능한 자원을 개발하고 아동학대와 관련된 사업을 연계하는 업무이다.

2) 상담원 자격기준

아동보호전문기관 직원의 자격기준은 아동복지법 시행령 제17조에 규정되어 있으며, 아동보호전문기관 상담원은 동법 시행령 제17조 제2항에 의거하여 '아동보호전문기관 상담원의 교육과정'을 수료하여야 한다.

구체적인 자격기준을 살펴보면, ① 「사회복지사업법」에 의한 사회복지사 1급 이상의 자격을 가진 자, ② 대학 또는 이와 동등 이상의 학력이 있다고 교육과학기술부장관이 인정하는 학교에서 심리학과(복지심리학과를 포함한다) 또는 보건복지가족부령이 정하는 아동복지 또는 사회복지 관련 교과목을 이수하고 졸업한 자이다.

이들이 이수하는 아동보호전문기관 상담원의 교육과정에는 기본교육 80시간과 아동학대와 관련된 전문교육 20시간 등 총 100시간의 교육과정이 규정되어 있다.

3) 상담원 배치 기준

2009년 보건복지가족부의 아동청소년사업안내에 의하면, 아동보호전문기관은 아동학대 신고건수 및 아동학대 사례수의 증가, 기존 아동학대 사례

〈표 4-2〉 아동보호전문기관 상담원의 교육과정

단 계	교육과목(시간)	이수시간(100시간)
기본교육	1. 아동복지의 기본가치 이해 (4) 2. 「아동복지법」의 이해 (4) 3. 아동학대 원인 및 영향 (8) 4. 아동보호체계에 대한 이해 (8) 5. 가족보존서비스의 이론과 실제 (8)	32
	1. 초기조사와 사례계획 (8) 2. 위기개입 (6) 3. 아동분리와 배치 (6) 4. 학대유형별 개입방법 (12)	32
전문교육	1. 아동학대와 방임에 대한 생태학적 관점 (8) 2. 통합적 접근방법 (8)	16
	1. 아동학대와 관련된 특수한 문제와 개입방법 (8) 2. 학대유형별 상담사례 실습 (12)	20

자료: 아동복지법 시행령 별표 6.

의 누적으로 인해 시·도 및 시·군·구 아동보호전문기관의 심각한 업무과중을 고려하여 상담원의 증원이 필요하며 시·도 아동보호전문기관 13명 이상, 시·군·구 아동보호전문기관 9명 이상에 대한 인건비 지원이 권고되어 있다.

그러나 현재 전국의 아동보호전문기관 상담원 배치현황을 살펴보면 지방아동보호전문기관인 시·도의 경우 서울 6명, 부산 7명, 대구 7명, 인천 6명, 광주 7명, 대전 8명, 울산 6명, 경기 10명, 강원 7명, 충북 9명, 충남 8명, 전북 10명, 전남 8명, 경북 7명, 경남 6명, 제주 6명으로 나타나 배치기준에 미달하는 것으로 나타나고 있다. 또한 지역아동보호전문기관의 경우에도 제일 많이 배치된 강원 동부 7명을 제외하고는 대부분이 4~5명의 상담원이 배치되어 상담원의 업무량이 매우 높은 것으로 나타나고 있다(보건복지가족부·중앙아동보호전문기관, 2009).

2 | 아동보호전문기관의 상담원 특성

1. 상담원의 일반적 특성

2006년 말 현재 42개 아동보호전문기관에 근무하고 있는 상담원의 일반적 특성에 대한 조사 결과는 다음 〈표 4-3〉과 같다.

먼저 상담원의 성별 분포를 살펴보면 남자가 82명으로 38.1%, 여자가 133명 61.9%로서 여자 상담원이 남자에 비해 약 2배 이상 많은 것으로 나타났다. 상담원의 성별 분포는 2002년 조사의 여자 66.7%, 남자 38.3%와 비교할 때 거의 동일한 비율이다(정영순 외, 2002).

연령을 살펴보면 29세 이하가 65.1%를 차지하여 대부분의 상담원이 20대로 조사되었고, 30대가 29.8%, 40대 이상이 5.1%로 조사되었다. 연령평균은 29세로 조사되었고 최소 22세에서 최대 55세로 조사되었다. 2002년 조사와 비교할 때 상담원의 평균연령은 1세 정도 높아진 것으로 분석되었다(정영순 외, 2002). 결혼 여부를 살펴보면 상담원의 69.8%가 미혼으로 나타났으며, 기혼자는 16.7%에 불과하여 대부분이 미혼으로 조사되었다. 이러한 분석결과는 아동보호전문기관 상담원의 대부분이 20대의 미혼 여

〈표 4-3〉 아동보호전문기관 상담원의 일반적 특성

구 분		빈도(명)	비 율(%)	계(명,%)
성별	남	82	38.1	215(100.0)
	여	133	61.9	
연령	29세 이하	140	65.1	215(100.0) 평균 29.0세 최소 22세, 최대 55세
	30-39세	64	29.8	
	40세 이상	11	5.1	
결혼 여부	미혼	150	69.8	215(100.0)
	기혼	65	16.7	
학력	고등학교 졸	1	0.5	214(100.0)
	전문대졸	3	1.4	
	4년제 대학 졸	155	72.4	
	대학원 재학	18	8.4	
	대학원 졸 이상	37	17.3	
전공	사회복지	167	79.5	210(100.0)
	심리학	9	4.3	
	교육학	2	1.0	
	가족 및 아동	22	10.5	
	기타	10	4.8	
자격증 소지 여부	사회복지사 1급	184	85.6	중복응답
	사회복지사 2급	16	7.4	
	교사	4	1.9	
	임상심리사	2	0.9	
	기타	36	16.7	
고용상태	정규직	205	95.3	215(100.0)
	계약직	10	4.7	

성으로 나타나 기관 업무 특성상 위급상황이 발생할 수 있어 이들의 업무수행에 어려움이 따를 것으로 예상될 수 있다.

학력을 살펴보면 4년제 대학 졸업이 72.4%로 대부분을 차지하고 있으며, 대학원 졸업 이상 17.3%, 대학원 재학 중 8.4%, 전문대 졸업 1.4%, 고등학교 졸업 0.5%로 나타나 상담원 대부분이 4년제 대학 졸업 이상의 학력을 갖춘 것으로 나타났다.

전공을 살펴보면 사회복지학 전공자가 79.5%로 대부분을 차지하고 있으며, 가족 및 아동복지학 전공 10.5%, 심리학 4.3%, 교육학 1%, 기타 4.8% 순으로 나타나 90%의 상담원이 사회복지학이나 가족 및 아동복지학을 전공한 것으로 나타났다.

상담원들이 보유한 자격증을 복수응답하게 한 결과 사회복지사 1급이 85.6%, 사회복지사 2급 7.4%, 교사 1.9%, 임상심리사 0.9% 순으로 나타났으며, 이외에 보육교사, 놀이치료사, 청소년지도사 등 각종 자격증을 소지한 비율이 16.7%로 나타나는 등 다양한 자격증을 소지한 것으로 나타났다. 고용상태를 살펴본 결과 정규직원이 95.3%, 계약직은 4.7%에 불과해 상담원 대부분이 정규직원으로 고용되어 활동하는 것으로 조사되었다.

2. 근무 여건

1) 기관 근무기간

2006년 12월 기준으로 아동보호전문기관 근무기간을 살펴보면 평균 29.9개월로 조사되어 2년 반 이상 근무하고 있는 것으로 나타났다. 1년에서 3년 근무한 상담원이 40.6%로 가장 많았고, 1년 이하 35.7%, 3년 이상 근무한 상담원은 23.7%로 조사되었다. 아동학대 사업이 도입된 지 6년이 지만 아직까지 상담원의 근무기간이 짧게 나타나고 있음을 보여준다.

아동보호전문기관 이외의 사회복지기관 근무기간을 조사한 결과 평균 43.0개월로 조사되었으며, 3년 이상 근무경력이 41.8%, 1년에서 3년 31.8%, 1년 이하 26.4%로 나타나 타 사회복지기관에 근무한 경험이 높게 나타나고 있다. 이러한 결과는 서울 및 부산의 지방아동보호전문기관의 상

〈표 4-4〉 아동보호전문기관 상담원의 기관 근무기간   (명: %)

구 분		빈도	퍼센트	계
아동보호전문기관 근무기간	1년 이하	84	35.7	207(100.0) 평균 29.9개월
	1~3년	74	40.6	
	3년 이상	49	23.7	
사회복지기관 근무기간	1년 이하	24	26.4	124(100.0) 평균 43.0개월
	1~3년	29	31.8	
	3년 이상	38	41.8	

담원의 경우 아동복지센터에서 근무한 경력이 있어 타 기관 근무경력이 높게 나타나고 있다.

2) 근무시간

2006년 12월 기준으로 아동보호전문기관 상담원의 평균 근무시간을 살펴보면 평균 9.64시간이며, 최소 8시간에서 최대 16시간으로 나타났다. 서울 및 부산 지방아동보호전문기관의 평균 근무시간은 9.0시간으로 가장 적었으며, 기타 지역 지방아동보호전문기관 9.64시간, 소규모 지역아동보호전문기관 9.81시간으로 소규모 지역아동보호전문기관 상담원들의 근무시간이 가장 긴 것으로 나타났다.

〈표 4-5〉 아동보호전문기관 상담원 근무시간

종사자 현황	평균	표준편차	최대	최소
전체기관	9.64	1.3	16	8
서울 및 부산 지방아동보호전문기관	9.00	0.9	10	8
기타지역 지방아동보호전문기관	9.64	1.2	14	8
소규모 아동보호전문기관	9.81	1.4	16	8

3) 업무량 분석

아동보호전문기관 상담원의 1인당 평균사례 수를 살펴보면 평균 33.9건으로 조사되었으며, 최소 1건에서 최대 141건으로 나타나 기관에 따라 큰 차이를 보여주는 것으로 나타났다.[1] 서울 및 부산 지방아동보호전문기관의 경우 14.19건, 기타지역 지방아동보호전문기관 37.82건, 소규모 지역아동보호전문기관 34.0건으로 나타나 지방 및 소규모 아동보호전문기관의 담당 사례가 서울 및 부산의 지방아동보호전문기관에 비해 많은 것으로 분석

〈표 4-6〉 아동보호전문기관 상담원 업무량 분석   (단위: 명)

종사자 현황		평균	표준편차	최대	최소
총 사례	전체기관	33.90	25.8	141	1
	서울 및 부산 지방아동보호전문기관	14.19	15.0	50	1
	기타지역 지방아동보호전문기관	37.82	25.3	141	2
	소규모 아동보호전문기관	34.00	25.8	119	3
현장조사 사례	전체기관	1.66	4.3	54	0
	서울 및 부산 지방아동보호전문기관	1.81	2.6	10	0
	기타지역 지방아동보호전문기관	1.70	5.6	54	0
	소규모 아동보호전문기관	1.55	2.9	10	0
진행사례	전체기관	16.52	17.0	105	0
	서울 및 부산 지방아동보호전문기관	5.29	6.1	20	0
	기타지역 지방아동보호전문기관	18.87	16.4	87	0
	소규모 아동보호전문기관	16.49	18.7	105	0
사후관리 사례	전체기관	15.08	16.2	95	0
	서울 및 부산 지방아동보호전문기관	7.90	10.4	40	0
	기타지역 지방아동보호전문기관	16.23	16.0	64	0
	소규모 아동보호전문기관	15.57	17.5	95	0

[1] 사례관리 사례가 1건인 것은 2006년에 개소하여 관리사례가 1건으로 조사되었다.
[2] 한편 담당 사례 건수는 기관 직원 수 뿐만 아니라 사례내용 및 수준, 빈도 수 등에 대한 표준화된 개

되었다.[2]

　이러한 상담원의 담당사례는 2002년의 조사의 평균 9.34건에 비해 3배 이상 증가한 것이며, 미국의 아동복지연맹에서 규정한 아동보호서비스 담당 직원 1인당 사례관리 아동 12~17인 기준에 비추어 2~3배 이상 높은 사례수로서(CWLA, 2005, 정익중, 2006에서 재인용), 우리나라 아동보호전문기관 상담원들이 매우 과중한 업무 부담을 지고 있음을 보여준다.

　현장조사 중인 사례 수를 살펴보면 전체 평균 1.55건으로 나타났으며, 서울 및 부산 지방아동보호전문기관 1.81건, 기타지역 지방아동보호전문기관 1.7건 그리고 소규모 지역아동보호전문기관이 1.55건으로 나타나 지방아동보호전문기관의 현장조사 사례가 약간 더 많은 것으로 분석되었다.

　현재 담당하고 있는 사례 수를 살펴보면 평균 16.52건으로 나타났으며, 기타지역 지방아동보호전문기관이 18.87건, 소규모 지역아동보호전문기관이 16.49건 그리고 서울 및 부산 지방아동보호전문기관이 5.29건으로 나타나 기관 특성에 따라 많은 차이를 보여주고 있다.

　사후 관리되는 사례 수를 살펴보면 전체 기관 평균이 15.08건으로 나타났으며, 기타지역 지방아동보호전문기관 16.23건, 소규모 지역아동보호전문기관 15.57건 그리고 서울 및 부산 지방아동보호전문기관 7.9건으로 나타나 기관에 따라 큰 차이를 보여주고 있다.

---

[2] 녬규정이 마련되어 있지 않아 상담원들이 사례관리에 대해 어떻게 생각하느냐에 따라서 기관마다 틀려질 수 있으므로, 사례 건 수가 많다고 해서 일괄적으로 업무량이 많다고 단정하기는 어렵다(정영순 외, 2002:50).

3 | 상담원의 업무환경 분석

1. 업무환경의 개념

업무환경은 아동보호전문기관의 상담원들이 업무를 수행하는 장(setting)인 조직 내에서 경험하는 업무와 관련하여 인식하는 여러 가지 특성이다. 이러한 업무환경에는 조직의 물리적인 업무환경과 더불어 직업과 관련되어 있는 사람들, 조직, 기관 간의 상호작용 그리고 기관 및 자신의 일에 영향을 미치는 정책까지도 포함된다(공계순, 2005). 이러한 업무환경의 요인으로는 역할 갈등, 역할 모호, 자율성의 결핍, 과다한 서류작업, 과다한 업무량, 부적절한 지도력과 슈퍼비전의 부재, 상사 및 동료의 인정이나 지지의 결핍, 낮은 보상 등이 제시되고 있다(Lewandosky, 2003; 공계순, 2005에서 재인용).

이러한 업무환경의 조직 구성원의 소진이나 직무만족에 영향을 미치는 것으로 나타나고 있으며, 아동보호전문기관 상담원의 소진이나 이직의도에 영향을 미치는 중요한 요인으로 제시되고 있다(신범수, 2004; 공계순, 2005).

업무환경 특성 변수는 Jayrante & Chess(1983)가 사용한 업무환경 척도를 번역하여 사용한 신범수(2004)의 연구를 참조하여 사용하였다. 각 척도별 문항 구성을 살펴보면, 승진 3문항, 보상 4문항, 편안함 2문항, 도전 4문항, 업무량 4문항, 역할 갈등 3문항, 역할 모호 4문항으로 구성되어 있으며, 4점 리커트 척도로 측정하였다. Cronbach a를 살펴보면, 승진 .76, 보상 .71, 편안함 .685, 도전 .751, 업무량 .886, 역할 갈등 .695, 역할 모호 .747로 나타났다. 대부분의 척도의 신뢰도가 .70 이상으로 나타나 척도의 신뢰도는 비교적 높은 것으로 조사되었다.

동일한 척도를 사용한 신범수(2004)의 연구에서는 승진 .73, 보상 .74, 편안함 .74, 도전 .69, 업무량 .89, 역할 갈등 .62, 역할 모호 .79로 나타나 본 연구와 유사한 결과를 보여주고 있다.[3]

2. 업무환경 현황분석

1) 업무환경 특성

먼저 주요 독립변수 중 업무환경 요인의 승진점수를 살펴보면, 12점 만점에 8.09점을 기록하여 상담원들이 기관의 승진에 대해 약간 긍정적인 평가를 기록하는 것으로 조사되었다. 보상은 16점 만점에 9.4점을 기록하여 중간보다 약간 낮아 아동보호전문기관의 보상에 대해 부정적 평가를 보이고 있다. 편안함은 8점 만점에 5.28점을 기록하여 중간 정도의 평가를 보이고 있으며, 도전은 16점 만점에 11.35점을 기록하여 중간 이상의 점수를 기록하였다. 업무량 평가에 있어서는 16점 만점에 12.52점을 기록하였고, 역할 갈등은 12점 만점에 7.91점, 역할 모호는 16점 만점에 12.29점을 기록하였다. 업무량과 역할 갈등 그리고 역할 모호는 중간 이상의 점수를 기록하여 상담원들이 아동보호전문기관에서 업무량이 약간 많고 역할 갈등이 존재

하지만, 업무에 관한 규정은 비교적 명확한 것으로 인식하고 있음을 보여준다.

4점 척도로 환산했을 경우 업무량이 3.13점으로 가장 높게 나타나고 있으며, 역할 모호 3.07점, 도전 2.84점, 승진 2.7점, 편안함과 역할 갈등이 2.64점, 보상이 2.35점으로 나타나고 있다. 신범수(2004)의 연구에서의 업무환경 점수를 살펴보면 업무량 3.1점, 역할 모호 3.06점, 도전 2.84점, 역할 갈등 2.69점, 편안함 2.55점, 승진 2.49점, 보상 2.3점 순으로 나타나 본 연구와 비슷한 점수를 보이고 있으며 승진을 제외하면 나머지 항목들의 점수순위도 동일하게 나타나고 있다.[4]

이러한 분석결과는 아동보호전문기관 상담원들이 인식하는 업무환경 특성으로 업무량이 과다하다는 점을 가장 높게 인식하고 있으며, 역할 모호성에 대한 인식은 낮게 나타나 상담원으로서 자신의 업무에 대해 명확하게 인식하고 있다는 것을 보여준다. 또한 상담원으로서 업무에 대해 도전의식을 가지고 생활하고 있으며, 자신의 활동에 대한 보상은 높지 않으며, 다른 업무환경과 비교할 때 보상이 가장 낮은 것으로 인식하고 있음을 보여준다.

〈표 4-7〉 아동보호전문기관 상담원의 업무환경 특성

구분	하위항목	평균	표준편차	최소	최대	4점 척도 환산점수
직무 및 업무환경 (4점 척도)	승진	8.09	1.5	3	12	2.70
	보상	9.40	2.1	4	15	2.35
	편안함	5.28	1.1	2	8	2.64
	도전	11.35	1.7	6	16	2.84
	업무량	12.52	2.4	7	16	3.13
	역할 갈등	7.91	1.5	4	12	2.64
	역할 모호	12.29	1.3	8	16	3.07

---

[4] 공계순(2005)의 연구에서는 업무량 3.12점, 도전 2.77점, 역할 갈등 2.70, 편안함 2.56점, 승진 2.53점, 보상 2.25점, 역할 모호 1.93점으로 나타나 본 연구와 약간 상이한 결과를 보여준다. 특히 역할 갈등의 점수가 매우 낮게 나타나고 있어 본 연구나 신범수(2004)의 연구와 차이를 보여준다.

첫째, 기관의 특성에 따라 상담원들이 인식하는 업무환경에 차이가 있는지를 비교한 결과, 편안함을 제외하고는 지방아동보호전문기관이나 지역아동보호전문기관에 통계적으로 유의미한 차이가 나타나지 않았다. 지방아동보호전문기관 상담원들이 지역아동보호전문기관 상담원에 비해 자신들의 근무시간과 물리적 환경이 더 편안하다고 응답하고 있는데, 이는 시·도 아동보호전문기관의 경우 복권기금지원으로 인한 단독건물을 소유하고 있어 시·군·구 소규모 지역아동보호전문기관에 비해 근무환경이 비교적 더 좋은 것으로 인식하고 있음을 보여준다. 한편 그 외에 승진이나 보상, 도전이나 업무량, 역할 갈등이나 역할 모호 등에서는 차이가 나타나지 않아 기관특성에 유사한 업무환경을 가지고 있는 것을 알 수 있다.

둘째, 상담원의 직위, 즉 관리자 여부에 따라 인식하고 있는 업무환경 특성에 차이가 있는지를 비교한 결과, 업무량을 제외하고는 업무특성에 있어

〈표 4-8〉 기관특성에 따른 업무환경의 차이 분석

구 분		평균	표준편차	t 값
승진	지방아동보호전문기관	8.15	1.386	0.767
	지역아동보호전문기관	7.99	1.690	
보상	지방아동보호전문기관	9.39	1.905	-0.028
	지역아동보호전문기관	9.40	2.279	
편안함	지방아동보호전문기관	5.44	.940	2.750**
	지역아동보호전문기관	5.04	1.184	
도전	지방아동보호전문기관	11.31	1.674	-0.456
	지역아동보호전문기관	11.42	1.758	
업무량	지방아동보호전문기관	12.51	2.292	-0.052
	지역아동보호전문기관	12.53	2.496	
역할 갈등	지방아동보호전문기관	7.93	1.426	0.234
	지역아동보호전문기관	7.88	1.524	
역할 모호	지방아동보호전문기관	12.26	1.156	-0.478
	지역아동보호전문기관	12.35	1.427	

*p < .05, **p < .01, ***p < .001

〈표 4-9〉 직위특성에 따른 업무환경의 차이 분석

구 분		평균	표준편차	t 값
승진	중간 관리자	8.11	1.650	-0.114
	상담원	8.08	1.478	
보상	중간 관리자	9.29	1.961	0.390
	상담원	9.42	2.090	
편안함	중간 관리자	5.11	1.080	1.250
	상담원	5.33	1.051	
도전	중간 관리자	11.63	1.583	-1.261
	상담원	11.27	1.733	
업무량	중간 관리자	13.17	2.224	-2.138*
	상담원	12.34	2.384	
역할 갈등	중간 관리자	7.80	1.408	0.553
	상담원	7.94	1.480	
역할 모호	중간 관리자	12.24	1.268	0.330
	상담원	12.31	1.272	

*p < .05, **p < .01, ***p < .001

서 상담원의 직위에 따라서도 통계적으로 유의미한 차이가 나타나지 않았다. 중간관리자가 일반상담원에 비해 업무량이 많다고 인식하고 있어 중간관리자들의 업무 부담을 보여준다. 그러나 승진이나 보상, 편안함과 도전, 역할 갈등이나 역할 모호 등의 기타 업무환경에 있어서는 직위에 따라서 차이가 나타나지 않아 직위에 따라서도 유사한 업무환경 수준임을 보여준다.

4 | 상담원의 인간관계 및 신변안전 특성 분석

1. 인간관계 및 신변안전의 개념

상담원은 아동보호전문기관 내에서 상급자와 동료 간에 다양한 인간관계를 형성하게 된다. 이러한 인간관계는 상담원의 직무만족이나 소진에 많은 영향을 미치게 되는데, 상급자나 동료와의 긍정적인 인간관계는 상담원의 소진을 감소시킬 뿐만 아니라 상담원의 이직의도를 감소시키는 것으로 작용하고 있다(신범수, 2004; 공계순, 2005).

한편 아동보호전문기관의 상담원이 아동학대 사례개입을 위하여 현장조사, 가정방문, 상담 등 직무를 수행하는 과정에서 학대행위자로부터 욕설, 폭행, 협박을 당하는 등 신변안전에 위협을 받는 문제가 빈번하게 일어나고 있다(중앙아동보호전문기관·국회의원 정미경, 2008).

또한 아동보호전문기관의 상담원이 아동학대 관련 형사사건의 수사 및 재판과정에서 참고인 진술을 하거나 법정에 증인으로 출두할 경우, 아동보호전문기관 상담원의 개인신상정보가 재판진행과정이나 대질신문, 증인 반대신문, 피고인의 수사기록 열람 등사 등을 통해 노출되어 피고인인 학대행위자로부터 보복과 협박을 당하는 피해사례도 발생하고 있다.

2003년 전국 17개 아동학대예방센터(현 아동보호전문기관) 상담원 96명을 대상으로 실시한 김성희(2003)의 상담원들의 신변안전에 대한 인식에 관한 연구결과에 따르면, 상담원의 91.7%(88명)가 업무 수행 중 자신의 신변안전에 대해 위협을 느낀다고 응답하여, 대부분의 상담원들이 자신의 신변이 안전하지 않다고 인식하고 있는 것으로 나타났다. 특히, 신변안전에 대한 위협을 가장 많이 느끼는 경우는 현장조사나 가정방문 시였고(84.3%), 다음은 기관으로 가해자가 찾아왔을 때, 현장조사나 가정방문을 나가기 전, 가정방문을 마치고 돌아올 때, 차량으로 클라이언트와 함께 이동할 때의 순으로 조사되었다.

　또한 중앙아동보호전문기관과 정미경 국회의원이 2008년 5월 1일부터 7월 31일까지 전국의 아동보호전문기관을 대상으로 조사한 결과에 따르면, 신변안전 위협사례 발생 해당 기관이 전국 43개소 중 36개소였으며, 위협사례 발생이 해당 없는 기관은 7개소에 불과한 것으로 나타났다.

　아동보호전문기관 상담원이 안전한 환경에서 업무를 수행할 권리를 박탈당하고 있는 현실은 상담원의 업무수행 태도 및 수행결과에도 부정적인 영향을 미치고 있다. 상담원의 신변안전에 대한 우려는 상담원 소진과 정서적 탈진뿐만 아니라 스트레스에 유의미한 영향을 미친다는 결과는 여러 연구(공계순, 2004; 박지영, 2008; 윤혜미·박병금, 2004)를 통해 보고되고 있다.

　또한 신변안전의 우려는 상담원의 이직의도에 영향을 미치고 있는데, 김성희(2003)의 연구에서도 신변안전에 대한 위협으로 인한 이직 고려 여부에 대해 응답자의 60.4%가 고려해 본 적이 있거나, 매우 심각하게 고려해 본 적이 있다고 응답하고 있으며, 공계순(2005)의 연구에서도 신변에 대한 위협을 더 많이 느낄수록 상담원의 이직의도가 높은 것으로 나타났다.

　상담원의 인간관계 및 신변안전 측정도구를 살펴보면, 먼저 인간관계 특성은 Smith, Kendall & Hulin(1969)이 사용한 척도를 수정하여 사용한 신범수(2004)의 연구를 참조하여 측정하였다. 문항 구성을 살펴보면 동료관계 5문항, 상사관계 5문항으로 구성되어 있으며, 4점 리커트 척도로 측정하였다. Cronbach a는 상사관계 및 동료관계가 각각 .888로 나타났다. 신범수의 연구에서는 상사관계 .86, 동료관계 .89로 나타나 높은 신뢰도를 보여주고 있다.

신변안전에 대한 우려 척도도 신범수(2004)가 사용한 척도를 그대로 사용하였는데, 4점 리커트 척도 3문항으로 구성되어 있으며, Cronbach a는 .783으로 조사되었다.[5]

2. 인간관계 및 신변안전에 대한 우려 현황

상담원이 인식하고 있는 인간관계 특성을 살펴보면, 상사와의 관계는 20점 만점에 14.48점을 기록하여 약간 긍정적인 평가를 보이고 있으며, 동료와의 관계는 20점 만점에 15.26점을 기록하여 상사보다는 더 긍정적인 관계로 평가하고 있다. 신범수(2004)의 연구에서도 상사관계 2.81점, 동료관계 3.17점으로 나타나 본 연구와 동일하게 동료관계의 점수가 상사와의 관계 점수보다 더 높게 나타나고 있다.

〈표 4-10〉 아동보호전문기관 상담원의 업무환경 특성

구분	하위항목	평균	표준편차	최소	최대	4점척도 환산점수
직무 및 업무환경 (4점척도)	상사관계	14.48	2.5	5	20	2.90
	동료관계	15.26	2.2	7	20	3.05
신변안전에 대한 우려		8.67	1.8	4	12	2.89

---

[5] 공계순(2005)의 연구에서의 Cronbach a는 상사관계 .86, 동료관계 .89, 신변안전 .79로 나타나 본 연구와 비슷한 수준을 보이고 있다.

〈표 4-11〉 기관특성에 따른 인간관계 및 신변안전 우려의 차이 분석

구 분		평균	표준편차	t 값
상사관계	지방아동보호전문기관	14.09	2.125	-2.824**
	지역아동보호전문기관	15.05	2.777	
동료관계	지방아동보호전문기관	15.07	1.924	-1.554
	지역아동보호전문기관	15.55	2.336	
신변안전에 대한 우려	지방아동보호전문기관	8.66	1.740	-0.108
	지역아동보호전문기관	8.69	1.924	

*p < .05, **p < .01, ***p < .001

신변안전에 대한 우려는 8.67점으로 중간 이상으로 나타나 상담원들이 신변안전에 대한 우려를 하고 있음을 보여준다. 4점 척도로 환산했을 때 2.89점으로 나타나고 있는데 신범수(2003)의 연구 2.75점, 공계순(2005) 연구 2.78점에 비하면 본 연구의 점수가 더 높게 나타나고 있다.

먼저 기관의 특성에 따라 상담원들이 인식하는 인간관계나 신변안전에 대한 우려 등에 있어서 통계적으로 유의미한 차이가 있는지를 비교한 결과, 상사관계에서만 유의미한 차이가 나타났을 뿐 동료관계나 신변안전에 대한 우려 등에서는 차이가 나타나지 않았다. 소규모 지역아동보호전문기관에 근무하는 상담원들이 지방아동보호전문기관에 근무하는 상담원에 비해 상사와의 관계가 더 긍정적인 것으로 나타나고 있다.

조사대상자의 직위, 즉 관리자 여부에 따라 인간관계나 신변안전에 대한 우려 등에 차이가 있는지를 비교한 결과, 통계적으로 유의미한 차이가 나타나지 않았다. 이러한 결과는 아동보호전문기관 상담원 직위에 상관없이 비슷한 정도의 인간관계 특성이나 신변안전에 대한 우려의식을 갖고 있음을 보여준다.

한편 상담원의 성별에 따라 신변안전에 대한 우려에 차이가 있는지를 살펴본 결과 성에 따라서도 신변안전에 차이가 나타나지 않았다. 상담원들은 남성이나 여성에 상관없이 신변안전에 대한 우려를 보이고 있음을 보여준

〈표 4-12〉 직위특성에 따른 인간관계 및 신변안전 우려의 차이 분석

구 분		평균	표준편차	t 값
상사관계	중간 관리자	14.48	2.030	0.006
	상담원	14.48	2.555	
동료관계	중간 관리자	15.22	2.010	-0.157
	상담원	15.27	2.137	
신변안전에 대한 우려	중간 관리자	9.04	2.105	1.604
	상담원	8.56	1.712	

*p 〈 .05, **p 〈 .01, ***p 〈 .001

〈표 4-13〉 성에 따른 신변안전 우려의 차이 분석

구 분		평균	표준편차	t 값
신변안전에 대한 우려	중간 관리자	9.04	2.105	1.604
	상담원	8.56	1.712	

*p 〈 .05, **p 〈 .01, ***p 〈 .001

다.

5 | 교육훈련 및 슈퍼비전

1. 아동보호전문기관 상담원의 교육훈련 및 슈퍼비전

1) 교육훈련과 슈퍼비전

아동보호전문기관의 상담원은 「아동복지법」에 따라 아동학대에 관한 기본교육 80시간과 전문교육 20시간 등 총 100시간의 교육훈련을 받아야 한다. 이러한 교육훈련은 상담원으로 근무할 때 필요한 가장 기본적인 아동학대에 대한 정의, 아동학대의 원인과 영향, 아동보호체계에 대한 이해, 아동학대 개입과정, 아동학대 유형별 개입방안 등으로 구성되어 있다. 따라서 이러한 교육과정 이수 여부는 상담원으로서의 업무수행에 가장 기본적으로 갖추어야 할 자격이다. 그러나 2008년 중앙아동보호전문기관 상담원 교육과정을 이수한 비율은 78%에 불과한 것으로 나타나 상담원의 교육현황에 대해 체계적인 조사가 필요함을 보여준다.

상담원에 대한 교육훈련의 또 다른 형태는 아동보호전문기관의 상담원으로 채용된 후 상담원에게 제공되는 슈퍼비전이다. 슈퍼비전(Supervision)이란 용어는 라틴어의 'super'(위에서, 능가하여)와 'videre'(관찰하는, 보

<표 4-14> Kadushin이 제시한 슈퍼비전의 기능과 역할

기능	행정적 슈퍼비전	교육적 슈퍼비전	지지적 슈퍼비전
목표	작업배경 제공	업무능력 개선	업무만족감 지원
내용	조직의 구조와 사회복지사의 업무를 도울 기관 자원에의 접근법 제공	업무에 필요한 지식과 기술을 제공	효과적으로 업무를 수행할 수 있도록 심리적 지원 제공
관심 영역	효율적인 조직에 사회복지사를 연결시켜 사회복지사가 조직의 구조와 자원을 효율적으로 이용할 수 있도록 하는 것	지식과 기술의 향상을 통해 사회복지사의 효율성을 증대시키는 것	업무수행을 가로막는 스트레스를 감소시키고, 사기를 증진시켜 사회복지사의 효율성을 증대시키는데 관심
사회복지사	효과적으로 과제를 수행하는 사회복지사	자질 있고 능력 있는 사회복지사	공감적이고 이해심 많은 사회복지사
역할	1. 직원채용과 선발 2. 워커의 임명과 배치 3. 업무 계획 4. 업무 지시 5. 업무 위임 6. 업무에 대한 모니터링 7. 의사소통 촉진 8. 행정적 완충 9. 변화 대행	1. 가르침 2. 학습 촉진 3. 훈련 4. 경험과 지식 공유 5. 정보 제공 6. 명확화 7. 안내 제공 8. 사회복지사 원조 9. 전문적 성장 제고 10. 조언, 제안, 문제해결 원조	1. 스트레스 유발상황 방지 2. 워커의 스트레스 해소 3. 워커의 스트레스 대처 원조 4. 워커와의 신뢰 형성 5. 관점의 공유 6. 결정에 대한 책임 공유 7. 성공을 위한 기회 제공 8. 동료를 통한지지 제공 9. 업무관련 긴장의 완화
비고	Middleman&Rhodes(1985)가 제시한 연결 기능에 해당	Middleman&Rhodes(1985)가 제시한 서비스 전달 기능에 해당	Middleman&Rhodes(1985)가 제시한 통합 기능에 해당

는)에서 유래된다. 따라서 슈퍼바이저는 다른 사람이 하는 일에 대해 책임을 갖고 지켜보는 감독자(overseer)로서 정의된다. 슈퍼비전은 사회복지실천영역 및 조직경영과 인적자원 관리차원에서 여러 가지 형태로 활용되고 있으며, 그 어원상 위계적인 특성을 반영하고 있다. 그러므로 슈퍼비전의 관계는 주로 수직적인 관계로서 슈퍼바이저는 상급자이고 슈퍼바이지는 하위직이라는 불평등한 지위를 포함하고 있는 의무적인 관계이다.

슈퍼비전에 대한 학자들의 개념 정의는 다양한데, 사회복지 영역에서 주로 활용되는 학자들의 견해를 살펴보면 다음과 같다. 우선 Barker(1991: 160)는 사회복지 슈퍼비전을 "사회복지 기관에서 사회복지사들의 기술을 더욱 발전시키고 세련되게 하기 위해서, 그리고 클라이언트에게 질적으로 보장된 서비스를 제공하기 위해 광범위하게 사용하는 행정적이고 교육적인 과정"이라고 정의함으로써 슈퍼바이저와 슈퍼바이지와의 긍정적 상호작용을 강조하였다. Kadushin(1992)은 "슈퍼바이저들의 현장 업무에 대한 책임을 수행하기 위해 슈퍼바이저와의 긍정적인 상호작용 속에서 행정적, 교육적, 지지적 기능을 수행하여 기관 정책과 절차에 따라 양적, 질적으로도 최상의 서비스를 클라이언트에게 전달하도록 하는 과정"이라고 정의하였다.

또한 최성재·남기민(2003)은 "사회복지 슈퍼비전은 사회복지조직에서 직원이 서비스를 효과적이고 효율적으로 전달하기 위하여 지식과 기술을 잘 사용할 수 있도록 도움을 주는 활동이라 정의"하여 전문적 원조 활동으로서의 측면을 강조하였다.

이상에서 살펴본 바와 같이 슈퍼비전은 행정적, 교육적 상호작용을 통하여 슈퍼바이저가 업무수행을 보다 효율적으로 수행하고 업무에 대한 만족감을 증진시키도록 돕고, 궁극적으로는 클라이언트에게 보다 나은 서비스를 주도록 돕는 과정이라고 할 수 있겠다. 그러므로 아동보호전문기관에서의 슈퍼비전은 슈퍼바이저가 전문적 지식과 기술향상을 슈퍼바이지에게 제공함으로써 아동들에게 최상의 서비스를 제공하는 슈퍼바이지와 수퍼바이저 간의 연결(행정적), 서비스 제공(교육적), 통합(지지적) 기능의 상호작용이라 하겠다.

2) 교육훈련 및 슈퍼비전 측정 도구

교육훈련실태는 아동보호전문기관 상담원으로 취업 전 교육과 직무배치

전 그리고 직무배치 후의 교육 유무 및 교육시간 그리고 받은 교육의 업무 수행상 도움 정도를 조사 분석하였다.

　슈퍼비전은 슈퍼비전을 받는지 여부, 슈퍼비전의 형태, 빈도 그리고 도움 정도를 조사하였다. 또한 슈퍼비전의 유형에 따른 점수를 비교하기 위하여 행정적 슈퍼비전, 교육적 슈퍼비전, 지지적 슈퍼비전으로 구분하여 유형별로 4가지 문항, 4점 리커트 척도로 측정한 신범수(2004)의 척도를 사용하여 측정하였다. Cronbach a를 살펴보면 행정적 슈퍼비전은 .738, 교육적 슈퍼비전 .884, 지지적 슈퍼비전 .853을 기록하였다.6

2. 교육훈련 및 슈퍼비전의 현황

1) 아동보호전문기관 상담원의 교육훈련 현황

　아동보호전문기관 상담원으로 채용되기 전에 받은 교육 여부를 살펴본 결과 응답자의 14.1%만이 상담원 취업 전에 교육을 받은 것으로 나타났다. 또한 상담원으로 채용이 확정되어 직무배치되기 전에 교육을 받은 비율은 19.7%로 조사되었다. 상담원으로 직무 배치된 이후에 교육을 받은 비율은 78.2%로 나타나 대부분의 경우 상담원으로 근무한 이후 교육훈련을 받고 있는 것으로 나타났다.

　한편 지방아동보호전문기관에 비해 지역아동보호전문기관의 교육훈련 비율이 약간 높게 나타나고 있으나 통계적인 차이는 나타나지 않았다.

　이러한 교육훈련 조사결과는 상담원으로 교육훈련방식이 개선될 필요성

---

6 신범수(2004)의 연구에서의 신뢰도는 행정적 슈퍼비전은 .76, 교육적 슈퍼비전 .81, 지지적 슈퍼비전 .81로 본 연구와 비슷하게 나타났다.

이 있음을 보여준다. 현행「아동복지법」에 따르면 아동보호전문기관 상담원으로 경우 아동학대와 관련된 교육을 100시간 이상 수료한 자를 임용하도록 되어 있으나, 현실적으로 채용한 후에 교육을 이수한 것으로 나타나 아동학대에 대한 전문적 교육 없이 직무에 투입되고 있다. 따라서 직무배치 전 교육을 의무화할 필요성이 있다. 또한 교육기회를 확대하기 위하여 보건복지인력개발원에서만 이루어지고 있는 전문상담원 양성교육을 중앙아동보호전문기관이나 대학에 확대하여 개설할 필요가 있다.

둘째, 상담원이 받은 교육훈련시간을 살펴보면 상담원 취업 전 교육의 경우 평균 81.5시간으로 나타났고, 직무배치 전 교육은 59.2시간, 직무배치 후 교육은 99시간으로 나타나 차이를 보여주고 있다. 직무배치 후 교육은「아동복지법」에 따라 이루어진 교육으로 100시간 의무규정을 준수하고 있는 것으로 보이나 직무배치 전 교육시간은 59시간으로 100시간에 비해 적은 것으로 보여 더 확대될 필요가 있다.

먼저 기관의 특성에 따라 상담원이 받은 교육시간에 차이가 있는지 분석한 결과 취업 전 교육과 직무배치 전 교육에 있어서 지방아동보호전문기관

〈표 4-15〉 아동보호전문기관 상담원의 교육훈련 여부

구 분	지방아동보호 전문기관	지역아동보호 전문기관	전체	응답자 수
상담원 취업 전	17 (14.0)	11 (14.3)	28 (14.1)	198
직무배치 전 교육	18 (15.3)	19 (27.1)	37 (19.7)	188
직무배치 후 교육	94 (76.4)	64 (81.0)	158 (78.2)	202

〈표 4-16〉 아동보호전문기관 상담원의 교육훈련시간

구 분	평균	표준편차	최소값	최대값
아동보호전문기관 상담원 취업 전	81.52	69.25	2	200
직무배치 전 교육	59.16	45.98	1	120
직무배치 후 교육	98.96	45.41	1	460

〈표 4-17〉 기관특성에 따른 교육시간 차이 분석

구 분		평균	표준편차	t 값
상담원 취업 전	지방아동보호전문기관	94.85	75.776	1.132
	지역아동보호전문기관	59.88	54.695	
직무배치 전	지방아동보호전문기관	68.82	46.331	1.279
	지역아동보호전문기관	48.20	44.563	
직무배치 후	지방아동보호전문기관	100.27	30.528	0.419
	지역아동보호전문기관	96.86	62.667	

*$p < .05$, **$p < .01$, ***$p < .001$

〈표 4-18〉 직위특성에 따른 교육시간 차이 분석

구 분		평균	표준편차	t 값
상담원 취업 전	중간 관리자	81.00	89.540	-0.016
	상담원	81.65	67.011	
직무배치 전	중간 관리자	64.29	45.202	0.329
	상담원	57.72	47.011	
직무배치 후	중간 관리자	97.56	30.897	-0.208
	상담원	99.44	49.551	

*$p < .05$, **$p < .01$, ***$p < .001$

의 교육시간이 더 높게 나타나고 있으나 통계적으로 유의미한 차이는 나타나지 않았다. 따라서 기관의 특성에 따라 상담원이 받은 교육시간에는 큰 차이가 없음을 보여준다.

조사대상자의 직위 즉 관리자 여부에 따라 받은 교육시간에 차이가 있는지 분석한 결과 상담원의 직위에 따라서도 교육시간에 통계적으로 유의미한 차이가 나타나지 않았다.

셋째, 교육훈련이 업무수행에 어느 정도 도움이 되는지를 '1점 전혀 도움 안 됨'에서 '5점 많은 도움이 됨' 등의 5점 리커트 척도로 측정한 결과 상담원 취업 전 교육이 4.13점으로 가장 도움이 되는 것으로 나타났고, 직무

〈표 4-19〉 아동보호전문기관 상담원의 교육훈련 업무수행상 도움 정도

구 분	평균	표준편차	최소값	최대값
아동보호전문기관 상담원 취업 전	4.13	0.869	2	5
직무배치 전 교육	3.91	0.951	1	5
직무배치 후 교육	4.00	0.732	2	5

배치 후 교육 4.0점, 직무배치 전 교육 3.91점 순으로 나타났다. 교육훈련이 상담원의 업무수행에 도움이 되는 것으로 인식하고 있어 모든 교육에 대해 긍정적으로 평가하고 있음을 보여준다. 특히 취업 전 교육이 가장 도움이 되는 것으로 평가하고 있어 사회복지사 1급 소지자들을 대상으로 아동보호전문기관 상담원 교육과정을 확대 개설할 필요가 있음을 보여준다.

2) 아동보호전문기관 상담원의 슈퍼비전 현황

상담원으로 근무하면서 슈퍼비전을 받고 있는가를 조사한 결과 응답자의 91.5%기 슈피비전을 받고 있는 것으로 나타나 대부분의 상담원이 아동학대 업무 전반에 대해 슈퍼비전을 받고 있는 것으로 나타났다. 한편 슈퍼비전을 제공받지 않는 비율이 8.5%로 나타나고 있어 슈퍼비전이 도입되지 않은 아동보호전문기관의 경우 슈퍼비전을 적극적으로 도입할 필요가 있다.

슈퍼비전의 형태를 살펴보면 필요 시 수시로 제공받는 형태가 81.2%로 가장 높게 나타났으며, 정기적 슈퍼비전과 우연한 기회가 각각 15.5%, 기타 3.8%로 나타났다. 이러한 결과는 대부분의 아동보호전문기관에서 수시로 슈퍼비전을 제공하고 있음을 보여준다.

정기적 슈퍼비전의 형태를 살펴보면 동료 슈퍼비전이 49.8%로 가장 높게 나타났으며, 개별 슈퍼비전 46%, 집단 슈퍼비전 37.6%, 기타 2.8%로 나타나 대부분의 기관에서 다양한 방법을 통해 슈퍼비전을 제공하고 있다.

정기적인 개별 슈퍼비전이 제공되는 시기를 조사한 결과 주 1회 이상 제

〈표 4-20〉 아동보호전문기관의 슈퍼비전 특성

구 분		빈 도(명)	비 율(%)	계(명, %)
슈퍼비전 제공 여부	받음	194	91.5	212(100.0)
	받지 않음	19	8.5	
슈퍼비전 형태	정기적으로	33	15.5	중복응답
	필요시 수시로	173	81.2	
	우연히 만날 때	33	15.5	
	기타	8	3.8	
정기적 슈퍼비전 형태	개별	98	46.0	중복응답
	집단	80	37.6	
	동료	106	49.8	
	기타	6	2.8	
정기적 개별 슈퍼비전 시기	주1회 이상	99	61.5	161(100.0)
	월 2~3회	38	23.6	
	월 1회	15	9.3	
	6개월에 1~2회	7	4.3	
	연 1~2회	2	1.2	
슈퍼비전의 도움 정도	매우 도움 됨	31	15.6	199 (100.0)
	도움이 됨	117	58.8	
	보통임	45	22.6	
	도움이 안 됨	6	3.0	
	전혀 도움이 안 됨	-	-	

공된다는 응답이 61.5%, 월 2~3회 23.6%로 나타나 85%의 상담원이 월 2~3회 이상의 슈퍼비전을 제공받는 것으로 조사되었다. 한편 6개월에 1~2회 슈퍼비전이 제공되는 비율은 5% 미만으로 매우 낮게 나타났다.

　슈퍼비전이 업무의 전문성을 높이는 도움이 되는지를 조사한 결과 도움이 된다는 응답이 58.8%, 보통 22.6%, 매우 도움이 된다 15.6%, 도움이 안 된다 3%로 나타났다. 긍정적인 응답이 74%로 나타나 상담원 대부분이 슈퍼비전이 업무의 전문성 향상이 도움이 된다고 평가하고 있으며, 도움이 안 된다는 부정적 평가는 3%에 불과했다.

〈표 4-21〉 아동보호전문기관 상담원의 슈퍼비전 유형

구 분	평균	표준편차	최소값	최대값	4점 척도
행정적 슈퍼비전	11.30	1.914	4	16	2.83
교육적 슈퍼비전	10.55	2.254	4	16	2.64
지지적 슈퍼비전	10.95	2.515	4	16	2.74

상담원이 제공받는 슈퍼비전의 유형을 살펴보면 행정적 슈퍼비전이 16점 만점에 11.3점, 지지적 슈퍼비전 10.95점, 교육적 슈퍼비전 10.55점으로 나타나 행정적 슈퍼비전을 가장 많이 제공받는 것으로 나타났다. 이는 아동보호전문기관의 상담원들이 아동학대와 관련된 각종 서류정리 및 기관의 행정업무 처리에 슈퍼바이저로부터 가장 많은 도움을 받고 있음을 보여준다.

상담원이 제공받는 슈퍼비전의 값은 4점 척도로 환산하면 행정적 슈퍼비전은 2.83점, 교육적 슈퍼비전은 2.64점, 지지적 슈퍼비전은 2.74점으로 나타나고 있는데, 신범수(2004)의 연구(행정적 슈퍼비전 2.81점, 교육적 슈퍼비전 2.55점, 지지적 슈퍼비전 2.57점)와 공계순(2005)의 연구(행정적 슈퍼비전 2.77점, 교육적 슈퍼비전 2.55점, 지지적 슈퍼비전 2.53점)와 비교할 때 본 연구에서 상담원들이 제공받는 슈퍼비전이 약간 더 높게 나타나고 있다.

다음으로 기관 특성 및 직위특성에 따른 상담원이 인식하고 있는 슈퍼비전 유형을 비교하였다. 먼저 기관의 특성에 따라 상담원들이 제공받는 슈퍼비전의 유형 간에 차이가 있는지를 비교한 결과, 지방아동보호전문기관이나 지역아동보호전문기관에 통계적으로 유의미한 차이가 나타나지 않았다. 이러한 결과는 아동보호전문기관 특성에 상관없이 동일한 정도의 슈퍼비전이 제공되고 있음을 보여준다.

조사대상자의 직위, 즉 관리자 여부에 따라 제공받는 슈퍼비전의 유형에 차이가 있는지를 비교한 결과, 조사대상자의 직위에 따라서도 슈퍼비전에

〈표 4-22〉 기관 특성에 따른 슈퍼비전의 유형 분석

구 분		평균	표준편차	t 값
행정적 슈퍼비전	지방아동보호전문기관	11.14	1.870	-1.356
	지역아동보호전문기관	11.51	1.967	
교육적 슈퍼비전	지방아동보호전문기관	10.42	2.224	-0.926
	지역아동보호전문기관	10.72	2.297	
지지적 슈퍼비전	지방아동보호전문기관	10.67	2.382	-1.894
	지역아동보호전문기관	11.35	2.655	

*p 〈 .05, **p 〈 .01, ***p 〈 .001

〈표 4-23〉 직위에 따른 슈퍼비전 유형 분석

구 분		평균	표준편차	t 값
행정적 슈퍼비전	상담원	11.26	2.060	-0.153
	중간 관리자	11.31	1.880	
교육적 슈퍼비전	상담원	10.60	2.173	0.188
	중간 관리자	10.53	2.282	
지지적 슈퍼비전	상담원	10.74	2.619	-0.605
	중간 관리자	11.01	2.492	

*p 〈 .05, **p 〈 .01, ***p 〈 .001

통계적으로 유의미한 차이가 나타나지 않았다. 이러한 결과는 아동보호전문기관 상담원 직위에 상관없이 동일한 형태의 슈퍼비전이 제공되고 있음을 보여준다.

6 | 상담원의 소진 분석

1. 소진의 개념

1) 소진의 개념 정의

소진은 일반적으로 오랜 기간에 걸쳐 사람들과 밀접한 관계를 유지하는 과정에서 계속적이고 반복적으로 받은 정서적 압박의 결과로써 특히 의료, 교육, 사회사업과 같이 많은 사람들을 직접적으로 대하는 대인 서비스 관련 분야 종사자들에게서 주로 나타나는 현상이다.

소진에 대한 정의는 다양하고 정의되고 있는데, 가장 중요한 정의는 소진의 척도를 개발한 Maslash과 Jackson(1981)의 정의이다. Maslash과 Jackson(1981)은 '소진을 직무 스트레스와 관련된 신체적, 정서적 상호작용의 증상으로서 클라이언트에 대한 비인간화, 정서적 탈진, 개인적 성취감 결여 등의 현상'으로 설명하면서, 현재 세계적으로 가장 널리 사용되고 있는 소진측정도구를 개발하였다. 또한 이들은 소진을 세 가지 하위개념으로 설명하고 있는데, 첫째, 정서적 탈진은 인간봉사 직종에 종사하는 사람들이 오랜 시간 동안 사람들과 강한 감정적 반응을 하게 되므로 감정적 피로감과 더불어 더 이상 아무것도 줄 것이 남아 있지 않다고 느끼는 것으로, 긴장·불안·피로를 유발시키는 직무와 관련된 스트레스가 지나치거나 너무 오래 지속된 결과이다.

둘째, 클라이언트 비인간화는 직무의 이런 감정적 요구에 저항하기 위해 심리적 거리를 유지하고자 클라이언트나 클라이언트의 상황에 대해 냉담하고 거리를 두는 듯한 태도를 취하게 되는 것을 말한다. 정서적 탈진으로부터 자신을 보호하기 위한 거리두기가 차차 클라이언트의 열악한 환경이나 도와주어도 변화가 잘 발생하지 않는 데 대한 실망감 등과 결합하여 클라이언트를 한 사람의 개인으로가 아니라 하나의 사례로 취급하게 되는 등, 비인간적으로 대하게 되는 것이다.

셋째, 개인적 성취감의 결여란 정서적으로 탈진되고 비인간적인 태도를 취하게 되면서 점점 시간과 에너지를 일에 덜 투자하게 됨에 따라 효과성이 저하되고 이로 인해 전문직으로서의 개인적인 성취를 더 이상 느끼지 못하게 되는 것을 말한다. 즉 인간봉사 전문직으로서 긍정적인 변화를 이루어보겠다는 자신의 능력에 대한 상실을 경험하게 된다.

2) 소진에 영향을 미치는 요인

소진에 영향을 미치는 요인을 살펴보면 상담원의 인구사회학적 특성, 업무특성, 직무만족도 요인 등으로 나누어 살펴볼 수 있다.

먼저 상담원의 소진에 영향을 미치는 인구사회학적 특성으로는 성과 연령, 결혼 여부, 교육 정도, 근무경력 등이다(윤혜미·박병금, 2004; 공계순, 2005).

윤혜미·박병금(2004)의 연구에 따르면 혼인 여부, 직위, 연령에 따라 소진(개인적 성취감의 결여)에 차이가 있는 것으로 나타났으며, 성별, 사회복지사 자격 여부, 종교, 학력, 경력, 전체 종사연한에 따라서는 소진에 차이가 없는 것으로 나타났다. 기혼자보다는 미혼자가, 팀장보다는 상담원이, 30대보다는 20대가 개인적 성취감의 결여를 더 많이 경험하고 있는 것으로 나타났다.

공계순(2005)의 연구에서는 인구사회학적 특성 변수로서 성, 연령, 혼인 여부, 학력, 직급, 복지 관련 기관 근무기관과 근무 관련 여부를 독립변수로 하여 소진에 영향을 미치는 여부를 회귀분석한 결과 소진의 3가지 유형 중 개인적 성취감 감소만 회귀모형 적합도가 나타났으며, 소진 전체나 다른 하위 척도는 회귀모형 적합도가 나타나지 않았다. 개인적 특성 중 유일하게 성별, 즉 남자 상담원이 개인적 성취감의 감소를 더 많이 경험하는 것으로 조사되었다.

이러한 소진에 관한 선행연구 결과 분석은 우리나라 아동보호전문기관 상담원의 소진에 인구사회학적 특성이 영향을 미치는 것은 소진의 하위 척도의 개인적 성취감 감소에만 영향을 미치는 것으로 나타났으며, 다른 개인적 요인들은 연구에 따라 상이한 결과를 보이고 있다.

둘째, 아동보호전문기관 상담원의 소진에 영향을 미치는 요인으로 제시되고 있는 것은 직무특성이다(윤혜미·박병금, 2004; 공계순, 2005). 직무특성은 그 명칭이 연구자에 따라 상이하게 언급되고 있는데, 이영미·성규탁(1991)은 업무환경에서 오는 소진의 발생요인을 역할 모호성, 역할 갈등, 업무 과다, 보상, 도전, 부적절한 지도력과 슈퍼비전, 자율성의 결핍, 휴식시간의 부족을 지적하였다. Maslach과 Schaufeli(1993)도 소진과 관련된 직무 관련 요인으로 역할 과중, 역할 갈등, 역할 모호성, 직업에 대한 기대, 동료 및 슈퍼바이저와의 관계를 지적하였다. 윤(Yoon, 1990)은 업무환경을 개인적 성장차원, 정책과 구조차원 및 지도·감독 차원으로 나누어 몰두하는 정도, 자율성, 업무로 인한 압박감, 동료와의 응집력, 개성, 통제, 명료성, 슈퍼바이저의 능력, 슈퍼비전과 기관관리 차원의 사회적 지지가 사회복지사의 소진과 관련된다고 보고하였다. 공계순(2005)의 연구에서는 이명미·성규탁(1991)의 연구에서 제시된 특성을 상담원의 업무환경과 슈퍼비전으로 구분하고 조사하였으며, 윤혜미·박병금(2004)의 연구에서는 과중한 업무 부담과 역할 갈등, 교육훈련과 슈퍼비전 요인 그리고 업무자체 특성으로 구분하여 소진과의 관계를 조사하였다.

윤혜미·박병금(2004)의 연구에서는 과중한 업무 부담과 역할 갈등은 소진에 영향을 미치지 않는 것으로 나타나고 있으며, 교육훈련 경험의 충분성과 슈퍼비전의 적절성은 소진의 하위영역 중 개인적 성취감의 결여에 영향을 미치는 것으로 나타났다. 그리고 신변안전의 염려는 정서적 탈진과 비인간화에 영향을 미치는 것으로 나타났다.

공계순(2005)의 연구결과를 살펴보면, 업무환경 변수 중 보상, 편안함, 동료와의 관계는 소진 전체나 소진의 하위영역에 전혀 영향을 미치지 않는 것으로 나타났다. 소진 전체에 영향을 미치는 요인은 도전과 업무량으로 나타났고, 정서적 탈진에 영향을 미치는 요인은 도전, 업무량, 역할 갈등으로 나타났다. 비인격화에 영향을 미치는 요인은 역할 갈등, 역할 모호, 상사와의 관계가 영향을 미치는 것으로 나타났으며, 개인적 성취감 감소에 영향을 미치는 요인은 승진과 역할 모호로 나타나고 있다.

3) 소진의 측정

소진은 Maslach와 Jackson(1981)이 개발한 MBI(Maslach Burnout Inventory)를 아동보호전문기관 특성에 맞게 수정하여 사용하였다. MBI는 서로 관계는 있으나 독립적인 3개의 하위척도인 정서적 탈진 9문항, 개인적 성취감의 감소 8문항, 클라이언트에 대한 비인격화 5문항 등 총 22문항으로 구성되어 있으며, 7점 리커트 척도로 측정하였다. Maslach 등은 정서적 탈진의 경우 27점 이상, 비인간화의 경우 13점 이상, 개인적 성취감 결여의 경우 31점 이하를 기준점으로 설정, 소진이 상당히 진행된 것으로 해석하고 있다. 이 척도의 신뢰도는 후속연구들(Jayaratne, 1983, 1987; Chess, 1983; Yoon, 1990) 등에서 증명되었다.

Cronbach a를 살펴보면 정서적 탈진 .844, 개인적 성취감의 감소 .821, 클라이언트 비인격화 .528로 나타났다. 또한 윤혜미·박병금(2004)의 연구에서는 Chronbach a 값은 정서적 탈진 .89, 개인적 성취감 결여 .73, 클라이언트 비인간화 .60로 나타나고 있으며, 공계순(2005)의 연구에서도 정서적 탈진 .85, 개인적 성취감 결여 .72, 클라이언트 비인간화 .66로 본 연구와 마찬가지로 클라이언트의 비인격화 영역의 신뢰도가 낮게 나타나고 있다.

이러한 우리나라의 상담원의 소진을 측정하기 위해 사용된 MBI척도의 경우 하위척도 중 클라이언트 비인격화 척도에서 신뢰도 문제가 발생하여 소진 척도를 재구성할 필요가 있다.[7]

2. 소진 분석

1) 소진 실태

Maslach와 Jackson(1981)이 개발한 MBI(Maslach Burnout Inventory)에 따라 아동보호전문기관 상담원들이 인식하는 소진을 정서적 탈진, 개인적 성취감의 감소, 클라이언트에 대한 비인격화 등 3가지 하위문항과 소진 총 점수로 분석하였다.

먼저 정서적 탈진의 점수는 평균 38.2점으로 나타났으며, 개인적 성취감

---

[7] 소진척도의 한국적 재구성을 시도한 논문으로 Seung-hwan Oh와 Minhong Lee의 2009년 Children and Youth Services Review에 투고한 "Examining the Psychometric Properties of the Maslach Burnout Inventory Using a Sample of Child Protective Service Workers in Korea"를 참조

〈표 4-24〉 아동보호전문기관 상담원의 소진 실태

구분	평균	표준편차	최소값	최대값
정서적 탈진	38.22	8.05	14	63
개인적 성취감의 감소	26.22	5.52	15	50
클라이언트에 대한 비인격화	16.32	7.26	5	95
소진 전체	81.04	15.50	41	208

의 감소는 26.2점, 클라이언트에 대한 비인격화는 16.3점으로 나타났다. 소진의 정도를 Maslach(1983)이 제시한 기준점에 따라 나누어 볼 때, 정서적 탈진 27점 이상, 성취감의 감소 31점 이하, 비인격화 13점 이상의 점수는 소진을 '상'으로 평가할 수 있는데, 이 기준에 따르면 본 연구에서는 정서적 탈진의 점수가 27점 이상인 상담원이 88.5%, 성취감의 감소 점수가 31점 이하가 85.7%, 클라이언트 비인격화 점수가 13점 이상은 71.4%로 나타나 우리나라 아동보호전문기관 상담원의 7~85%가 소진현상을 경험하고 있으며, 이는 소진이 매우 심각한 정도임을 보여준다.

또한 윤혜미·박병금(2004)의 연구에서는 정서적 탈진 39.77점, 성취감의 결여 24.84점, 비인간화 14.6점으로 나타나 본 연구와 비슷한 점수분포를 보인다.[8]

2) 소진에 영향을 미치는 요인 분석

소진에 영향을 미치는 요인을 알아보기 위해 소진 전체와 소진의 3개 하위척도를 대상으로, 상담원의 인구사회학적 특성, 기관특성, 업무환경 특성(업무환경, 인간관계, 신변안전), 슈퍼비전 특성 등 독립변수 군별로 회귀분석을 실시하고, 모든 변수를 투입한 회귀분석을 실시하였다.

---

[8] 아동보호전문기관 상담원의 소진을 다룬 다른 연구(공계순, 2005)에서는 소진 척도를 4점 척도로 측정해 객관적인 비교가 불가능하였다.

<표 4-25> 인구사회학적 특성이 소진에 미친 영향에 대한 회귀분석 결과

구 분	소진 전체 B(β)		정서적 탈진 B(β)		클라이언트 비인격화 B(β)		개인적 성취감 감소 B(β)	
성 (남자:1)	-1.77	-.055	-.480	-.029	-.446	-.030	-1.067	-.096
연령	.100	.033	-.024	-.015	.034	.023	.101	.096
결혼여부 (기혼:1)	-4.54	-.132	-1.702	-.096	-1.194	-.074	-2.211	-.186*
학력	1.44	.074	.491	.049	.795	.087	.107	.016
복지전공여부(전공:1)	-1.76	-.046	-.536	-.027	-1.494	-.081	.011	.001
1급 여부 (1급:1)	2.75	.062	.626	.027	1.198	.056	.664	.042
상수	77.44		37.952		13.405		23.379	
R^2	.024		.013		.019		.032	
F 값	0.790		0.429		0.644		1.089	

* p< .05, ** p< .01, *** p< .001

(1) 인구사회학적 특성이 소진에 미치는 영향

상담원의 인구사회학적 특성이 소진에 미치는 영향을 분석하기 위해 회귀분석을 실시한 결과 소진 전체와 하위 3가지 영역 모두에게서 회귀모형의 적합도가 유의미하지 않는 것으로 나타나 인구사회학적 특성은 상담원의 소진에 영향을 미치지 않는 것으로 분석되었다. 인구사회학적 특성은 신범수(2004)의 연구에서는 정서적 탈진과 성취감 감소에, 공계순(2005)의 연구에서는 개인적 성취감의 감소에만 영향을 미치고 있는 것으로 나타나 본 연구와 다른 결과를 보여주지만, 본 연구와 공통적인 결과는 소진 전체나 클라이언트 비인격화에는 상담원의 인구사회학적 특성이 영향을 미치지 못하고 있음을 보여준다.

(2) 기관 특성이 소진에 미치는 영향

아동보호전문기관 기관 특성이 소진에 미치는 영향을 분석하기 위해 회귀분석을 실시한 결과 소진 전체와 하위 3가지 영역 중 정서적 탈진만 회귀모형의 적합도가 나타났을 뿐 소진 전체와 클라이언트 비인격화 그리고 개

〈표 4-26〉 기관 특성이 소진에 미친 영향에 다한 회귀분석 결과

구 분	소진 전체 B(β)		정서적 탈진 B(β)		클라이언트 비인격화 BB(β)		개인적 성취감 감소 B(β)	
기관특성 (지방:1)	2.672	.083	.421	.026	2.280	.150*	-.405	-.037
관리자 여부 (관리자:1)	1.292	.033	-.461	-.024	1.234	.068	-.391	-.030
근무경력	.059	.127	.054	.232***	.016	.074	-.013	-.085
근무시간	.556	.049	.881	.153*	.073	.013	-.288	-.074
담당 사례수	.063	.097	.079	.244***	.013	.044	-.019	-.089
상수	69.985		25.460		13.175			
R^2	.044		.159		.040		.029	
F 값	1.644		6.868***		1.534		1.099	

* p<.05,** p<.01,*** p<.001

인적 성취감의 감소에는 통계모형의 적합도가 나타나지 않았다.

정서적 탈진에 영향을 미치는 요인을 살펴보면 근무경력과 근무시간 그리고 담당 사례수가 영향을 미치는 것으로 나타났으며, 지방기관 여부나 관리자 여부는 영향을 미치지 않는 것으로 나타났다. 즉 아동보호전문기관 근무경력이 오래될수록, 근무시간이 많을수록, 담당 사례수가 많을수록 정서적 탈진을 더 많이 경험하는 것으로 나타나 근무시간과 담당 사례수 등의 근무환경이 열악할수록 상담원들이 정서적 탈진을 더 많이 경험하는 것으로 나타났다. 한편 근무기간이 오래될수록 정서적 탈진이 더 많이 경험하는 것으로 나타난 것은 외국의 선행 연구 결과(Lawton and Magarelli, 1980)와 다른 결과를 보여주는 것이다.

한편 기관 특성변수는 소진 전체나 클라이언트 비인격화 그리고 개인적 성취감 감소에는 영향을 미치지 않는 것으로 조사되었다.

(3) 업무환경 특성이 소진에 미치는 영향

아동보호전문기관 업무환경 특성이 소진에 미치는 영향을 분석하기 위해 회귀분석을 실시한 결과 소진 전체와 하위 3가지 영역 모두에게서 회귀모

형의 적합도가 나타나 업무환경이 상담원의 소진에 영향을 미치고 있는 것으로 조사되었다. 신범수(2004)와 공계순(2005)의 연구에서도 업무환경 특성은 소진 전체와 하위 3개 요인에 모두 영향을 미치는 것으로 나타나 본 연구와 동일한 결과를 보여준다.[9]

소진에 대한 업무환경의 설명력을 살펴보면, 소진 전체는 29.6%, 정서적 탈진은 33.7%, 클라이언트 비인격화는 16.6%, 개인적 성취감의 감소는 18.3%로서 소진의 하위척도 중 정서적 탈진에 대한 설명력이 가장 높은 것으로 나타났다.

소진 전체에 영향을 미치는 업무환경 변수로서는 도전 의식과, 업무량, 역할 갈등이 나타나고 있다. 즉 상담원의 도전의식이 약할수록, 업무량이 많을수록, 상담원으로서의 역할에 갈등이 많을수록 소진을 더 많이 경험하는 것으로 분석되었다. 공계순(2005)의 연구에서는 도전과 업무량이 소진 전체에 영향을 미치는 것으로 나타나고 있다.

정서적 탈진에 영향을 미치는 요인을 살펴보면, 도전과 업무량으로 나타나고 있는데 상담원의 도전의식이 강할수록 정서적 탈진은 적어지고, 업무량이 많을수록 탈진은 심한 것으로 분석되었다. 공계순(2005)의 연구에서는 도전과 업무량 그리고 역할 갈등이 정서적 탈진에 영향을 미치는 것으로 나타나고 있다. 이러한 결과는 도전의식과 업무량이 정서적 탈진에 중요한 요인임을 보여준다.

클라이언트 비인격화에 영향을 미치는 요인은 도전의식과 역할 갈등으로 나타나고 있는데, 업무에 대한 도전의식이 낮을수록, 업무에 대한 갈등이 높을수록 클라이언트에 대한 비인격화가 나타나는 것을 보여준다. 공계순(2005)의 연구에서는 역할 갈등과 역할 모호가 비인격화에 영향을 미치는 것으로 나타나고 있다. 클라이언트 비인격화에 영향을 미치는 요인은 역할

---

[9] 공계순(2005)의 연구에서는 업무환경특성에 인간관계 요인을 통합하여 회귀분석을 실시하여 본 연구와 완전히 일치하지는 않는다.

〈표 4-27〉 업무환경 특성이 소진에 미친 영향에 다한 회귀분석 결과

구 분	소진 전체 B(β)		정서적 탈진 B(β)		클라이언트 비인격화 B(β)		개인적 성취감 감소 B(β)	
승진	.187	.018	.104	.019	-.042	-.009	.137	.036
보상	.701	.090	-.140	-.035	.315	.087	.440	.159*
편안함	1.052	.071	.281	.037	.190	.027	.521	.098
도전	-3.765	-.411***	-1.753	-.368***	-1.081	-.248**	-.940	-.285***
업무량	1.074	.164*	1.195	.351***	.207	.067	-.346	-.147
역할 갈등	2.028	.193**	.712	.130	1.053	.211**	.300	.079
역할 모호	-1.256	-.104	.121	.019	-.582	-.102	-.740	-.171*
상수	96.142		35.029		21.294		40.037	
R^2	.296		.337		.166		.183	
F 값	11.328***		13.878***		5.477***		6.087***	

* p<.05,** p<.01,*** p<.001

갈등인데, 클라이언트의 욕구와 조직의 욕구 사이의 갈등이나, 다른 사람과의 관계에서의 갈등이 클라이언트와의 관계에서 비인격화를 촉진하는 것으로 나타나 아동보호전문기관 운영에 있어서 클라이언트 중심의 업무기준을 제시할 필요성이 있음을 보여준다.

개인적 성취감의 감소에 영향을 미치는 요인을 살펴보면 도전의식과 역할 모호 그리고 보상이 영향을 미치고 있는데, 도전의식이 높고 역할에 대한 모호성이 감소할수록 그리고 보상이 낮을수록 개인적 성취감이 높은 것으로 나타나고 있다. 공계순(2005)의 연구에서는 승진과 역할 모호가 영향을 미치는 것으로 나타나고 있다. 개인적 성취감에 있어서는 역할 모호가 중요한 요인으로 제시되고 있는데, 상담원으로서의 자신의 역할을 정확히 인식하고 있을수록 개인적 성취감이 높은 것으로 나타나 상담원 직무의 표준화와 직무교육이 개인적 성취감 제고에 기여할 수 있다.

이러한 업무환경이 소진에 미치는 영향을 분석한 결과는 상담원들의 도전의식과 업무량, 역할 갈등과 역할 모호가 중요함을 보여준다. 특히 상담

원들의 도전의식은 소진 전체와 3가지 하위영역 모두에 영향을 미치는 중요한 요인으로 작용하고 있는데, 상담원으로서의 자신의 업무에 대해 긍정적이고 적극적으로 생각할수록 소진을 적게 경험하는 것으로 나타나 상담원들이 적극적인 업무태도를 가질 필요가 있다.

한편 업무환경 특성 중 승진이나 편안함 등은 소진에 전혀 영향을 미치지 않는 것으로 나타나고 있는데 기관의 업무환경에 대해 편안하게 생각하거나 상담원의 승진에 대해 긍정적으로 평가하는 것은 소진에 영향을 미치지 않는 것으로 나타났다.[10]

(4) 인간관계 특성 및 신변안전에 대한 우려가 소진에 미치는 영향

아동보호전문기관 상담원이 인식하고 있는 인간관계 특성과 신변안전에 대한 우려가 소진에 미치는 영향을 분석하기 위해 회귀분석을 실시한 결과 소진 전체와 정서적 탈진 그리고 클라이언트 비인격화 등 3가지 영역에게서 회귀모형의 적합도가 나타났으며, 개인적 성취감의 감소에서는 회귀모형이 적합하지 않는 것으로 나타났다. 회귀모형의 설명력을 살펴보면, 소진 전체는 26.1%, 정서적 탈진은 42.1%, 클라이언트 비인격화는 13.8%로 나타나 정서적 탈진에 대한 설명력이 가장 높게 나타나고 있다.

인간관계 특성과 신변안전이 상담원의 소진에 영향을 미치고 있는데, 공계순(2005)의 연구에서도 인간관계 특성과 신변안전의 우려 등은 본 연구와 마찬가지로 소진 전체와 정서적 탈진과 클라이언트 비인격화에 영향을 미치는 것으로 나타나고 있다.[11]

---

[10] 공계순(2005)의 연구에서는 승진은 개인적 성취감의 중요한 결정요인으로 나타나고 있어 본 연구와 차이를 보여주고 있다.
[11] 공계순(2005)의 연구에서는 업무환경특성에 인간관계 요인을 통합하여 회귀분석을 실시하였고, 신변안전에 대한 우려는 클라이언트 인식에 덧붙여 회귀분석을 실시하여 본 연구와 완전히 일치하지는 않는다. 한편 신범수(2004)의 연구에서는 신변안전은 소진 전체와 정서적 탈진에만 영향을 미치는 것으로 나타났다.

먼저 소진 전체와 정서적 탈진에 영향을 미치는 요인을 살펴보면 상사나 동료와의 관계가 좋을수록 소진과 정서적 탈진이 적게 나타나는 것으로 나타났으며, 신변안전에 대한 위협이 심할수록 소진과 정서적 탈진 현상이 심한 것으로 나타났다. 즉 인간관계는 소진을 감소시키는 보호요인으로 작용하고 있으며, 신변안전에 대한 우려는 소진을 가중시키는 것으로 나타나 상담원이 경험하는 신변안전에 대한 위협을 감소시킬 필요성을 보여준다.

둘째, 클라이언트 비인격화에 영향을 미치는 요인으로는 신변안전에 대한 우려만이 영향을 미치는 것으로 나타나고 있어, 학대행위자로부터 받는 신변위협은 상담원이 클라이언트를 대할 때 비인격화를 초래하는 중요한 요인임을 보여준다. 따라서 가해자로부터 받는 다양한 위협을 감소시킬 대책이 필요함을 보여준다.

셋째, 개인적 성취감의 감소에 대한 회귀모형의 적합도는 나타나지 않아 인간관계나 신변안전이 상담원의 개인적 성취감 감소에 영향을 미치지 않고 있으며, 이는 공계순(2005)의 연구에서도 동일하게 나타나고 있다. 따라서 아동보호전문기관 상담원이 경험하는 개인적 성취감의 감소라는 소진은 인간관계나 신변안전이 아닌 다른 요인이 더 중요하게 작용하고 있음을 알 수 있다.

〈표 4-28〉 인간관계 특성 및 신변안전이 소진에 미친 영향에 다한 회귀분석 결과

구 분	소진 전체 B(β)		정서적 탈진 B(β)		클라이언트 비인격 B(β)		개인적 성취감 감소 B(β)	
상사관계	-1.165	-.186**	-.819	-.253***	-.347	-.117	-.012	-.005
동료관계	-1.284	-.172*	-.477	-.124*	-.370	-.107	-.431	-.164*
신변안전	2.221	.391***	1.526	.523***	.804	.302***	-.073	-.036
상수	79.553		31.405		13.350		34.147	
R^2	.261		.421		.138		.029	
F 값	23.598***		47.114***		11.010***		1.993	

* p<.05, ** p<.01, *** p<.001

(5) 슈퍼비전 특성이 소진에 미치는 영향

아동보호전문기관 상담원에 대한 슈퍼비전 특성이 소진에 미치는 영향을 분석하기 위해 회귀분석을 실시한 결과 소진 전체와 정서적 탈진 그리고 클라이언트 비인격화 등 3가지 영역에게서 회귀모형의 적합도가 나타났으며, 개인적 성취감의 감소에서는 회귀모형이 적합하지 않는 것으로 나타났다. 회귀모형의 설명력을 살펴보면, 소진 전체는 18.6%, 정서적 탈진은 19.7%, 클라이언트 비인격화는 11.6%로 나타나 정서적 탈진에 대한 설명력이 가장 높게 나타나고 있다. 한편 신범수(2004)와 공계순(2005)의 연구에서는 슈퍼비전의 소진에 대한 영향력이 나타나지 않아 본 연구와 다른 결과를 보여주고 있다.

소진 전체에 대한 슈퍼비전 영향력을 살펴보면 행정적 슈퍼비전과 지지적 슈퍼비전이 상담원의 소진을 감소시키는 것으로 나타나고 있으며, 정서적 탈진에는 지지적 슈퍼비전이 감소요인으로, 클라이언트 비인격화에는 행정적 슈퍼비전이 감소요인으로 나타나 상담원들이 경험하는 소진에는 행정적 슈퍼비전과 지지적 슈퍼비전이 보호요인으로 작용하고 있음을 보여준다. 따라서 상담원의 소진을 감소시키기 위해서는 슈퍼바이저의 지지적인 조언과 업무수행에 대한 행정적인 조언 등을 제공할 필요가 있다.

〈표 4-29〉 슈퍼비전 특성이 소진에 미친 영향에 대한 회귀분석 결과

구 분	소진 전체 B(β)		정서적 탈진 B(β)		클라이언트 비인격화 B(β)		개인적 성취감 감소 B(β)	
행정적 슈퍼비전	-2.138	-.261*	-.447	-.109	-1.250	-.322**	-.454	-1.443
교육적 슈퍼비전	.209	.030	-.345	-.099	.082	.025	.522	1.672
지지적 슈퍼비전	-1.479	-.238*	-.859	-.275**	-.156	-.053	-.574	-2.424*
상수	119.481		56.720		31.458		31.959	
R^2	.186		.197		.116		.059	
F 값	14.461***		15.706***		8.543***		4.054	

* $p < .05$, ** $p < .01$, *** $p < .001$

(6) 소진에 미치는 영향요인에 대한 통합분석

상담원의 소진에 영향을 미치는 모든 변수들을 영향력을 분석하기 위해 모든 독립변수들을 투입한 통합 회귀분석을 실시하였다. 소진 전체와 하위 3개 영역 모두에게서 회귀모형의 적합도가 나타났으며, 소진 전체에 대한 설명력은 53.3%, 정서적 탈진은 59.4%, 클라이언트 비인격화는 36.7%, 개인적 성취감의 감소는 32.2%로 나타나 정서적 탈진에 대한 설명력이 가장 높게 나타났다.

먼저 소진 전체에 영향을 미치는 요인을 살펴보면, 업무환경 요인 중 보상과 도전의식이 나타났으며, 신변안전에 대한 우려와 지지적 슈퍼비전이 영향을 미치고 있었다. 즉 보상이 높을수록, 도전의식이 낮을수록, 신변안전 우려가 높을수록, 지지적 슈퍼비전이 낮을수록 상담원들이 소진을 더 많이 경험하는 것으로 나타났다. 가장 설명력이 큰 변수는 신변안전(β=.381)과 도전의식(β=-.380) 이었으며, 지지적 슈퍼비전 (β=-.235) 순으로 나타났다.

정서적 탈진에 영향을 미치는 변수들은 업무환경 중 도전의식, 신변안전에 대한 우려, 지지적 슈퍼비전으로 나타났다. 즉 도전의식이 낮을수록, 신변안전에 대한 우려가 높을수록 그리고 지지적 슈퍼비전을 적게 받을수록 정서적 탈진을 경험하는 것으로 나타나 신변안전에 대한 우려를 감소시키고, 지지적 슈퍼비전을 더 많이 제공할 필요가 있음을 보여준다. 설명력이 큰 변수는 신변안전에 대한 우려(β=.439)로 나타났으며, 도전의식(β=-.311), 지지적 슈퍼비전 (β=-.243) 순으로 분석되었다.

클라이언트 비인격화에 영향을 미치는 요인은 기관특성 중 지방 기관, 업무환경요인 중 보상과 도전의식, 상사와의 인간관계, 신변안전에 대한 우려, 행정적 슈퍼비전 등으로 나타났다. 즉 지방기관일수록, 보상이 높을수록, 도전의식이 낮을수록, 상사와의 관계가 좋을수록, 신변안전에 대한 우려가 높을수록, 행정적 슈퍼비전을 적게 받을수록 클라이언트 비인격화를 경험하는 것으로 조사되었다. 설명력이 큰 변수는 신변안전(β=.278), 행정적 슈퍼비전(β=-.251), 도전의식(β=-.250), 상사와의 관계(β=.239) 순으로 나타났다.

개인적 성취감의 감소에 영향을 미치는 요인을 살펴보면, 업무환경 중 보상과 도전의식 그리고 지지적 슈퍼비전이 영향을 미치는 것으로 나타났다. 보상이 높을수록, 도전의식이 낮을수록, 지지적 슈퍼비전을 적게 받을수록 상담원의 개인적 성취감이 감소하는 것으로 나타났다. 설명력이 큰 변수는 지지적 슈퍼비전(β=-.326), 도전의식(β=-.283), 보상(β=.220) 순으로 나타났다.

이상과 같은 연구결과를 정리하면 다음과 같다. 먼저 상담원의 인구사회학적 특성, 즉 성, 연령, 결혼 여부, 학력, 1급 여부 등은 소진에 전혀 영향을 미치지 않는 것으로 나타나고 있다. 선행 연구에서 성별에 따라 소진에 차이가 있는 것으로 나타나고 있지만 본 연구에서는 성에 따른 차이는 나타나지 않았으며, 연령이나 결혼 여부에 따른 차이도 나타나지 않았다.

둘째, 기관특성에서는 독립분석에서는 정서적 탈진에 영향을 미치고 있었지만 통합분석에서는 지방기관 여부만이 클라이언트 비인격화에 영향을 미치고 있을 뿐, 관리자 여부, 근무경력, 근무시간, 담당 사례 수 등은 소진에 영향을 미치지 않는 것으로 나타났다. 즉 다른 요인과 동시에 분석되었을 때 기관특성은 상담원의 소진에 영향을 미치지 못함을 보여준다.

셋째, 업무환경 특성을 살펴보면, 통합분석에서는 도전의식이 소진 전체와 3개 하위영역 모두에 영향을 미치고 있는 것으로 나타나 가장 중요한 요인으로 제시되고 있으며, 도전의식이 높을수록 소진이 감소하는 것으로 나타났다. 보상은 소진 전체와 클라이언트 비인격화, 그리고 개인적 성취감의 감소에 영향을 미치고 있었는데, 기관의 보상 정도가 높을수록 소진이 더 심하게 나타나 경제적 보상과 소진이 반비례하고 있음을 보여준다. 이외에 업무량은 정서적 탈진에, 역할 갈등은 클라이언트 비인격화에 영향을 미치고 있는 것으로 분석되었다.

넷째, 상담원의 인간관계 특성은 통합분석에서는 상사와의 관계가 클라이언트 비인격화에 부정적인 영향을 미치고 있는 것으로 나타나고 있으며, 신변안전에 대한 우려는 소진 전체와, 정서적 탈진 그리고 클라이언트 비인격화에 부정적인 영향을 미치는 것으로 나타났다. 따라서 상담원에 대한 신변안전 대책이 소진현상을 감소하는 중요한 대책임을 보여준다.

다섯째, 슈퍼비전은 상담원의 소진에 영향을 미치고 있는데, 지지적 슈퍼비전의 경우 소진 전체와, 정서적 탈진 그리고 개인적 성취감의 감소에 영향을 미치고 있으며, 행정적 슈퍼비전은 클라이언트 비인격화에 영향을 미치는 것으로 나타나고 있다. 공계순(2005)의 연구와 달리 본 연구에서는 슈퍼비전이 상담원의 소진을 감소시키는 것으로 나타나 슈퍼비전의 강화 필요성을 보여준다.

〈표 4-30〉 소진 영향요인에 대한 통합모형 회귀분석 결과

구 분		소진 전체 B(β)		정서적 탈진 B(β)		클라이언트 비인격화 B(β)		개인적 성취감 감소 B(β)	
인구학적 특성	성 (남자:1)	.091	.003	.867	.054	-.447	-.028	-.797	-.072
	연령	-.173	-.046	-.051	-.028	.028	.015	-.078	-.062
	결혼 여부 (기혼:1)	-3.028	-.082	-1.222	-.069	-1.034	-.059	-1.196	-.097
	학력	1.520	.073	-.114	-.011	.870	.087	.358	.051
	복지전공 (전공:1)	.919	.022	1.834	.092	-.669	-.034	-.275	-.020
	1급 여부 (1급:1)	-3.180	-.068	-2.453	-.107	-1.294	-.057	.244	.016
기관 특성	기관특성 (지방:1)	3.118	.094	.232	.014	3.069	.193*	-.528	-.048
	관리자 여부 (관리자:1)	2.441	.062	-.940	-.049	1.909	.101	.998	.076
	근무경력	.009	.017	.033	.133	-.005	-.020	-.023	-.132
	근무시간	-.237	-.020	-.031	-.005	.002	.000	-.026	-.006
	담당사례 수	-.047	-.070	.009	.027	-.025	-.076	-.025	-.113
업무 환경	승진	.619	.058	.408	.079	.084	.016	.064	.018
	보상	1.542	.192*	.220	.057	.708	.186*	.585	.220*
	편안함	.462	-.030	-.257	-.035	-.718	-.097	.489	.096
	도전	-3.656	-.380***	-1.466	-.311***	-1.167	-.250**	-.912	-.283*
	업무량	.032	.005	.521	.154*	-.322	-.096	-.211	-.091
	역할 갈등	1.292	.121	.096	.018	.949	.183*	.326	.091
	역할 모호	-1.258	-.097	.156	.024	-.589	-.094	-.719	-.165
인간 관계	상사관계	1.144	.173	.049	.015	.765	.239*	.389	.176
	동료관계	-.522	-.071	-.234	-.065	-.097	-.027	-.173	-.070
	신변안전	2.177	.381***	1.221	.439***	.766	.278***	.179	.093
슈퍼 비전	행정적	-1.410	-.162	-.131	-.031	-1.046	-.251*	-.369	-.127
	교육적	.654	.091	.196	.057	-.030	-.009	.490	.204
	지지적	-1.486	-.235*	-.741	-.243*	-.140	-.046	-.690	-.326*
상수		93.675		32.925		18.160		40.655	
R^2		.533		.594		.367		.322	
F 값		6.574***		8.519***		3.405***		2.746***	

* $p<.05$, ** $p<.01$, *** $p<.001$

7 | 상담원의 직무만족 분석[12]

1. 직무만족의 개념

1) 직무만족의 개념

직무만족에 대한 개념은 다차원적인 개념으로서 학자들에 의해 다양하게 정의되고 있다. Locke(1976)는 "자신의 직무에 대한 평가에서 결과되는 유쾌하거나 긍정적인 감정상태"라고 정의하여 직무와 관련된 개인의 감정적 정서적 상태로 정의하고 있다. 윤혜미(1991)는 "조직의 구성원들이 직무를 수행해 가는 과정에서 그들의 욕구와 동기가 충족되어 직무에 대한 관심, 열의, 애착과 같은 감성적 태도를 갖는 정도"라고 정의하였다. Smith(1995)는 "각 개인이 자신의 직무와 관련하여 경험하는 모든 좋은 감정과 나쁜 감정의 조화 또는 좋고 나쁨의 균형상태에서 기인된 일련의 태도"라고 정의하였다. 이러한 직무만족도에 대한 정의를 종합해 볼 때 직무만족도는 종사자들이 자신들의 일과 직무환경에 대해 갖는 태도 및 감정 상

---

[12] 본 절은 2009년 아동과 권리 제13권 제2호에 게재된 "아동보호전문기관 상담원의 직무만족도 결정요인" 논문을 아동권리학회의 동의를 받아 일부 내용을 수정하여 전제함

태를 말하는 것으로서, 직무와 조직상황에 대한 주관적인 느낌들을 측정한다고 할 수 있다.

또한 직무만족은 단일차원으로 측정되는 것이 아니라 다차원적으로 측정될 수 있다. 직무는 하나의 실체가 아니라 과업, 역할, 책임, 상호작용, 보상 등의 다양한 특성들로 상호 연관되어 있으므로 직무만족의 요인 또는 다양한 차원들로 이루어지고 그 결과 직무차원에 대한 만족도도 다양하게 제시되고 있다. Lawler(1973)는 직무만족을 직무를 통해서 얻게 되는 전체적 경험을 나타내는 전반적 만족과 직무와 관련된 요인별 만족으로 구분하고 있다(남선이 · 남승규, 2006에서 재인용). 전반적 직무만족은 조직구성원이 직무상의 역할에 대해서 지니고 있는 총체적인 감정적 반응을 말하며, 요인별 만족은 직무를 구성하는 승진, 보상, 인간관계, 근무조건 등 업무환경의 측면에 대한 만족의 복합지표로 측정된다. 직무만족을 다차원적인 측면으로 측정하면 다차원적인 측면 각 항목에 대해 어느 정도 만족하는지를 구체적으로 측정하기 때문에 개별항목들이 직무만족도에 미치는 영향을 분석하는 데 한계가 나타날 수 있다. 따라서 본 연구에서는 직무만족을 다차원적인 직무측면에 대한 만족도로 측정하기보다는, 업무환경에 대한 개인의 인식에 기초한 주관적인 평가 즉 직무만족에 대한 총제적인 평가로 측정하였다.[13]

2) 아동보호전문기관 상담원의 직무만족에 대한 선행연구

사회복지기관이나 시설에 근무하는 사회복지사에 대한 직무만족에 대한 연구와 달리 아동보호전문기관 상담원의 직무만족도에 대한 연구는 제한적으로 이루어져 왔는데, 대부분의 연구에서 직무만족도와 관련 변수와의

---

[13] 윤혜미(1991)의 경우 총제적인 평가를 직무만족도로 다차원적인 평가는 직무의 조직적인 측면으로 구분하여 측정하였다.

상관관계 분석 등 일차적인 분석만 이루어져 직무만족도에 영향을 미치는 요인에 대한 종합적이고 체계적인 분석은 이루어지지 못하고 있다는 한계를 가지고 있다.

먼저 이미숙(2001)은 아동보호전문기관 상담원의 직무환경과 특성 그리고 스트레스와 직무만족과의 상관관계를 분석하고 있다. 직무환경 요인으로는 연봉, 승진, 토요휴무제, 초과근무, 휴가, 신분보장, 근무환경, 교육 및 연수도움 여부, 동료 및 상사관계 그리고 지역사회 지지 등이 포함되었다. 직무특성으로는 직무의 다양성과 중요성 그리고 자율성이 포함되었으며, 직무스트레스는 역할 갈등과 역할 모호 그리고 역할 과다가 포함되어 분석되었다. 분석결과 직무환경 요인 중에서는 연봉, 승진, 휴가이용, 신분보장, 근무환경 등이 직무만족에 관련이 있는 것으로 나타났고, 직무특성 중에서는 자율성 그리고 직무스트레스에서는 역할과다요인이 직무만족에 관련이 있는 것으로 분석되었다.

정현숙(2005)의 연구에서도 직무스트레스가 직무만족에 미치는 영향을 분석하고 있는데, 역할 갈등과 모호성 그리고 역할 과다가 전체적인 직무만족과 하위요인별 직무만족(직무, 감독, 보수, 승진, 동료관계, 전 이직, 기관)에 미치는 영향을 분석하였다. 기관특성 중 기관의 직위가 직무만족에 영향을 미치는 것으로 나타났고, 직무 스트레스 요인 중에서는 역할 갈등과 역할 모호가 직무만족과 부정적인 상관관계를 보이는 것으로 분석되었다.

또한 강은숙(2005)의 연구에서도 직무스트레스가 직무만족에 미치는 영향을 분석하고 있는데 상담원들이 느끼는 직무 스트레스(역할 갈등, 역할 모호, 작업 과부하, 경력개발, 근무환경, 심리적 부담감, 인간관계, 자아존중감, 대처전략)중 역할 모호와 대처전략이 직무만족에 영향을 미치고 있는 것으로 나타나고 있다.

또한 소진은 상담원의 직무만족과 이직에 영향을 미치는 중요한 요인으로 제시되고 있다. 소진은 직무와 간련된 신체적, 정서적 상호작용의 증상으로 클라이언트에 대한 정서적 탈진, 비인격화, 개인적 성취감 결여로 정의된다(Maslach & Jackson, 1981). 즉 자기 일에 정서적으로 고갈되거나, 클라이언트를 비인간화하거나, 성취감이 결여된 상담원의 경우 직무만족도가 낮게 나타나게 된다. 윤혜미·박병금(2004)의 아동학대예방센터 상담원의 소진과 직업만족도에 관한 상관관계 분석결과 소진의 3가지 특성이 직무만족도과 부정적인 상관관계를 보이는 것으로 나타나고 있다.

슈퍼비전은 사회복지사의 직무에 영향을 미치는 중요한 요인인데, 상담원들에게 사기를 유지하고, 직무와 관련된 좌절과 불만을 원조하며, 전문가로서의 가치를 느끼게 하고, 기관에 대한 소속감과 직무수행에 있어서 안전감을 갖도록 하는 중요한 역할을 수행하게 한다(Kadushin, 1992). 심경순(2003)의 연구에서 슈퍼비전이 직무만족에 긍정적인 영향을 미치는 것으로 나타나고 있다.

이상의 사회복지사의 직무만족도에 영향을 미치는 요인들을 선행연구들을 통해 분석해 보면, 인구학적 특성, 기관 특성, 업무환경 특성, 인간관계 특성 등이 중요한 요소로 제시되고 있다. 또한 아동보호전문기관 상담원의 인력관리에 있어서는 소진의 중요성이 제시되고 있다. 따라서 본 연구에서는 기존의 사회복지사 직무만족에 영향을 미치는 요인에 더하여, 아동보호전문기관 상담원의 소진과 슈퍼비전 요인을 추가하여 상담원이 느끼는 전반적인 직무만족에 영향을 미치는 요인이 무엇인지를 분석한다. 본 연구를 통해 아동보호전문기관 상담원의 직무만족도에 영향을 미치는 다양한 요인들의 영향을 발견하며, 아동보호전문기관의 인력관리 시스템의 개발과 상담원의 전문성 제고에 기여할 수 있다.

3) 직무만족도 측정도구

아동보호전문기관 상담원의 직무만족을 측정하기 사용된 도구는 김성한

(1997)의 연구에서 사용된 직무만족에 관한 척도이며, 국내의 사회복지사 직무만족도에 관한 연구에 사용되어 왔다.

직무만족도 척도는 "지금 하고 있는 업무가 내가 원하는 일이다", "나는 다시 기회가 온다 해도 지금과 같은 일을 하겠다", "나는 현재 하고 있는 일을 친한 친구에게 권하겠다", "전체적으로 나는 지금 수행하고 있는 업무에 만족한다"의 4가지 문항으로 구성되어 있으며, 5점 리커트 척도로 평가한다. 본 연구의 Cronbach a는 .879로 신뢰도가 높게 나타나고 있다.

2. 직무만족 분석

1) 직무만족 실태

아동보호전문기관 상담원의 직무만족도는 20점 만점에 평균 12.54점으로 중긴 정도의 점수를 기록하고 있다. 이를 5점 척도로 재환산하면 5점 만점에 3.14점으로서, 김성한(1997)의 연구에서 나타난 사회복지사 직무만족 점수 5점 만점에 3.32점, 설진화(1999)의 정신보건사회복지사 직무만족 점수 5점 만점에 3.24점에 비하면 약간 낮은 점수이다.

〈표 4-31〉 직무만족도 분석 결과

구 분	평균	표준편차	최소	최대	4점 환산점수
직무만족도	12.54	3.1	4	20	3.14

2) 직무만족도에 영향을 미치는 요인

(1) 기관 특성이 직무만족에 미치는 영향

아동보호전문기관 상담원의 근무하는 아동보호전문기관 기관 특성이 직무만족도에 미치는 영향을 분석한 결과는 〈표 4-32〉의 모형 1과 같다. 통제변수인 상담원의 인구학적 특성과 기관특성 변수를 투입하여 회귀분석을 실시한 결과 모델의 F값은 .05 수준에서 유의미하지 않는 것으로 나타나 기관특성이 직무만족도에 미치는 회귀분석 모형은 부적합한 것으로 나타났다. 신범수(2004)의 연구에서도 인구학적 특성과 기관특성은 상담원의 소진에 영향을 미치지 못하는 것으로 나타나 비슷한 결과를 보여주고 있다.

(2) 업무환경이 직무만족에 미치는 영향

아동보호전문기관 상담원의 직무 및 업무환경 특성이 직무만족도에 미치는 영향을 분석하기 위해 회귀분석을 실시한 결과 모델의 F값은 .000 수준에서 유의미한 것으로 나타나 회귀모델의 적합하였으며, 모델의 설명력은 34.8%로 매우 높게 나타났다(〈표 4-32〉의 모형 2 분석결과 참조).

업무환경 요인 중 상담원의 직무만족도에 영향을 미치는 요인은 유일하게 도전의식이 영향을 미치고 있는 것으로 나타났다. 즉 상담원이 자신의 업무에 대해 도전의식을 가질수록 직무만족도가 높은 것으로 나타나 상담원 스스로 학대아동보호 업무를 수행하면서 업무에 대해 적극적인 태도를 가질수록 직무만족이 높아지고 있음을 보여준다. 이는 사회복지 직무자체가 직무만족도를 결정하는 중요한 요인이 된다는 선행 연구(윤혜미, 1991; 고수정, 2006)와 일치하는 것이다.

한편 선행연구에서 직무만족도에 영향을 미치고 있는 것으로 나타난 승진과 보상 등은 본 연구에서는 영향을 미치지 않은 것으로 나타나고 있다. 이는 아동보호전문기관의 80% 정도를 굿네이버스와 한국어린이재단이 운영하고 있어 아동보호전문기관 상담원의 대부분이 급여나 승진에 있어서 큰 차이가 나타나지 않으며, 아동보호전문기관의 직원의 수가 10명 내외로서 관장과 팀장을 제외하면 동일 직급의 일반상담원으로 구성되어 타 사회복지시설처럼 승진의 구조를 가지기 어려운 구조이기 때문에 직무만족에 영향을 미치지 못하였다.

또한 역할 갈등과 모호성 등은 직무만족도에 영향을 미치지 못하고 있는데 이는 정신보건이나 사회복지생활시설에 관한 선행 연구(심경순, 2003; 남선이·남승규, 2006)와 동일한 결과이다. 특히 아동보호전문기관 상담원의 경우 아동학대의 신고접수에서 현장조사, 가해자 및 피해자 치료, 사후관리 등 모든 업무를 담당하고 있어 역할 갈등이나 역할 모호성을 경험하는 경우가 적어 직무만족도에 영향을 미치지 않은 것으로 보인다(신범수, 2004; 이미숙, 2005).

(3) 인간관계 특성이 직무만족에 미치는 영향

인간관계 특성이 직무만족에 미치는 영향을 살펴보면, 회귀분석 모델의 F값은 .000 수준에서 유의미한 것으로 나타났으며, 모델의 설명력은 17.4%로 나타났다(〈표 4-32〉의 모형 3 분석결과 참조).

상사와의 관계와 동료와의 관계 모두 직무만족도에 긍정적인 영향을 미치고 있어, 인간관계가 직무만족도에 중요한 요인임을 보여준다. 상사와의 관계가 좋을수록 직무만족도가 높게 나타나고 있는데 이는 상사와의 관계가 직무만족도에 영향을 미친다는 선행 연구(고수정, 2006; 남선이 외, 2006)와 일치하는 결과이다.

한편 동료관계가 정신보건 사회복지사의 직무만족도에 영향을 미치지 않는 것으로 나타난 심경순(2003)의 연구결과와는 달리 동료관계도 아동보호전문기관의 상담원의 직무만족도에 긍정적인 영향을 미치고 있는데, 이는 심리학, 간호학 등 다른 분야의 전문가들과 같이 활동하는 정신보건 영역과 달리 아동분야의 전문가만 활동하는 아동보호전문기관의 활동 특성을 반영한 결과로 보인다.

〈표 4-32〉 직무만족도 결정요인 회귀분석 결과(1): 기관, 업무환경 및 인간관계 특성

구 분		모형 1 기관특성	모형 2 업무환경	모형 3 인간관계
		B(β)	B(β)	B(β)
인구학적 특성	성 (남자:1)	-.007 (-.001)	-.553 (-.008)	-.257 (-.041)
	연령	.012 (.019)	.008 (.013)	-.011 (-.018)
	결혼 여부 (기혼:1)	.131 (.020)	-.520 (-.078)	-.016 (-.002)
	학력	.264 (.070)	.249 (.066)	.490 (.128)
	복지전공 여부 (전공:1)	-.243 (-.032)	-.354 (-.047)	-.270 (-.035)
	1급 여부 (1급:1)	-1.589 (-.183)**	-1.223 (-.139)**	-1.622 (-.181)**
기관 특성	기관 특성 (지방:1)	.463 (.076)		
	관리자 여부 (관리자:1)	.583 (.079)		
	근무경력	-.014 (-.157)		
	근무시간	.009 (.004)		
	담당사례 수	-.017 (-.136)		
업무 환경	승진		-.157 (-.077)	
	보상		-.062 (-.041)	
	편안함		-.280 (-.096)	
	도전		1.046 (.578)***	
	업무량		-.020 (-.015)	
	역할 갈등		-.132 (-.064)	
	역할 모호		.027 (.012)	
인간 관계	상사관계			.284 (.094)**
	동료관계			.255 (.106)*
상수		13.400	5.641	4.922
R²		.091	.348	.174
F 값		1.596	7.435***	5.179***

* p<.05, ** p<.01, *** p<.001

(4) 소진이 직무만족에 미치는 영향

아동보호전문기관 상담원의 소진이 직무만족도에 미치는 영향을 분석하기 위해 회귀분석을 실시한 결과 모델의 F값은 .000 수준에서 유의미한 것으로 나타났으며, 모델의 설명력은 36.0%로 매우 높게 나타났다(〈표 4-33〉

의 모형 4 분석결과 참조).

소진의 3가지 하위척도 중 정서적 탈진과 개인적 성취감의 감소가 직무만족도에 영향을 미치고 있는데, 정서적 탈진과 개인적 성취감의 감소가 심할수록 상담원의 직무만족도가 낮아지는 것으로 나타났다.

정서적 탈진의 직무만족도에 대한 영향력은 선행연구(심경순, 2003; 공계순, 2005)의 연구에서도 동일하게 나타나고 있어 정서적 탈진이 직무만족이나 이직의도에 중요한 결정 요인임을 보여주고 있다. 개인적 성취감의 감소가 직무만족도에 미치는 영향력은 선행연구(심경순, 2003)에서는 나타나지는 않았지만 본 연구에서는 직무만족도에 영향을 미치는 것으로 나타나고 있다.

한편 클라이언트에 대한 비인격화는 상담원의 이직의도에 대한 선행연구(홍현정, 2004; 공계순, 2005)에서도 영향을 미치지 못한 것으로 나타나고 있어 아동보호전문기관의 직무만족이나 이직의도에 영향을 미치지 못하고 있다.

이러한 결과는 아동보호전문기관 상담원의 직무만족도를 높이기 위해서는 상담원들이 경험하는 정서적 탈진과 개인적 성취감의 감소를 예방하는 것이 중요한 과제임을 보여준다.

(5) 슈퍼비전 특성이 직무만족에 미치는 영향

아동보호전문기관 상담원이 제공받는 슈퍼비전이 직무만족도에 미치는 영향을 분석하기 위해 회귀분석을 실시한 결과 모델의 F값은 .000 수준에서 유의미한 것으로 나타나 회귀모델은 적합하였으며, 모델의 설명력은 12.5%로 나타났다(〈표 4-33〉의 모형 6 분석결과 참조).

슈퍼비전의 3가지 하위척도 중 유일하게 지지적 슈퍼비전이 직무만족도에 영향을 미치고 있는데, 지지적 슈퍼비전을 많이 받을수록 상담원의 직무만족도가 높아지는 것으로 나타나 슈퍼바이저의 지지적이고 정서적인 슈퍼비전이 상담원의 직무만족에 긍정적인 영향을 미치고 있다. 그러나 아동보호전문기관의 상담원의 업무향상을 위한 행정적 슈퍼비전과 전문적인 지식과 기술개발을 위한 교육적 슈퍼비전은 직무만족도에 영향을 미치지 못하였다. 상담원의 직무만족도는 전문적인 지식과 기술을 향상시키는 것보다는 개인의 정서적 탈진을 예방할 수 있는 정서적인 지지를 통해 향상될 수 있음을 보여준다.

(6) 통합모형

아동보호전문기관 상담원의 직무만족도를 결정하는 모든 요인들을 통합하여 회귀분석을 실시하였다. 결과 모델의 F값은 .000 수준에서 유의미한 것으로 나타나 회귀모델은 적합하였으며, 모델의 설명력은 51.9%로 매우 높게 나타났다.[14]

통제변수인 상담원의 인구학적 특성에서는 학력이 유의미한 영향을 미치고 있는 것으로 나타났으며, 개별 분석에서 영향을 미치고 있는 것으로 나타난 1급 자격증 보유의 영향력은 나타나지 않았다. 학력이 높을수록 직무만족이 높은 것으로 나타나고 있어 상담원의 대학원 진학에 대한 지원이나 장려하는 방안을 검토할 필요성이 있음을 보여준다.

기관 특성은 개별 분석에서 회귀모형이 유의미하지 않아 직무만족도에 대한 영향력이 나타나지 않았으나, 통합분석에서는 지방 센터 여부와 담당 사례수가 영향을 미치고 있는 것으로 나타났다. 즉 광역자치단체를 담당하는 지방아동보호전문기관 상담원의 직무만족도가 높고, 담당사례를 적게 맡을수록 직무만족도가 높게 나타나고 있다. 따라서 상담원의 과다한 사례관리는 직무만족도를 감소시키는 중요한 요인으로 작용하고 있다. 특히 지방아동보호전문기관과 소규모 지역아동보호전문기관의 업무특성에 차이

---

[14] 모델의 다중공선성을 검토한 결과 투입변수의 공차한계는 0.24 보다 높게 나타나고 있으며, 변수 간의 상관관계 계수도 최고 계수가 0.78로 큰 문제가 없는 것으로 나타났다.

가 있는데, 지방아동보호전문기관의 경우 담당지역이 넓어 담당해야 할 사례수가 많고, 긴급출동에 대한 시간부담 등으로 업무량이 많은 것으로 나타나고 있고, 이러한 업무과중은 상담원의 직무만족도에 부정적인 영향을 미치게 된다.

업무환경 특성 중에서는 상담원이 인식하는 도전 특성이 직무만족에 영향을 미치는 것으로 나타났다. 상담원 스스로가 아동보호 업무에 도전의식을 가질수록 직무만족도가 높게 나타나고 있는데, 이는 도전의식의 경우 다른 요인을 투입한 후에도 상담원의 직무만족도를 결정하는 중요한 요인으로 기능하고 있다.

인간관계 특성을 살펴보면 개별분석에서는 상사와의 관계와 동료와의 관계가 긍정적인 영향을 미치는 것으로 나타났으나 통합분석에서는 영향을 미치지 않는 것으로 나타나 인간관계보다는 다른 요인이 더 중요한 영향을 미치고 있음을 보여준다.

소진특성 중에서는 정서적 탈진과 성취감의 감소가 직무만족도에 영향을 미치고 있는 것으로 나타나 개별분석과 동일한 결과를 보여주고 있으며, 상담원의 소진은 다른 요인을 투입하였을 때도 직무만족도를 결정하는 중요한 요인으로 기능하고 있다.

슈퍼비전의 직무만족도에 대한 영향을 살펴보면 개별분석에서 영향을 미치는 것으로 나타난 지지적 슈퍼비전의 영향력이 통합분석에서는 나타나지 않아 다른 요인을 동시에 투입할 경우에는 슈퍼비전의 영향력은 사라지고 다른 요인의 영향력이 더 크게 작용하고 있다.

이러한 연구결과를 바탕으로 아동보호전문기관 상담원의 직무만족도를 향상시키기 위한 몇 가지 방안을 제시하면 다음과 같다.

첫째, 기관 특성 중에서 상담원의 담당사례 수와 지방아동보호전문기관 여부가 직무만족도에 영향을 미치는 것으로 나타났다. 지방아동보호전문기관의 경우 소규모 지역아동보호전문기관에 비교할 때 담당지역이 넓고

〈표 4-33〉 직무만족도 결정요인 회귀분석 결과(2): 소진·슈퍼비전 특성 및 통합모형

구 분		모형4	모형5	통합모형
		B(β)	B(β)	B(β)
인구학적특성	성 (남자:1)	-.384 (-.061)	-.327 (-.053)	-.337 (-.055)
	연령	-.013 (-.022)	-.007 (-.010)	-.017 (-.024)
	결혼 여부 (기혼:1)	-.474 (-.070)	.065 (.010)	-.754 (-.111)
	학력	.442 (.114)	.371 (.097)	.470 (.122)
	복지전공 여부 (전공:1)	-.272 (-.036)	-.134 (-.018)	.005 (.001)
	1급 여부 (1급:1)	-1.759 (-.198)***	-1.323 (-.147)*	-.839 (-.097)
기관특성	기관 특성 (지방:1)			1.008 (.166)*
	관리자 여부 (관리자:1)			.048 (.007)
	근무경력			-.005 (-.049)
	근무시간			.102 (.047)
	담당사례 수			-.020 (-.009)*
업무환경	승진			-.099 (-.051)
	보상			.033 (.022)
	편안함			-.431 (-.154)
	도전			.599 (.338)***
	업무량			.090 (.071)
	역할 갈등			.067 (.034)
	역할 모호			-.100 (-.042)
인간관계	상사관계			.116 (.095)
	동료관계			.032 (.024)
소진	정서적 탈진	-.162 (-.420)***		-.127 (-.332)***
	성취감의 감소	-.176 (-.308)***		-.108 (-.197)*
	비인격화	-.013 (-.031)		-.038 (-.099)
슈퍼비전	행정적 슈퍼비전		.007 (.004)	-.148 (-.093)
	교육적 슈퍼비전		.120 (.090)	.094 (.590)
	지지적 슈퍼비전		.276 (.231)*	-.087 (-.075)
상수		24.439	8.476	15.072
R^2		.360	.125	.519
F 값		11.918***	2.957**	5.642***

* $p<.05$, ** $p<.01$, *** $p<.001$

담당하는 사례 수가 많은 것으로 나타나고 있다. 현재 아동보호전문기관 상담원이 담당하는 사례 수는 미국의 기준과 비교할 때 3~4배 이상 되는 것으로 학대아동에 대한 적절한 개입과 관리가 어려운 것이 현실이며, 많은 사례를 관리하기 위해 상담원들이 격무에 시달리고 있다. 따라서 아동보호전문기관 상담원의 직무만족도를 향상시키기 위해서는 무엇보다 담당 사례 수를 감소시키는 것이 필요하며 이를 위해서는 무엇보다 상담원의 확충이 필요함을 보여준다.

둘째, 업무환경 특성이 상담원의 직무만족도에 미치는 영향을 살펴보면 상담원이 느끼는 도전의식과 편안함이 직무만족도에 영향을 미치고 있는 것으로 나타났다. 즉 상담원이 경험하는 역할 모호성이나 역할 갈등 그리고 승진이나 보상 등의 조직 관련 요인보다는 아동보호전문기관 상담원 업무에 대해 어떻게 인식하고 있는가 하는 업무 그 자체에 대한 인식도가 직무만족도에 영향을 미치고 있음을 보여준다. 이러한 결과는 상담원 교육훈련 과정을 통해 상담원의 직무에 대한 정확한 인식과 긍정적인 태도 등을 가질 수 있도록 교육하는 것이 필요함을 보여준다.

셋째, 직무만족에 영향을 미치는 인간관계 및 슈퍼비전 특성을 살펴보면 상사와의 관계 및 동료와의 관계 모두 직무만족도에 영향을 미치는 것으로 나타나고 있으며, 지지적 슈퍼비전도 직무만족도에 긍정적인 영향을 미치는 것으로 나타나고 있다. 따라서 아동보호전문기관에 있어서 상담원 간의 긍정적인 인간관계 형성과 슈퍼바이저의 지지적 슈퍼비전이 중요함을 보여준다. 이를 위해서는 아동보호전문기관의 관리자들이 상담원들과의 관계를 긍정적으로 형성하며, 업무과정에서 정서적 지지와 더불어 전문성을 제고시킬 수 있는 슈퍼비전을 제공할 필요가 있다.

넷째, 소진이 직무만족도에 영향을 미치고 있는 것으로 나타나 상담원의 정서적 탈진을 예방하고 개인적 성취감을 증대시키는 방안을 모색하는 것이 필요하다. 소진은 선행연구에서 상담원의 이직에 영향을 미치는 요인으로 제시되고 있으며 본 연구에서도 직무만족도에 부정적인 영향을 미치고 있다. 따라서 상담원이 경험하는 정서적 탈진과 성취감 결여를 해결할 수 있도록 다양한 대책을 마련할 필요가 있다. 아동보호전문기관 상담원의 경우 자신들의 업무에 대한 긍정적인 태도와 도전의식을 가지고 업무를 임하고 있으나 과다한 업무 부담과 가해자 치료의 어려움 등으로 인해 정서적인 탈진과 낮은 개인적 성취감을 경험하게 된다. 이러한 소진은 상담원의 직무만족도를 낮추게 되고 학대아동 보호서비스의 전문성을 하락시키는 원인이 된다는 점에서 소진을 감소시키는 대책 마련이 필요함을 보여준다.

8 | 상담원의 이직의도 분석

1. 이직의 개념

1) 이직의 개념

이직이란 고용관계의 단절을 의미하는 것으로 조직구성원이 조직의 경계를 이탈하는 행위로서 상담원이 실제로 조직을 떠나는 구체적인 행위를 이직이라고 하고 이직 의도는 직무불만족에 대한 반응으로써 현 직장에서 타 직장으로 옮기려는 의도로 상담원이 새로운 직장이 있는지 알아보거나 현 직장을 떠나고 싶어 하는 정도를 뜻한다. 이직의 개념은 여러 학자의 주장에 따라 표현이 다르기 때문에 현재까지 일관성이 없는 상태이다.

Price(1977)는 이직(turnover)이란 한 사회체계의 구성원 범위를 넘어서는 개인적 이동의 정도라고 언급했으며, Mobley(1982)는 이직을 조직으로부터 금전적 보상을 받는 개인이 조직에서 구성원 자격을 결정짓는 것이라고 정의했다(신은숙, 2002에서 재인용).

이직에 대한 지금까지의 연구결과를 보면 이직과 관련된 여러 가지 변수들이 이직과 직접적으로 연결되기보다는 이직의도에 의해 매개되는 것으로 나타나고 있다. 이는 불만족을 지각하여 이직을 하고 싶더라도 노동시장의 상황이나 대체직무의 기회가 주어지지 않는 한 이직과 연결될 수 있는 가능성은 축소될 수 있음을 뜻한다. 원래 어떤 사람이 이직할 것인가를 살펴보기 위해서는 이직한 사람과 이직하지 않는 사람을 모두 포함하여 이직결정요인을 고찰하여야 하지만, 이직한 사람들을 추적하기가 쉽지 않다. 설사 과다한 시간과 비용을 들여 추적하였다 하더라도 현재 재직하고 있는 사람과 달리 이직한 사람의 경우는 과거의 경험을 회상하여 응답해야 하는 시차의 문제가 발생하기 때문에 정확도가 떨어진다. 따라서 대부분의 연구에서는 이직의 대리변수로 이직의도를 사용하고 있다. 이직의도란 조직의 구성원이 그 조직의 성원이기를 포기하고 현 직장을 떠나려는 정도를 의미한다.

비록 이직의도가 있다고 해서 모두가 이직하는 것은 아니더라도 사회복지사의 이직이 조직에 미치는 부정적 결과에 주목하는 이유는 이들이 이직의도를 갖고 있다는 것 자체가 조직이나 대상자에게 미칠 영향이 부정적으로 작용하기 때문이다. 특히 조직차원에서 이직문제를 대처하기 위해서는 이직한 사람들이 아니라 이직의도를 가지고 있는 사람들을 대상으로 할 때 그 효과가 크다는 점을 감안하면 이직의도를 통해 이직문제를 연구하는 것도 중요하다.

이직 자체가 긍정적인가 부정적인가에 대해서는 논란이 없지 않지만, 일반적으로 이직을 부정적으로 보는 견해가 지배적이다. 조직의 입장에서 볼 때 이직이 미치는 부정적인 면을 살펴보면(Mobley, 1982) 첫째, 이직·채용·훈련에 따르는 경제적 비용, 둘째, 생산손실, 셋째, 서비스 질의 손상, 넷째, 행정부담의 증가, 다섯째, 종사자의 사기저하 등을 들 수 있다.

개인적 차원에서의 부정적 효과는 첫째, 선임권 및 경력에 따른 부가급여의 상실, 둘째, 새로운 직무로의 전환에 따른 스트레스, 셋째, 전직 비용, 넷째, 인간관계의 종결 등이 있다.

물론 이직이 갖는 긍정적인 면도 분명히 있다. 조직 차원에서는 소진되거나 능력이 부족한 사람의 재배치, 인력교체에 따른 새로운 지식과 기술의 유입, 노동비용의 감축, 승진기회의 증가 및 재직자에 대한 권한부여 등이 있고 개인적 차원에서 볼 때도 이직이 꼭 부정적인 것만은 아니어서 보다 나은 보수와 근무조건이 주어지는 더 나은 직업이나 직장에 종사할 기회가 된다든지, 스트레스를 주는 직장에서 벗어날 수 있고 더 바람직한 조직에의 편입 등이 가능한 점 등이 있을 수 있다.

한편 사회복지영역에서 관심을 갖는 것은 조직차원의 문제이다. 사회복지조직의 경우처럼 전문적의 특성 중에 대인관계 기술이나 경험이 중요하게 부각되는 곳에서는 전문기술의 축적구조를 어떻게 마련하는가가 조직의 목표달성이나 효과성, 효율성 증진에 매우 결정적인데, 조직구성원의 이직이 빈번하게 되면 이러한 구조를 제대로 구축하기가 힘들다.

2) 아동보호전문기관 상담원의 이직에 대한 선행연구

이직에 관련된 제반 요인들은 외부요인, 구조적 또는 직무관련 요인, 그리고 사회복지사의 개인적 특성 등 세 가지 범주로 나눌 수 있다(김성한, 1997).

이직에 미치는 직무관련 요인은 크게 직무내용으로 직무요인, 직무의 다양성, 직무의 중요성, 직무의 자율성과 역할 요인으로 나누어지고 직무환경으로서 동료와의 관계, 상사와의 관계, 복지시설 등으로 이루어진다. 또한 조직특성으로는 승진기회, 임금, 그리고 교육이나 훈련기회 등으로 나눌 수 있다.

이직 결정요인 중에서 가장 쉽게 언급되고 많이 연구된 것이 직무만족이다. 직무에 불만족을 느낀다는 것은 그만큼 조직에서 얻을 수 있는 보상수준이 낮다는 것을 의미하므로 교환이론적 가정에 의하면 그만큼 조직을 떠

나기 쉽다.

선행연구에 의하면 아동학대예방센터 상담원의 이직의도의 주요인은 높은 업무량, 과도한 의무수행, 직업적 스트레스, 직업유지의 어려움, 기관의 뒷받침 부족, 불충분한 훈련 등이 제시되고 있다(홍현정, 2004; 공계순, 2005).

또한, 슈퍼바이저는 기관의 중추로서 상담원의 사기를 높이고 만족감을 증진시켜 상담원을 기관에 잔류하는 데 강한 영향을 미친다고 하였다. 또한 슈퍼바이저는 상담원의 소진 및 직무만족의 어려움에 민감하게 대처하여 이들이 근무할 수 있는 환경을 재조정하는 역할을 한다. 서로 다른 상담원의 능력 속에서 그들이 처리능력에 맞는 업무를 배정하여 이직을 감소하는 것도 이들의 역할 중 하나이다.

그리고 소진은 이직과 유의미한 관계를 지닌다. 사회복지사의 감정적 고갈이 많을수록, 클라이언트에 대한 비인격적 태도가 많을수록, 성취감이 적을수록 이직의도는 높다(공계순, 2005).

3) 이직의도 측정도구

아동보호전문기관 상담원의 이직의사를 측정하기 위해 사용된 도구는 김성한(1997)의 연구에서 사용된 사회복지사의 이직의사에 관한 척도를 사용하였다. 홍현정(2004)의 연구에서는 이 척도를 활용하여 상담원의 이직의도에 관한 연구를 진행하였다.

구체적인 문항을 살펴보면 "나는 직장을 옮길 준비를 하고 있다", "나는 이 일을 그만두거나 다른 직장으로 옮겨야하겠다는 생각이 든다"의 2가지 문항으로 구성되어 있으며, 5점 리커트 척도로 평가한다. 본 연구의 Cronbach a는 .846로 신뢰도가 높게 나타나고 있다.

2. 이직의도 분석

1) 이직의도 실태

아동보호전문기관 상담원의 이직의도는 10점 만점에 평균 4.8점으로 중간 정도의 점수를 기록하고 있다. 공계순(2005)의 연구에서는 4점 만점에 2.53점으로 나타나 공계순의 연구와 비교할 때 본 연구에서 이직의사가 낮게 나타나고 있음을 보여준다.

〈표 4-34〉 이직의도 분석 결과

구 분	평균	표준편차	최소	최대	5점 환산점수
이직의도	4.8	1.94	2	10	2.4

2) 이직의도에 영향을 미치는 요인

이직의도에 영향을 미치는 요인을 발견하기 위하여 상담원의 인구사회학적 변수를 통제변수로 하고 이직의도에 영향을 미치는 변수 군을 투입하여 회귀분석을 실시하였다.

(1) 기관 특성이 이직의도에 미치는 영향
아동보호전문기관 기관 특성이 상담원의 이직의도에 미치는 영향을 분석한 결과는 〈표 4-35〉의 모형 1과 같다. 회귀모형은 통계적으로 유의미한 것으로 나타났으며, 모형의 설명력은 14.1%로 나타났다.

상담원의 인구사회학적 특성을 통제할 때 기관특성 중에서는 근무경력만이 유일하게 이직의도에 영향을 미치고 있는 것으로 나타나고 있는데, 아동보호전문기관에 오래 근무할수록 이직의도가 높은 것으로 조사되었다. 공계순(2005)의 연구에서도 근무기간은 이직의도에 영향을 미치는 것으로 나타나 본 연구와 동일한 결과를 보여준다. 한편 선행연구(홍연정, 2004; 공계순, 2005)에서 이직의도에 영향을 미치는 것으로 나타난 성과 연령은 본 연구에서는 영향을 미치지 못하는 것으로 나타났다.

(2) 업무환경 특성이 이직의도에 미치는 영향

아동보호전문기관 업무 특성이 상담원의 이직의도에 미치는 영향을 분석한 결과는 〈표 4-35〉의 모형 2와 같다. 회귀모형은 통계적으로 유의미한 것으로 나타났으며, 모형의 설명력은 28.8%로 나타났다.

업무환경 특성 중에서는 도전의식과 역할 갈등이 이직의도에 영향을 미치는 것으로 나타났는데, 도전의식이 낮을수록, 역할 갈등이 클수록 이직의도가 높은 것으로 나타나고 있다. 한편 공계순(2005)의 연구에서는 업무환경 요인이 상담원의 이직의도에 영향을 미치지 않는 것으로 나타나 본 연구와 다른 결과를 보여준다.

(3) 인간관계 특성 및 신변안전에 대한 우려가 이직의도에 미치는 영향

인간관계 특성과 신변안전에 대한 우려가 상담원의 이직의도에 미치는 영향을 살펴보면, 회귀분석모델의 F값은 .000 수준에서 유의미한 것으로 나타났으며, 모델의 설명력은 26.1%로 나타났다(〈표 4-35〉의 모형 3 분석 결과 참조).

상사와의 관계와 동료와의 관계 그리고 신변안전에 대한 우려 모두 이직의도에 영향을 미치는 것으로 나타났는데, 상사와의 관계가 부정적일수록, 동료와의 관계가 부정적일수록 그리고 신변안전에 대한 우려가 높을수록 이직의도가 높은 것으로 나타났다. 상담원의 이직에는 아동보호전문기관 내 직원간의 인간관계가 중요한 역할을 수행하며, 신변안전에 대하 우려 역시 이직의도에 부정적인 영향을 미치고 있어 이에 대한 대책이 필요함을 보여준다.

(4) 소진 특성이 이직의도에 미치는 영향

아동보호전문기관 상담원의 소진이 이직의도에 미치는 영향을 분석한 결과는 〈표 4-35〉의 모형 4와 같다. 회귀모형은 통계적으로 유의미한 것으로

〈표 4-35〉 이직의도 결정요인 회귀분석 결과(1): 기관, 업무환경 및 인간관계 특성

구 분		모형 1 기관특성		모형 2 업무환경		모형 3 인간관계	
		B	β	B	β	B	β
인구학적특성	성 (남자:1)	-.181	-.046	-.092	-.023	-.074	-.019
	연령	-.060	-.143	-.009	-.022	-.014	-.036
	결혼 여부 (기혼:1)	-.706	-.165	-.373	-.087	-.555	-.130
	학력	.361	.148	.325	.135	.113	.047
	복지전공 여부 (전공:1)	-.613	-.122	-.628	-.128	-.578	-.117
	1급 여부 (1급:1)	.680	.123	.523	.093	.591	.104
기관특성	기관특성 (지방:1)	-.146	-.037				
	관리자 여부 (관리자:1)	-.173	-.037				
	근무경력	.013	.237**				
	근무시간	.053	.038				
	남낭사례 수	.011	.141				
업무환경	승진			.096	.073		
	보상			-.015	-.016		
	편안함			.030	.016		
	도전			-.419	-.360***		
	업무량			.077	.093		
	역할 갈등			.254	.192**		
	역할 모호			-.060	-.040		
인간관계 신변안전	상사관계					-.218	-.272***
	동료관계					-.154	-.168*
	신변안전 우려					.196	.183**
상수		4.326		5.913		8.811	
R^2		.141		.288		.261	
F 값		2.583**		5.561***		7.598***	

* p〈.05, ** p〈.01, *** p〈.001

나타났으며, 모형의 설명력은 38.9%로 매우 높게 나타났다.

　소진의 3가지 하위 영역 중 정서적 탈진과 개인적 성취감의 감소만 이직의도에 영향을 미치고 있으며, 클라이언트 비인격화는 영향을 미치지 않는 것으로 나타났다. 즉 상담원의 정서적 탈진이 심할수록 그리고 성취감의 감소가 높을수록 이직의도가 높은 것으로 나타나 상담원의 소진은 이직을 촉진하는 요인으로 기능하고 있음을 보여준다. 홍현정(2004)의 연구에서도 정서적 탈진과 개인적 성취감의 감소가 이직의도에 영향을 미치고 있어 본 연구와 동일한 결과를 보여주고 있다.

(5) 슈퍼비전 특성이 이직의도에 미치는 영향

　아동보호전문기관 상담원이 제공받는 슈퍼비전이 상담원의 이직의도에 미치는 영향을 분석한 결과는 〈표 4-36〉의 모형 5와 같다. 회귀모형은 통계적으로 유의미한 것으로 나타났으며, 모형의 설명력은 23.5%로 나타났다.

　슈퍼비전의 3가지 영역 중 지지적 슈퍼비전만 상담원의 이직의도에 영향을 미치고 있으며, 행정적 슈퍼비전과 교육적 슈퍼비전은 이직의도에 영향을 미치지 않는 것으로 나타났다. 즉 상담원이 상사나 동료로부터 지지적인 슈퍼비전을 받을수록 이직의도가 감소하는 것으로 나타나 슈퍼비전을 통한 상담원에 대한 정서적 지지는 이직을 감소시키는 요인으로 작용하고 있음을 보여준다. 반면에 상담원에 대한 행정적이고 교육적인 슈퍼비전은 이직의도에 영향을 미치지 못하였다.

(6) 직무만족도가 이직의도에 미치는 영향

　아동보호전문기관 상담원이 인식하는 직무만족도가 이직의도에 미치는 영향을 분석한 결과는 〈표 4-36〉의 모형 6과 같다. 회귀모형은 통계적으로 유의미한 것으로 나타났으며, 모형의 설명력은 43.3%로 가장 높게 나타 났다.

　통제변수인 인구사회학적 특성 중에서 결혼 여부와 학력, 복지전공 여부

<표 4-36> 이직의도 결정요인 회귀분석 결과(2): 소진·슈퍼비전 특성 및 직무만족

구 분		모형4 소진		모형5 슈퍼비전		모형6 직무만족	
		B	β	B	β	B	β
인구학적 특성	성 (남자:1)	-.074	-.018	-.025	-.006	-.263	-.066
	연령	-.011	-.028	-.012	-.026	-.009	-.023
	결혼 여부 (기혼:1)	-.331	-.076	-.517	-.117	-.590	-.138*
	학력	.267	.109	.124	.050	.409	.169**
	복지전공 여부 (전공:1)	-.612	-.125*	-.462	-.092	-.712	-.144*
	1급 여부 (1급:1)	.845	.151*	.605	.104	.161	.029
소진	정서적 탈진	.133	.547***				
	성취감의 감소	.062	.173**				
	비인격화	-.006	-.023				
슈퍼비전	행정적 슈퍼비전			-.081	-.079		
	교육적 슈퍼비전			.072	.083		
	지지적 슈퍼비전			-.338	-.435***		
	직무만족도					-.391	-.618***
	상수	-2.499		8.623		9.312	
	R^2	.389		.235		.433	
	F값	13.348***		6.294***		21.459***	

* $p<.05$, ** $p<.01$, *** $p<.001$

가 이직의도에 영향을 미치는 것으로 나타났으며, 직무만족도가 이직의도에 영향을 미치는 것으로 나타났다. 결혼한 상담원일수록, 학력이 낮을수록 그리고 사회복지를 전공할수록 이직의도가 낮은 것으로 나타났다. 또한 상담원 직무에 만족할수록 이직의도가 감소하는 것으로 나타나 직무만족도가 이직을 감소시키는 중요한 요인임을 보여주고 있으며, 이는 홍현정(2004)의 연구와 동일한 결과이다.

(7) 통합모형

아동보호전문기관 상담원의 이직의도에 영향을 미치는 모든 요인들을 통합하여 회귀분석을 실시한 결과 모델의 F값은 .000 수준에서 유의미한 것으로 나타났으며, 모델의 설명력은 56.7%로 매우 높게 나타났다.

모든 변수 중 복지전공 여부와 역할 갈등, 정서적 탈진, 지지적 슈퍼비전과 직무만족도가 이직의도에 영향을 미치는 것으로 나타났다. 즉 사회복지 비전공자일수록, 역할 갈등을 높게 인식할수록, 정서적 탈진이 심할수록, 지지적 슈퍼비전을 적게 받을수록, 직무만족도가 낮을수록 상담원의 이직의도는 높게 나타났다.

통제변수인 상담원의 인구학적 특성에서는 복지전공 여부만이 유의미한 영향을 미치고 있는 것으로 나타났는데, 사회복지를 전공한 상담원일수록 이직의도가 낮은 것으로 나타나 아동보호 상담원의 업무가 사회복지 전공영역과 밀접하게 관련되어 있음을 보여준다. 반면 홍현정(2004)과 공계순(2005)의 연구에서 영향을 미치는 것으로 나타나고 있는 성과 연령의 영향력은 본 연구에서 나타나지 않았다.

둘째, 기관 특성 변수는 개별분석에서는 근무경력만 영향을 미치는 것으로 나타났으나 통합분석에서는 영향력이 나타나지 않고 있는데, 다른 요인이 동시에 투입되었을 경우 변수 간의 상호작용 효과에 의해 기관 특성 변수의 영향력이 나타나지 않았다.

셋째, 기관의 업무환경 특성은 개별분석에서는 도전과 역할 갈등이 이직의도에 영향을 미치는 것으로 나타났으나 통합모형에서는 7개 요인 모두 영향력이 나타나지 않았다. 공계순(2005)의 연구에서도 본 연구와 동일한 결과가 나타나 아동보호전문기관 업무환경이 상담원의 이직의도에는 영향을 미치지 못하고 있음을 보여준다.

넷째, 인간관계 특성과 신변안전에 대한 우려는 개별분석에서는 3가지 요인 모두 이직의도에 영향을 미치는 것으로 나타났으나 통합분석에서는 영향을 미치지 않았다. 상담원의 이직에는 인간관계나 신변안전에 대한 우려보다는 다른 요인이 더 큰 영향을 미치고 있으며, 공계순(2005)의 연구와 동일한 결과이다.

〈표 4-37〉 이직의도 결정요인 회귀분석 결과(3): 통합모형

구 분		통합모형	
		B	β
인구학적 특성	성 (남자:1)	-.284	-.071
	연령	-.030	-.063
	결혼 여부 (기혼:1)	-.494	-.111
	학력	.304	.121
	복지전공 여부 (전공:1)	-.861	-.171**
	1급 여부 (1급:1)	.371	.066
기관 특성	기관특성 (지방:1)	-.411	-.104
	관리자 여부 (관리자:1)	-.002	.000
	근무경력	.003	.048
	근무시간	.002	.001
	담당사례 수	-.001	-.015
업무환경	승진	.135	.106
	보상	-.027	-.028
	편안함	.051	.028
	도전	.023	.019
	업무량	-.019	-.023
	역할 갈등	.208	.161*
	역할 모호	-.125	-.080
인간관계 및 신변안전	상사관계	-.060	-.074
	동료관계	-.028	-.031
	신변안전 우려	-.111	-.104
슈퍼비전	행정적 슈퍼비전	.026	.025
	교육적 슈퍼비전	.128	.147
	지지적 슈퍼비전	-.213	-.278*
소진	정서적 탈진	.070	.282**
	성취감의 감소	-.025	-.069
	비인격화	-.003	-.010
직무만족도		-.259	-.396***
상수		8.382	
R²		.567	
F 값		6.170***	

* p〈.05,** p〈.01,*** p〈.001

다섯째, 소진 특성은 개별분석에서는 정서적 탈진과 성취감의 감소가 이직의도에 영향을 미치고 있었지만, 통합분석에서는 정서적 탈진만 영향을 미치는 것으로 나타나 개별분석과 다른 결과를 보여주고 있다. 공계순(2005)의 연구에서도 동일하게 결과가 나타나고 있어 이직의도를 감소시키기 위해서는 상담원의 정서적 탈진을 예방할 수 있는 프로그램을 도입할 필요가 있다.

여섯째, 슈퍼비전의 이직의도에 대한 영향을 살펴보면 개별분석과 마찬가지로 지지적 슈퍼비전의 영향력은 나타나 지지적 슈퍼비전이 상담원 이직의도를 감소시키는 중요한 요인임을 보여준다.

일곱째, 직무만족도의 경우 통합분석에서도 이직의도에 영향을 미치는 것으로 나타났으며, 변수의 영향력이 가장 높게 나타나 다른 요인보다 더 중요함을 보여준다. 즉 상담원의 직무만족도가 높을수록 이직의도가 높게 나타나 상담원의 이직을 감소시키기 위해서는 직무만족도를 높일 필요성을 보여준다.

이상의 상담원의 직무만족, 소진, 이직의도 등에 대한 분석결과를 종합 정리한 결과는 〈표 4-37〉과 같다.

먼저 상담원의 인구사회학적 특성은 사회복지전공 여부를 제외하고는 소진이나 직무만족도 그리고 이직의도에 영향을 미치지 않았다. 단지 사회복지를 전공한 상담원일수록 이직의도가 낮은 것으로 나타나 사회복지 전공자가 아동보호전문기관에 계속적으로 근무할 가능성이 높음을 보여준다. 이러한 결과가 나타난 것은 아동보호전문기관 상담원들의 인적 구성이 매우 동일한 데 기인할 수 있다. 아동보호사업의 도입 기간이 8년 이내여서 근무기간이 비슷하며, 아동보호전문기관을 대부분을 위탁 운영하는 굿네이버스나 어린이재단의 경우 인력 충원과정이나 상담원 대우, 근무여건 등이 매우 비슷하기 때문이다.

둘째, 기관 특성에 있어서는 지방아동보호전문기관 근무 여부를 제외하고는 중간관리자 여부, 근무경력, 근무시간, 담당사례 수 등은 소진이나 직무만족도, 이직의도 등에 영향을 미치지 않는 것으로 나타났다. 지방아동보호전문기관에 근무하는 상담원들의 직무만족도가 지역아동보호전문기관에 근무하는 상담원보다 더 높게 나타났다.

셋째, 상담원이 인식하는 근무환경은 소진, 직무만족, 이직의도에 영향을 미치는 것으로 나타났다. 먼저 상담원에 대한 보상정도는 소진에 영향을 미치는 것으로 나타났는데, 보상수준이 높을수록 소진이 높게 나타나고 있으며, 상담원들의 아동보호업무에 대한 도전의식이 높을수록 소진은 감소하고 직무만족은 높은 것으로 나타났다. 또한 상담원이나 클라이언트와 역할갈등을 경험할수록 이직의도가 높게 나타나고 있다. 이러한 결과는 상담원들이 가지는 도전의식이 매우 중요한 인력관리의 특성이 될 수 있음을 보여준다.

넷째, 인간관계 및 신변안전에 대한 우려를 살펴보면, 신변안전에 대한 우려만이 소진에 부정적인 영향을 미치고 있는 것으로 나타나고 있는데, 신변안전에 대한 우려가 높을수록 상담원들의 소진이 높은 것으로 나타나 신변안전에 대한 대책이 필요함을 보여준다.

다섯째, 상담원이 제공받는 슈퍼비전의 경우 지지적 슈퍼비전의 영향력이 나타나고 있는데, 지지적 슈퍼비전을 많이 제공받을수록, 소진과 이직의도가 낮게 나타나고 있다. 따라서 아동보호전문기관에서 슈퍼비전을 제공할 때 상담원들에 대한 지지적 슈퍼비전이 더 많이 필요함을 보여준다.

여섯째, 상담원이 인식하고 있는 소진은 직무만족과 이직의도에 영향을 미치고 있는데, 정서적 탈진이 심할수록 직무만족도는 낮고, 이직의도는 높았으며, 개인적 성취감이 감소될수록 이직의도가 높은 것으로 나타났다. 따라서 상담원들이 정서적 탈진을 경험하지 않도록 하는 제도적 장치를 마련하는 것이 필요하며, 업무수행 과정에서 개인적 성취감을 경험할 수 있는 제도 도입도 필요하다.

일곱째, 직무만족도는 이직의도에 가장 큰 영향을 미치고 있는데, 직무만족도가 높을수록 이직의도가 낮은 것으로 나타나 상담원의 직무만족을 높이는 다양한 방안을 도입해야 한다.

〈표 4-38〉 상담원의 소진, 직무만족, 이직의도에 영향을 미치는 요인에 대한 종합 검토

구 분		종속변수		
		소진	직무만족	이직의도
인구학적 특성	성(남자:1)			
	연령			
	결혼 여부(기혼:1)			
	학력			
	복지전공 여부(전공:1)			―
	1급 여부(1급:1)			
기관 특성	기관특성(지방:1)		+	
	관리자 여부(관리자:1)			
	근무경력			
	근무시간			
	담당사례 수	―		
업무환경	승진			
	보상	+		
	편안함			
	도전	―	+	
	업무량			
	역할 갈등			+
	역할 모호			
인간관계 및 신변안전	상사관계			
	동료관계			
	신변안전 우려	―		
슈퍼비전	행정적 슈퍼비전			
	교육적 슈퍼비전			
	지지적 슈퍼비전	―		―
소진	정서적 탈진		―	+
	성취감의 감소		―	
	비인격화			
직무만족도				―

제5장

아동보호전문기관 네트워크 분석

1 | 사회복지사업 네트워크 구축의 이론적 토대

1. 네트워크의 개념

네트워크(network)는 사전적으로 그물 모양의 것, 망상(網狀) 조직을 의미한다. 네트워크는 그 자체로 중립적이고 정태적인 개념이다. 네트워크를 조직 간 네트워크로 한정하여 본다면 조직 간 네트워크(inter-organizational network)는 서로 연결되는 조직들의 체계로 이해할 수 있다. 반면 네트워킹(networking)은 사전적으로 "(타인과의 교제 등을 통한) 개인적 정보망의 형성"이라는 의미를 갖는다. 조직 간 네트워킹은 조직 간의 망을 형성하는 행위, 과정이라는 의미를 지닌다. 즉 네트워킹은 의지를 가지고 행동하는 과정이며 결과로서의 상태만을 기술하는 것은 아니다. 조직 간 네트워킹이란 조직의 경계를 넘어 이루어지는 여러 조직 간의 협력을 지향하는 활동이다.

1) 네트워크의 필요성

일반적으로 거의 모든 조직에서 조직 간 네트워킹 구축이 주요한 과제로 등장하고 있다. 사회복지조직의 경우 그 특성으로 인하여 네트워킹의 의의는 다른 조직보다 더 크게 나타나고 있다. 즉 사회복지조직은 외부 환경에 대한 의존성이 다른 조직보다 더 크기 때문에, 조직의 생존 및 발전에 긴요한 자원인 자금이라는 측면에서 보면, 사회복지조직은 대부분 자체적으로 부가가치를 창출하고 이로써 필요한 재원을 획득하는 것이 아니라 조직의 외부에서 기부(donate)되는 것에 의존하고 있으며 따라서 환경에서 얻는 평판이나 인증 등에 민감하게 영향을 받는다. 또한 기타의 정보나 클라이언트, 서비스 자원 등도 단일 조직의 경계 안에서 모든 것이 충족되는 경우는 드물어 외부 환경에 더 많이 의존하고 있다.

페티(Patti, 2000: 287-289)는 개별 조직의 입장에서 본다면 네트워킹을 시도하게 되는 이유 또는 상황을 다섯 가지로 정리하였다(김영종 외, 2008에서 재인용).

첫째, 자원에 대한 필요성이다. 고도로 전문화된 자원이나 정치적 경험에 의거하는 자원 등, 조직의 목적을 달성하기 위하여 필요하지만 한 조직 단독으로 획득이 어려운 자원을 얻기 위하여 네트워킹을 시도할 수 있다.

둘째, 조직영역의 확장 필요성이다. 조직이 새로운 사업을 통하여 시장을 확대하여 개척하고자 할 때, 위험을 감소시키면서 목적을 달성하기 위하여 조직 간 네트워킹을 시도하여 볼 수 있다.

셋째, 경쟁력 강화를 위한 필요성이다. 조직 간 협력을 통하여 경쟁력을 높일 수 있어 네트워킹을 시도한다. 갖고 있는 자원이 제한되어 단일 조직으로서는 다른 조직의 경쟁에서 열세에 처하게 되는 경우들이 있다. 특히 우위를 점하는 특정 조직이 규모나 지위에서 크게 차이가 날 때, 약소 조직들이 협력하여 경쟁력을 높일 수 있다.

넷째, 빠르게 변화하기 위한 필요성이다. 빠르게 변화하는 환경에 적응할 수 있는 능력을 갖추기 위하여 네트워킹을 할 수 있다. 예를 들어 선도적인 서비스 제공을 위하여 필요한 전문가를 한 조직에서 모두 고용하기 어렵다면 세 조직이 협력하여 전문가를 한 명씩 고용하고 그들의 역할을 공유하는 방식도 고려할 수 있다.

다섯째, 규모의 경제를 위한 필요성이다. 예를 들어 동일 대상에게 각기 다른 서비스를 제공하는 경우 접수나 진단, 평가 단계 등의 업무수행을 공유하여 서비스 제공 비용을 감소시킬 수 있다고 기대된다.

이렇게 전반적으로 빠르게 변화하는 사회 환경에서 제한된 개별 조직의 자원으로는 조직의 발전이나 생존을 유지하기가 쉽지 않아졌다. 결국 조직 간 네트워킹을 통하여 조직의 한계를 넘어서고자 하는 노력들이 강조된다.

2. 학대아동보호사업 네트워크

학대아동보호사업은 대부분의 사회복지서비스와 마찬가지로 복합적인 서비스를 가지고 있으므로 하나의 기관에 의해 전달되기보다는 다양한 관련기관들의 협력과 조정을 통해 통합적으로 제공될 때 보다 효과적이다. 학대아동보호사업은 예방, 신고 접수, 조사, 보호 더 나아가 피해아동의 신체적, 정서적 안정에 이르는 일련의 과정에서 아동학대예방센터의 기능만으로 종합적으로 대처하기 어렵다.

따라서 아동학대 예방 및 보호서비스는 아동학대예방센터가 중심이 되어 아동학대업무가 진행됨에 따라 단계별로 다양한 관련기관과의 연계와 협력이 필요하다. 〈그림 5-1〉에서 나타난 바와 같이, 사례접수 단계에서는 신고의무자인 의료기관, 교육기관, 사회복지기관 종사자들과 일반인들이 129나 1577-1391을 통해 아동보호전문기관에 아동학대 사례를 신고하거나 112를 통해 경찰서에 사례를 접수시킨다.

현장조사 사정단계에서는 아동보호전문기관의 직원이 현장에 가서 조사를 하며 필요한 경우 경찰관과 동행한다.

<그림 5-1> 아동학대 업무 흐름도

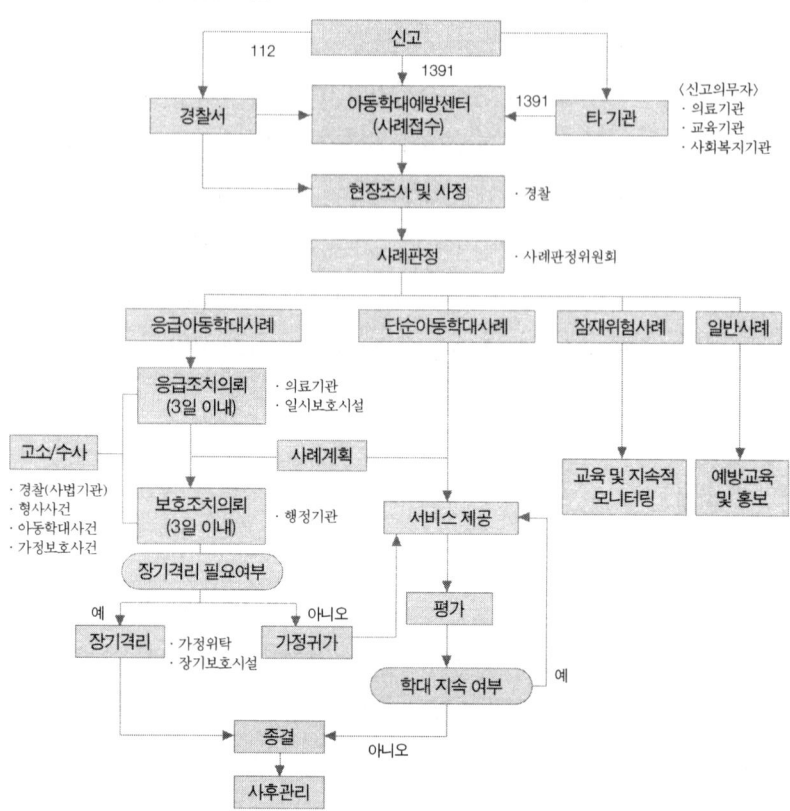

사례판정단계에서 사례가 불분명하거나 부모가 이의를 제기하는 사례 등의 경우에는 민간전문인으로 구성된 사례판정위원에 자문을 구한다. 응급아동학대 사례로 판정되면 의료기관에서 응급조치 후 의료기관이나 일시보호시설에 격리보호하며, 아동학대 사례와 관련한 고소고발은 경찰이 수사한다. 일시보호시설에 있는 피학대아동에게 장기격리가 필요하다고 판단되는 경우에는 가정에 위탁하거나 장기보호시설에 입소시킨다.

이렇게 아동학대의 발견에서 보호에 이르는 각 단계별로 지역사회와 밀접하게 연결되어 각종 서비스가 제공되게 된다.

또한 이러한 관련기관들이 아동학대예방 및 보호와 관련하여 구체적으로 수행할 역할들을 정리하면 〈그림 5-2〉와 같다.

〈그림 5-2〉 아동학대예방 보호 네트워크 분석틀

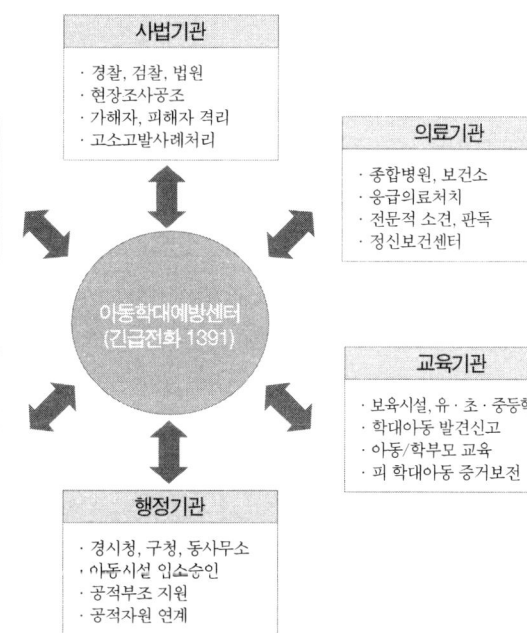

2 | 아동보호전문기관의 네트워크 현황 분석

　아동보호전문기관의 네트워크 현황 분석을 위해 활용한 자료는 오승환 등(2007)이 조사한 자료이다. 이 자료는 아동보호전문기관에 근무하는 상담원으로서 전국에 설치된 42개소의 아동보호전문기관을 대상으로 우편조사를 실시한 자료이며, 조사기간은 2006년 11월부터 12월까지 진행되었다.

　학대아동보호사업의 네트워크 현황을 분석하기 위해 아동보호전문기관 현황조사 분석에 응답한 249명의 조사자료를 분석하였다.[1] 본 조사에서는 학대아동보호사업과 관련된 연계사업의 필요성, 연계활동의 현황 그리고 연계의 필요성 및 연계활동에 대한 만족도 등을 분석하였다.

---

[1] 여기서 활용한 자료는 기관의 관리자 및 중간관리자와 상담원 전체를 모두 포함하여 분석한 자료이다. 왜냐하면 아동보호전문기관의 네트워크는 상담원뿐만 아니라 관리자들도 수행하기 때문이다.

1. 학대아동보호사업 네트워크에 대한 필요성 인식

1) 연계필요성 및 기관 연계에 대한 내·외부 특성

학대아동보호사업의 네트워크의 필요성을 아동보호전문기관의 사업연계 필요성과 연계에 대한 기관 내부의 특성 그리고 기관 외부의 특성 등으로 나누어 분석하였다. 이러한 사업연계의 필요성과 내·외부의 환경에 대한 조사 척도는 김재엽과 박수경(2001)의 연구에서 사용된 연계사업과 관련된 척도를 활용하였다.

먼저 사업연계의 필요성은 "학대아동의 문제는 복합적이므로 여러 전문 서비스들의 연계를 통해 해결될 필요가 있다" 등의 4가지 문항 4점 리커트 척도로 이루어져 있으며, 척도의 신뢰도는 0.551로 나타났다.[2]

둘째, 기관 내부 특성은 "관련기관에 대한 정보나 자원이 부족하다" 등 5가지 문항 4점 리커트 척도로 측정하였으며, 점수가 높을수록 연계에 대한 기관내부의 특성이 부정적인 것을 의미한다. 척도의 신뢰는 0.602로 나타났다.

셋째, 기관 외부 특성으로는 "피해아동을 위해 연계할 기관이 부족하다" 등의 4가지 문항으로 구성되어 있으며, 4점 리커트 척도로 측정하였으며, 점수가 높을수록 외부특성이 부정적인 것을 의미하며, 신뢰는 0.797점으로 나타났다.

분석결과를 살펴보면 먼저 연계 필요성은 최소값 10점, 최대값 16점으로 나타났으며, 16점 만점에 평균 13.6점으로 나타나 종사자들이 연계의 필요성에 대해 비교적 높은 필요성을 보이고 있음을 보여준다. 기관 내부 연계 특성에 대한 평가 점수는 20점 만점에 평균 12.5점으로 조사되었고, 기관

---

2 원 조사도구는 5개 문항으로 구성되어 있으나 1개 문항은 슈퍼비전에 대한 내용으로 본 조사에서는 삭제하고 분석하였다.

〈표 5-1〉 아동보호전문기관의 연계 필요성 및 내·외부 연계 특성에 대한 평가

구 분	사례수	평균	표준편차	최대값	최소값
연계필요성	245	13.6	1.46	16	10
내부연계 특성	245	12.5	2.16	20	7
외부연계 특성	246	12.3	1.96	16	6

〈표 5-2〉 기관특성에 따른 네트워크 특성 차이 분석

구 분		평균(표준편차)	t 값
연계 필요성	지방아동보호전문기관	13.49(1.45)	1.501
	지역아동보호전문기관	13.78(1.47)	
내부연계 특성	지방아동보호전문기관	2.16(0.18)	1.258
	지역아동보호전문기관	2.14(0.21)	
외부연계 특성	지방아동보호전문기관	1.89(0.16)	0.167
	지역아동보호전문기관	2.07(0.21)	

*p 〈 .05, **p 〈 .01, ***p 〈 .001

외부 연계 특성은 16점 만점에 12.3점으로 조사되었다. 이러한 조사결과는 연계에 대한 기관 내부의 어려움보다는 기관 외부 환경의 어려움, 즉 연계 기관의 부족, 연계에 조정 체계의 부족, 협력방법의 부족 그리고 합의 부족 등이 더 어려운 것으로 인식하고 있음을 보여준다.

첫째, 기관특성에 따라 연계 필요성 및 내외부 연계 특성에 차이가 있는지를 비교한 결과, 지방아동보호전문기관이나 지역아동보호전문기관에 통계적으로 유의미한 차이가 나타나지 않았다. 이러한 결과는 아동보호전문기관 특성에 상관없이 연계의 필요성이나 기관 내외부의 연계 특성이 비슷하게 인식되고 있음을 보여준다.

둘째, 조사대상자의 직위 즉 관리자 여부에 따라 연계 필요성 및 내·외부 연계 특성에 차이가 있는지를 비교한 결과, 조사대상자의 직위에 따라서

〈표 5-3〉 직위에 따른 네트워크 특성 차이 분석

구 분		평균(표준편차)	t 값
연계 필요성	상담원	13.6(1.52)	0.435
	중간 관리자	13.5(1.35)	
내부연계 특성	상담원	12.5(2.15)	0.097
	중간 관리자	12.5(2.22)	
외부연계 특성	상담원	12.4(1.89)	1.895
	중간 관리자	11.9(2.10)	

*p 〈 .05, **p 〈 .01, ***p 〈 .001

도 통계적으로 유의미한 차이가 나타나지 않았다. 이러한 결과는 아동보호전문기관 상담원 직위에 상관없이 연계의 필요성이나 기관 내외부의 연계 특성이 인식되고 있음을 보여준다.

2) 관련기관에 대한 연계 필요성 인식

아동보호전문기관과 연계사업을 전개하고 있는 다양한 관련기관 간의 연계필요성을 5점 척도로 조사하였다. 연계기관으로는 인접아동보호전문기관, 사회복지관, 어린이집, 학교, 경찰서, 병원, 시·군·구청, 읍·면·동 사무소, 종교기관, 법률기관, 시민단체, 대학교 등 12개 기관을 대상으로 선정하였다.

12개 기관에 대한 연계 필요성 점수를 살펴보면 읍·면·동사무소 4.69점, 병원 4.68점, 경찰서 4.63점, 학교 4.61점으로 4개 기관이 가장 높은 점수를 기록하고 있는 것으로 나타났다. 이러한 결과는 학대아동에 신고 및 치료 그리고 보호절차와 관련된 사회복지전문요원과 경찰, 병원 그리고 학교와의 연계 필요성에 대해 아동보호전문기관 상담원들이 높게 인식하고 있음을 보여주는 결과이다.

〈표 5-4〉 관련기관에 대한 연계 필요성 인식

구 분	사례수	평균	표준편차	최소값	최대값
인접아동보호전문기관	233	4.48	.677	3	5
사회복지관	236	4.49	.594	3	5
어린이집	230	4.31	.762	2	5
학교	235	4.61	.633	1	5
경찰서	235	4.63	.609	2	5
병원	235	4.68	.535	3	5
시·군·구청	236	4.54	.711	2	5
읍·면·동사무소	235	4.69	.570	3	5
종교기관	228	3.41	.894	1	5
법률기관	230	4.25	.734	2	5
시민단체	226	3.44	.843	1	5
대학교	227	3.43	.867	1	5

다음으로 시·군·구청 4.54점, 사회복지관 4.49점, 인접아동보호전문기관 4.48점, 어린이집 4.31점, 법률기관 4.25점으로 나타나 비교적 높은 정도의 연계 필요성을 보여주고 있다. 학대아동보호와 관련된 시·군·구청과의 연계는 동사무소보다 낮게 나타나고 있으며, 예방과 관련된 어린이집과 법률기관과의 연계필요성은 의료기관에 비해 낮게 나타나고 있다.

한편 시민단체 3.44점, 대학교 3.43점, 종교기관 3.41점으로 나타나고 있는데 이들 3개 기관은 다른 기관에 비해 다소 낮은 연계 필요성을 보여주고 있다. 즉 자원봉사자 파견과 아동학대 인식제고 사업과 관련된 대학교와 종교기관 그리고 시민단체 등은 직접서비스 제공기관에 비해 학대아동보호사업과 관련한 연계 필요성을 낮게 인식하고 있음을 보여준다.

기관특성 즉 지방아동보호전문기관과 지역아동보호전문기관 종사자들이 관련기관에 대한 연계 필요성 인식에 차이가 있는 지를 비교분석한 결과 12개 관련기관 중 사회복지관과 경찰에 대한 연계 필요성에서만 통계적으로 유의미한 차이가 나타났을 뿐 다른 10개 기관에 대한 연계 필요성에 대

〈표 5-5〉 기관 특성에 따른 관련기관에 대한 연계 필요성 차이 분석

구 분		평균 (표준편차)	t 값
인접아동보호전문기관	지방아동보호전문기관	4.43(0.68)	1.367
	지역아동보호전문기관	4.56(0.66)	
사회복지관	지방아동보호전문기관	4.42(0.63)	2.263*
	지역아동보호전문기관	4.59(0.53)	
보육시설	지방아동보호전문기관	4.24(0.80)	1.592
	지역아동보호전문기관	4.40(0.70)	
학교	지방아동보호전문기관	4.61(0.59)	-0.011
	지역아동보호전문기관	4.61(0.67)	
경찰	지방아동보호전문기관	4.53(0.67)	3.134**
	지역아동보호전문기관	4.77(0.45)	
병원	지방아동보호전문기관	4.67(0.56)	0.315
	지역아동보호전문기관	4.69(0.51)	
시·군·구청	지방아동보호전문기관	4.54(0.72)	-0.137
	지역아동보호전문기관	4.53(0.71)	
읍·면·동사무소	지방아동보호전문기관	4.69(0.58)	0.238
	지역아동보호전문기관	4.70(0.56)	
종교기관	지방아동보호전문기관	3.34(0.88)	1.505
	지역아동보호전문기관	3.52(0.90)	
법률기관	지방아동보호전문기관	4.24(0.70)	0.233
	지역아동보호전문기관	4.27(0.78)	
시민단체	지방아동보호전문기관	3.41(0.81)	0.721
	지역아동보호전문기관	3.49(0.88)	
대학교	지방아동보호전문기관	3.44(0.85)	-0.157
	지역아동보호전문기관	3.42(0.89)	

*p 〈 .05, **p 〈 .01, ***p 〈 .001 -1.639

해서는 차이가 나타나지 않았다.

사회복지관과 경찰에 대한 연계필요성에 있어서 지역아동보호전문기관 종사자들이 지방아동보호전문기관 종사자들에 비해 더 높은 연계필요성을 보여주고 있는 것으로 나타나고 있는데, 기초자치단체 소재 지역아동보호

전문기관의 경우 경찰이나 종합사회복지관과 더 많은 연계활동이 이루어 질 필요성을 인식하고 있음을 보여준다. 이는 지역아동보호전문기관의 경우 소재지뿐만 아니라 타 기초자치단체의 경찰이나 사회복지관과 협력체계를 구축해야만 학대신고와 다양한 서비스 제공 등이 이루어질 수 있기 때문이다.

2. 학대아동보호사업의 네트워크 현황 분석

1) 관련기관과의 연계사업 현황 분석

아동보호전문기관이 관련기관과 어떠한 사업을 연계하고 있는가를 구체적으로 조사하기 위해 연계기관으로 제시된 12개 기관 각각에 대해 학대신고, 학대조사, 아동상담 치료, 정보교환, 서비스 의뢰, 예방교육, 홍보, 정기모임·회의, 연구모임 등의 각 사업에 대해 연계사업을 실시하고 있는지를 조사하였다.

먼저 인접아동보호전문기관과의 연계사업 현황을 살펴보면 아동학대와 관련된 정보교환 56%, 학대신고 관련 사업 52%로 절반 이상의 상담원이 인접아동보호전문기관과 연계사업을 실시하는 것으로 나타났다. 서비스 의뢰 38%, 학대조사 35%, 아동상담치료 24%로 비교적 높게 나타나고 있으며, 정기모임회의 15%, 홍보 14%, 예방교육 13%, 연구모임 7%로 나타나 예방과 홍보 그리고 모임 등은 적게 이루어지고 있는 것으로 조사되었다.

둘째, 사회복지관의 경우 서비스 의뢰가 66%로 가장 높은 것으로 나타나 학대아동보호와 관련된 서비스 제공을 사회복지관에 의뢰하는 것으로 나타났다. 정보교환 48%, 학대신고 43%, 아동상담치료 36%, 학대조사 31%, 예방교육 31% 등으로 나타나 다양한 분야에 대한 연계 서비스가 이루어지고 있는 것으로 나타났다. 반면에 정기모임이나 연구모임에 대한 연계는 8%로 낮게 나타나고 있다.

셋째, 어린이집과의 연계사업을 살펴보면 예방교육 58%, 학대신고 47%, 학대조사 40%, 홍보 38% 등으로 예방교육과 홍보 그리고 학대신고와 조사와 관련된 연계사업이 가장 높게 이루어지고 있는 것으로 나타나고 있다. 이외에도 정보교환 27%, 서비스 의뢰 18%, 상담치료 10%로 나타나고 있으며, 정기모임회의나 연구모임 등은 거의 이루어지지 않는 것으로 나타났다.

넷째, 학교의 경우 학대신고와 조사가 각각 53%, 예방교육 51%로 나타나 아동학대와 관련된 신고와 조사 그리고 예방교육이 가장 활발하게 이루어지고 있음을 보여준다. 정보교환 40%, 홍보 35%로 2가지 사업도 활발하게 이루지고 있지만 정기모임회의나 연구모임 등은 거의 이루어지지 않는 것으로 나타났다.

다섯째, 경찰서와의 연계사업을 살펴보면 학대조사 66%, 신고 52%로 2개 활동이 가장 높게 나타나 신고와 현장조사에 있어서 경찰과의 연계활동이 잘 이루어지고 있음을 보여준다. 이외에 정보교환 27%, 홍보 19%, 서비스 의뢰 16% 등은 어느 정도 이루어지고 있지만, 정기모임회의, 아동상담치료, 연구모임 등은 거의 이루어지지 않는 것으로 나타났다.

여섯째, 병원과의 연계활동을 살펴보면 아동상담치료가 63%로 가장 높게 나타나 치료활동이 주된 연계가 되고 있음을 보여준다. 또한 서비스 의뢰 45%, 학대신고 42%, 학대조사 30%, 정보교환 29%로 나타나 신고와 조사, 관련 서비스 의뢰 및 정보교환도 활발하게 이루어지고 있다. 반면에 정기모임회의나 연구모임은 빈도가 낮게 나타나고 있다.

일곱째, 시·군·구청과의 연계활동을 살펴보면 정보교환 46%, 학대신고 44%, 학대조사 35%, 서비스 의뢰 30%, 홍보 28%로 나타나 아동학대와 관련된 각종 정보의 교환과 학대조사 그리고 서비스 의뢰와 홍보 등이 활발

<표 5-6> 관련기관과의 연계사업 현황 분석 (단위: 명)

구분	인접아동보호전문기관	사회복지관	어린이집	학교	경찰서	병원
학대신고	52	43	47	53	52	42
학대조사	35	31	40	53	66	30
아동상담치료	24	36	10	15	2	63
정보교환	56	48	27	40	27	29
서비스의뢰	38	66	18	17	16	45
예방교육	13	31	58	51	8	13
홍보	14	26	38	35	19	21
정기모임회의	15	8	2	1	3	8
연구모임	7	3	0	1	2	5
구분	시·군·구청	읍·면·동사무소	종교기관	법률기관	시민단체	대학교
학대신고	44	56	25	11	14	8
학대조사	35	53	12	13	8	2
아동상담치료	7	9	6	2	4	6
정보교환	46	56	23	42	24	20
서비스의뢰	30	42	25	19	15	9
예방교육	17	15	14	3	9	33
홍보	28	30	23	10	25	45
정기모임회의	6	2	1	6	3	5
연구모임	2	1	2	2	1	4

하게 이루어지고 있음을 보여준다. 반면에 아동상담치료, 정기모임회의, 연구모임 등은 거의 이루어지지 못하고 있다.

여덟째, 읍·면·동사무소와의 연계활동을 살펴보면 학대신고와 정보교환이 56%, 학대조사 53%, 서비스 의뢰 42%, 홍보 30%로 학대조사와 신고 그리고 서비스의회와 홍보 등이 활발하게 이루어지고 있음을 보여준다. 그러나 아동상담치료와 정기모임과 연구모임 등은 거의 이루어지지 않고 있다. 한편 시·군·구청과 비교할 때 읍·면·동과의 연계활동이 더 활발하게 이루어지고 있는 것으로 나타났다.

아홉째, 종교기관과의 연계활동을 살펴보면 학대신고와 서비스 의뢰가 25%, 정보교환과 홍보 23%로 나타나 4가지 활동에 대한 연계가 다소 높게 나타나고 있다. 반면에 다른 활동과의 연계는 미미하거나 거의 이루어지지 않았다.

열번째, 법률기관과의 연계활동을 살펴보면 정보교환이 42%로 가장 높게 나타나 아동학대와 관련된 법률적 자문이 가장 많이 이루어지고 있음을 보여주며, 서비스 의뢰 19%로 나타났다. 반면에 그 이외의 사업의 경우 연계가 미미하거나 거의 이루어지지 않는 것으로 조사되었다.

열한번째, 시민단체와의 연계활동을 살펴보면 홍보 25%, 정보교환 24%로 나타나 2가지 활동이 가장 많이 연계되고 있음을 보여준다. 기타 서비스 의뢰 15%, 학대신고 14%를 제외한 나머지 활동은 매우 미미하게 이루어지고 있다.

마지막으로 대학교와의 연계활동을 살펴보면 홍보 45%, 예방교육 33%로 가장 높게 나타나 2가지 활동과 관련된 연계사업이 가장 잘 이루어지고 있는 것으로 나타났다. 이외에 정보교환 20%로 나타나고 있지만 기타활동과의 연계는 10% 미만으로 거의 이루어지지 않는 것으로 나타났다.

아동보호전문기관과 관련된 12개 기관들의 연계사업 중 1순위부터 3순위까지 정리한 결과는 다음 〈표 5-7〉과 같다. 1순위부터 3순위까지의 순위 분석 결과는 아동보호전문기관과의 연계사업이 이루어지는 영역들을 잘 보여주고 있다. 즉 인접아동보호전문기관과는 아동학대와 관련된 정보교환이 활발하게 이루어지고 있으며, 사회복지관은 서비스 의뢰가, 어린이집은 아동학대 예방교육이, 초·중·고는 학대신고가, 경찰은 학대조사가, 병원은 아동상담치료가, 시·군·구청은 정보교환이, 읍·면·동사무소와 종교기관은 학대신고가, 법률기관은 정보교환이, 시민단체와 대학교는 홍보가 활발하게 이루어지고 있음을 보여준다.

한편 각 기관들과 이루어지고 있는 연계활동 수를 종합한 결과, 사회복지

〈표 5-7〉 관련기관의 연계사업 1~3순위 분석

구분	인접아동보호전문기관	사회복지관	어린이집	학교	경찰서	병원
1순위	정보교환 56%	서비스의뢰 66%	예방교육 58%	학대신고 53%	학대조사 66%	아동상담치료 63%
2순위	학대신고 52%	정보교환 48%	학대신고 47%	학대조사 53%	학대신고 52%	서비스의뢰 45%
3순위	서비스의뢰 38%	학대신고 43%	학대조사 40%	예방교육 51%	정보교환 27%	학대신고 42%

구분	시·군·구청	읍면동 사무소	종교기관	법률기관	시민단체	대학교
1순위	정보교환 46%	학대신고 56%	학대신고 25%	정보교환 42%	홍보 25%	홍보 45%
2순위	학대신고 44%	정보교환 56%	서비스 의뢰 25%	서비스의뢰 19%	정보교환 24%	예방교육 33%
3순위	학대조사 35%	학대조사 53%	정보교환 23%	학대조사 13%	서비스의뢰 15%	정보교환 20%

관이 2.92개로 나타나 가장 활발한 연계활동이 이루어지고 있는 것으로 나타났다. 학교(2.66개), 읍·면·동사무소(2.64개), 병원(2.56개), 인접아동보호전문기관(2.53개), 어린이집(2.42개) 등은 비교적 높은 연계활동이 이루어지고 있다. 이외에 시·군·구청(2.14개), 경찰서(1.96개), 종교기관(1.34개), 대학교(1.32개), 법률기관(1.09개), 시민단체(1.01개) 등은 비교적 연계활동 총점이 낮게 나타나 아동보호전문기관과 낮은 연계활동을 보여주고 있다.

기관특성, 즉 지방아동보호전문기관과 지역아동보호전문기관 종사자들이 하고 있는 연계활동 수에 차이가 있는 지를 비교분석한 결과 12개 관련기관 중 보육시설, 학교, 읍·면·동사무소, 종교기관 등 4개 기관에서 기관특성에 따라 연계활동 종합에 통계적으로 유의미한 차이가 나타났다. 4개 기관 모두 기초자치단체에 위치한 지역아동보호전문기관이 지방아동보호전문기관보다 더 활발한 연계활동이 이루어지고 있는 것으로 나타

〈그림 5-3〉 관련기관의 총 연계 실적

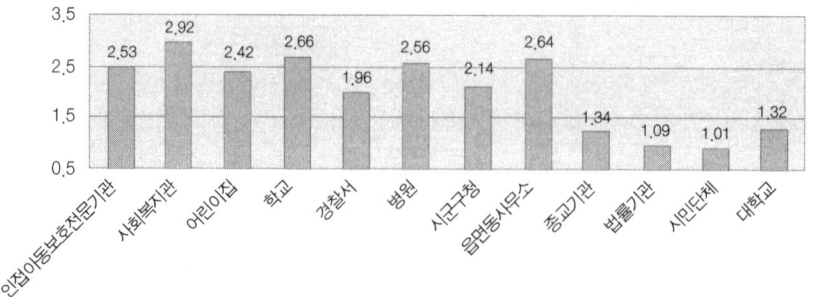

났다. 지역에 위치한 지역아동보호전문기관의 경우 지역 내에서 활용할 수 있는 자원이 부족하기 때문에 아동학대 홍보와 예방 그리고 신고와 관련된 보육시설과 학교 그리고 종교기관과 더 많은 연계활동을 전개하고 있는 것으로 보인다.

2) 연계기관의 연계 활동에 대한 만족도

아동보호전문기관과 연계사업을 전개하고 있는 다양한 관련 기관의 연계 활동에 대한 만족도를 5점 척도로 조사하였다. 만족도 평가 기관은 연계기관과 동일한 대상이다.

12개 기관 중 인접아동보호전문기관에 대한 연계만족도가 3.52점으로 가장 높게 나타나고 있으며, 읍·면·동사무소 3.19점, 병원 3.17점, 어린이집 3.13점, 사회복지관 3.12점, 시·군·구청 3.08점으로 나타나 비교적 높은 만족도를 보이고 있다. 인접아동보호전문기관의 경우 동일 업무를 수행하기 때문에 업무 연계가 쉽게 이루어져 연계에 대한 만족도가 가장 높게 나타난 것으로 보이며, 학대아동 신고 및 보호와 관련된 병원과 사회복지관, 읍·면·동사무소의 연계 만족도가 다른 기관에 비해 높게 나타나고 있음을 보여준다.

<표 5-8> 기관 특성에 따른 관련 기관에 대한 연계 수 차이 분석

구 분		평균 (표준편차)	t 값
인접아동보호전문기관	지방아동보호전문기관	2.39(20.7)	1.30
	지역아동보호전문기관	2.74(2.07)	
사회복지관	지방아동보호전문기관	2.75(2.23)	1.516
	지역아동보호전문기관	3.18(2.12)	
보육시설	지방아동보호전문기관	2.20(2.02)	2.125*
	지역아동보호전문기관	2.73(1.76)	
학교	지방아동보호전문기관	2.44(1.85)	2.346*
	지역아동보호전문기관	2.98(1.68)	
경찰	지방아동보호전문기관	1.86(1.65)	1.167
	지역아동보호전문기관	2.10(1.41)	
병원	지방아동보호전문기관	2.58(2.12)	-0.290
	지역아동보호전문기관	2.51(2.01)	
시·군·구청	지방아동보호전문기관	2.10(2.01)	0.467
	지역아동보호전문기관	2.21(1.75)	
읍·면·동사무소	지방아동보호전문기관	2.44(1.86)	2.112*
	지역아동보호전문기관	2.93(1.70)	
종교기관	지방아동보호전문기관	1.15(1.56)	2.456*
	지역아동보호전문기관	1.61(1.53)	
법률기관	지방아동보호전문기관	1.07(1.45)	0.254
	지역아동보호전문기관	1.12(1.30)	
시민단체	지방아동보호전문기관	1.03(1.66)	-0.265
	지역아동보호전문기관	0.98(1.41)	
시민단체	지방아동보호전문기관	1.03(1.66)	0.324
	지역아동보호전문기관	0.98(1.41)	
총 연계	지방아동보호전문기관	20.9(16.2)	1.515
	지역아동보호전문기관	23.7(13.0)	

*p < .05, **p < .01, ***p < .001

〈표 5-9〉 관련기관에 대한 연계 만족도 평가

구 분	사례 수	평균	표준편차	최소값	최대값
인접아동보호전문기관	229	3.52	.803	3.52	.803
사회복지관	234	3.12	.822	3.12	.822
어린이집	226	3.13	.809	3.13	.809
학교	232	2.79	.921	2.79	.921
경찰서	231	2.75	.922	2.75	.922
병원	230	3.17	.929	3.17	.929
시군구청	232	3.08	.886	3.08	.886
읍면동사무소	230	3.19	.840	3.19	.840
종교기관	219	2.80	.822	2.80	.822
법률기관	223	2.80	.884	2.80	.884
시민단체	217	2.64	.777	2.64	.777
대학교	220	2.84	.822	2.84	.822

다음으로 연계만족도 점수를 살펴보면 대학교 2.84점, 종교기관과 법률기관 2.8점, 학교 2.79점, 경찰서 2.75점, 시민단체 2.64점으로 나타나 보통수준 이하의 연계 만족도를 보이고 있다. 특히 연계 필요성이 높게 나타난 학교와 경찰서 등의 연계 만족도는 다른 기관에 비해 낮게 나타나고 있어 이들 기관과의 연계활동이 효과적으로 이루어지지 않고 있음을 보여준다.

기관특성에 따라 관련 기관과의 연계활동에 대한 만족도가 차이가 나는지를 분석해 본 결과 지방아동보호전문기관 종사자와 지역아동보호전문기관 종사자가 느끼는 연계만족도에 통계적으로 유의미한 차이가 나타나지 않았다. 개별기관에 따라 만족도 차이가 나타나고는 있지만 통계적으로 유의미하지는 않았다.

〈표 5-10〉 기관 특성에 따른 관련 기관에 대한 연계 만족도 차이 분석

구 분		평균 (표준편차)	t 값
인접아동보호전문기관	지방아동보호전문기관	3.60(0.78)	-1.639
	지역아동보호전문기관	3.42(0.83)	
사회복지관	지방아동보호전문기관	3.18(0.80)	-1.315
	지역아동보호전문기관	3.04(0.85)	
보육시설	지방아동보호전문기관	3.08(0.80)	1.089
	지역아동보호전문기관	3.20(0.83)	
학교	지방아동보호전문기관	2.77(0.92)	0.443
	지역아동보호전문기관	2.82(0.92)	
경찰	지방아동보호전문기관	2.84(0.94)	-1.691
	지역아동보호전문기관	2.63(0.88)	
병원	지방아동보호전문기관	3.22(0.94)	-1.020
	지역아동보호전문기관	3.09(0.91)	
시・군・구청	지방아동보호전문기관	3.10(0.88)	-.0441
	지역아동보호전문기관	3.05(0.91)	
읍・면・동사무소	지방아동보호전문기관	3.20(0.86)	-0.088
	지역아동보호전문기관	3.19(0.82)	
종교기관	지방아동보호전문기관	2.80(0.87)	-0.052
	지역아동보호전문기관	2.80(0.76)	
법률기관	지방아동보호전문기관	2.90(0.89)	-1.856
	지역아동보호전문기관	2.68(0.86)	
시민단체	지방아동보호전문기관	2.69(0.82)	-1.152
	지역아동보호전문기관	2.57(0.72)	
대학교	지방아동보호전문기관	2.90(0.84)	-1.293
	지역아동보호전문기관	2.75(0.79)	

*p 〈 .05, **p 〈 .01, ***p 〈 .001

제6장

학대아동보호사업의 평가

1 | 학대아동보호사업의 성과 및 평가

1. 사회복지 성과의 개념

성과는 정책 및 프로그램 활동의 최종 결과물로 얻어지는 것이다. 사회복지 프로그램의 성과는 사회복지 대상자나 프로그램 참여자들에게서 나타나는 조건과 지위의 변화를 말하게 된다. 즉 정책이나 프로그램에 참여하고 난 후에 얻게 되는 새로운 지식이나 향상된 기술, 태도나 가치변화, 행동의 수정, 향상된 조건, 변화된 지위 등을 말하게 된다(황성철, 2005).

한편 성과는 측정하는 시점에 따라 중간성과와 최종성과로 나눌 수 있다 (김영종, 1998). 중간성과는 최종 산출 시점에 측정되는 클라이언트 삶의 질에 있어서의 변화(향상된 기술이나 취업 여부)이며, 최종성과는 사후관리 시점에서 측정되는 클라이언트 삶의 질에 있어서의 변화(자활 혹은 직업적 안정)이다.

따라서 학대아동보호사업의 성과 측정을 위해서는 학대아동보호사업의 대상자가 누구이며, 어떤 조건을 변화시키는 목표를 가지고 있는지를 파악할 필요가 있다.

2. 사회복지 평가의 기준

사회복지정책이나 프로그램을 올바로 평가하기 위해서는 일정한 기준이 마련되어야 한다. 평가의 기준은 평가의 대상이 되는 프로그램의 옳고 그름과 성공과 실패를 판단하는 잣대이다. 프로그램 평가의 기준에 대해서는 여러 학자들이 다양한 기준을 제시하고 있으나 보편적으로는 노력성, 효과성, 효율성, 서비스의 질, 영향, 과정, 공평성 등의 기준이 논의되고 있으며, 크게 다섯 가지 평가기준이 제시되고 있다(김영종, 1998; 황성철, 2005).

1) 노력성

노력성은 프로그램 운영에 투입된 자원의 정도와 활동의 양을 의미한다. 즉 프로그램에 투입된 인력과 예산 그리고 수행을 위하여 전개된 활동의 양이 얼마나 되는지에 관한 판단이다. 특정 프로그램의 수행을 위하여 전개된 활동의 양이 얼마나 되는지에 관한 판단이다. 특정 프로그램의 수행을 위해서 몇 명의 사회복지사와 자원봉사자가 얼마의 예산으로 어떤 검사도구와 장비 및 시설을 투입하여 몇 명의 클라이언트에게 서비스가 제공되었는지에 관한 기록과 자료로써 노력성이 평가될 수 있다.

노력성 평가를 위한 자료는 프로그램에 참여한 클라이언트 수, 투입된 자원의 양, 그리고 실행에 소요된 활동의 양과 질 등의 영역에서 수집될 수 있다. 구체적으로 노력성을 평가하기 위한 자료는 다음과 같다.

- 참여한 클라이언트 수: 상담 건수, 의뢰 건수, 집단활동 참여자의 수 등
- 인적 자원 투입정도: 사회복지사의 수, 자원봉사자의 수 등
- 물적 자원 투입정도: 예산 지출액수, 기자재 및 장비투입 횟수, 시설공간의 이용률 등
- 업무수행활동: 면접 횟수, 가정방문 횟수, 치료 건수, 집단활동 횟수,

출장 횟수 등

2) 효과성

효과성은 사회복지 프로그램 평가에서 가장 중요시되는 기준이다. 효과성은 특정 프로그램이 당초 의도한 목표가 어느 정도 달성되었으며 클라이언트는 예측한 변화가 일어났는지 측정하는 기준이다. 앞서 노력성 평가에서 측정한 그 노력으로 어떤 성과 또는 결과가 발생했는지를 검토하는 것이다. 효과성 평가에서 주안점을 두는 것은 결국 클라이언트의 변화정도이다. 효과성을 측정하는 데 필요한 자료는 프로그램의 목표에 따라 약간씩 달라질 수 있지만 대개 클라이언트 변화상태에 주목한다.
- 클라이언트의 인지 · 정서 · 행동변화: 각종 객관화된 척도와 상담기록지를 활용한 측정
- 클라이언트의 가족 및 사회적 기능의 변화: 만족도, 취업률, 이용률, 참여도 등

3) 효율성

효율성은 일반적으로 투입에 대비한 산출 또는 성과의 정도로 정의된다. 즉 특정 프로그램의 산출 또는 성과가 그 프로그램에 투입된 비용에 비해서 얼마나 큰지에 관심이 있다. 효율성은 프로그램에 투입된 자원이 경제적이고 효율적으로 사용되었는지, 그리고 성과에 비해서 투입자원은 정당화될 수 있는지를 확인하는 기준이다. 투입비용 대비 산출의 효율성을 측정하기 위해서는 앞서 언급한 노력성 측정지표가 그대로 금전으로 환산된다. 즉 투입비용 대비 성과의 효율성 분석은 노력성 지표와 효과성 지표를 결합시켜 계산한다. 효율성의 측정을 위해서 필요한 자료와 측정방법은 다음과 같

다.
- 프로그램 산출물의 단위와 관련한 비용 (피학대아동 1명을 보호하는데 드는 비용)
- 프로그램 목표들을 성취하는데 부과된 비용 (인력, 재료, 장비 등)
- 상대적 비용
- 프로그램 전달에 따른 비용과 편익의 화폐가치로의 계산

4) 서비스의 질

일반적으로 '질' 이라는 용어는 효과성을 나타내는 기준으로 폭넓게 사용된다. 좁은 의미로서는 그 서비스나 정책에서 '전문적인 기준이 채용되는 정도'를 의미한다. 이 경우에 서비스의 질을 나타내는 전형적인 지표는 프로그램을 수행하는 직원들의 전문적인 교육과 경험의 수준으로 나타낸다. 예를 들어 직원들은 프로그램 수행을 위한 적절한 자격을 갖추고 있는지를 평가하는 것이다.

실제로 평가에서 질은 노력 다음으로 많이 사용되는 기준이다. 효과성 기준에 대한 직접적인 측정이 부재한 상태에서, 프로그램 자체의 기준들에 흔히 초점을 두기 때문이다. 이러한 질 기준은 서비스의 현재 상태에 관한 것을 시사해 줄 수 있으며, 지역사회 주민들에게 프로그램에 대해 쉽게 이해할 수 있는 방법으로 간주된다.

5) 영향

효과성의 평가기준이 프로그램에 참여한 개별 클라이언트 변화에 초점을 두었다면 영향은 프로그램이 해당 지역사회의 사회문제해결에 어떤 영향을 주었는지에 관심을 둔다. 즉 원래 의도했던 프로그램 목표가 지역사회의

사회문제해결에 어느 정도 공헌했는지를 따져보는 평가기준이다. 영향을 측정하기 위해서는 전체 문제나 욕구를 갖는 인구집단 중에서 이 프로그램을 통해서 효과를 본 사람들의 비율로 계산할 수 있다. 예를 들면 아동보호전문기관을 3개소 개설한 지 1년이 지난 시점에 해당 지역사회에서 아동학대율이 낮아지고 있는지를 본다. 사회문제를 나타내는 지표인 영아사망률, 실업률, 청소년 비행율, 이혼율 등을 활용해 특정 프로그램이 지역사회의 문제해결에 어느 정도 공헌하고 있는지를 영향기준으로 평가할 수 있다.

3. 사회복지 성과측정의 방법

사회복지정책이나 프로그램 성과 측정의 방법으로는 ① 산술적 계산, ② 표준화된 측정도구 사용, ③ 대상자의 기능수준 척도, ④ 참여자의 만족도 등의 4가지 방법이 제시되고 있다(황성철, 2005).

1) 산술적 계산

산술적 계산은 정책이나 프로그램의 결과에 대한 명목적 내용을 계산하는 것으로서 프로그램 참여자들의 조건, 상태, 행동 등을 측정하는 데 사용된다. 예를 들어 행동상의 변화가 일어난 참여자의 수를 말하게 된다.

학대아동보호사업에서의 산술적 계산 성과는 학대아동보호서비스를 이용한 아동의 수, 아동보호전문기관의 치료서비스를 이용한 가해자의 수, 아동학대예방을 위한 교육서비스를 이용한 사람의 수 등으로 측정될 수 있다.

2) 표준화된 측정도구를 활용한 평가

표준화된 측정도구를 활용한 성과평가는 프로그램 참여자들의 변화를 측정하기 위해 정형화된 측정도구를 사용하여 평가를 진행한다는 점이다. 표준화된 측정도구는 정확하면 신뢰성이 높으며, 관리 및 점수화에 있어서 동일한 절차, 크기, 측정영역의 정도 등을 예측하는 단일기준을 제시할 수 있다는 장점이 있어 성과평가도구로서 적절하다.

학대아동보호사업에서는 아동의 변화를 측정하기 위해 피학대아동의 자아존중감을 측정할 때 표준화된 도구로 측정하거나, 가해부모를 대상으로 자녀 양육방법의 향상 여부를 파악하기 위해 자녀양육태도에 대한 표준화된 측정도구를 활용하면 프로그램의 성과를 측정할 수 있다.

3) 기능수준 척도(Level of Functioning Scale)

기능수준 척도는 표준화된 도구를 사용하는 것이 부적절한 경우에, 프로그램 참여자들의 개입 전후의 기능수준의 변화를 측정하기 위해 사용하는 방법이다. 즉 LOF 척도는 프로그램 참여자들의 기능을 중요한 부분을 측정하기 위해서 설계된 사정도구로서 참여자들의 기능뿐만 아니라 행동과 문제까지 광범위하게 측정할 수 있다. 그러나 표준화되지 못해 사용과 해석에 주의를 기울여야 한다.

4) 참여자 만족도 조사

서비스 만족도 조사는 프로그램이 시행되고 제공되는 과정에서 프로그램 참여자들의 다양한 기대가 어느 정도 충족되고 있는지에 관해서 소비자 관점에서 평가하는 방법이다. 만족도 조사는 프로그램이나 서비스가 종료되는 시점에서 이루어지는 것이 일반적이기 때문에 전체 서비스의 효과성이나 성과평가의 도구로 활용될 수 있다.

참여자 만족도 조사 항목으로는 서비스의 목표달성 여부, 서비스의 이용 편의성, 시설의 접근 용이성, 직원의 직무수행능력, 직원의 도움 정도, 전반적인 프로그램 만족정도 등이 포함된다.

학대아동보호사업에서는 학대아동보호서비스를 이용하는 피학대아동이나 가해자 등을 대상으로 서비스에 대한 만족도 등을 조사할 수 있다.

4. 외국의 학대아동보호사업 성과 및 평가지표

외국의 학대아동보호사업의 성과 및 정책 평가 기준이 무엇인지를 파악하기 위해 미국과 일본의 학대아동보호사업의 평가 기준을 분석하였다.

1) 미국의 학대아동보호사업의 평가 기준

미국의 학대아동보호사업에 정확한 성과 기준은 제시되고 있지 않지만, 미국의 보건복지가족부 아동국에서 발간하는 아동복지결과에 대한 연차보고서(Child Welfare Outcomes: Annual Report)에서는 아동복지의 성과 (outcome)를 5가지로 제시하고 있다 (http://www.acf.hhs.gov/programs/cb/pubs/cwo03/index.htm). 5가지 성과는 아동의 안전과 관련된 성과 2가지와 위탁가정보호와 관련된 성과 3가지로 나누어지며,[1] 이 중 아동의 안전과 관련된 성과 2가지가 아동학대와 관련된 성과지표이다.

(1) 성과 1: 아동학대 및 방임의 재발생률의 감소

---

[1] 위탁가정과 관련된 성과지표는 ① 위탁시설에서의 아동의 거주 안정성 증진, ② 위탁시설에서 다른 시설로의 재입소 없이 가정으로의 복귀 증진, ③ 위탁시설에서의 입양까지의 기간 단축 등이다.

재발생률의 감소는 아동학대 및 방임을 경험한 것으로 지난 6개월 동안 보고된 아동 중에서, 6개월 이내에 다시 아동학대 및 방임이 발생한 아동의 비율이 어느 정도인가를 측정하여 평가한다.

재발생률은 1998년에는 12개월을 재발 기준으로 측정하였으나 1999년부터는 6개월로 단축하여 재발생률을 계산하고 있다.

(2) 성과 2: 위탁시설에서의 아동학대 및 방임의 발생률의 감소

이 기준은 위탁시설에서 보호를 받고 있는 아동 중에서, 위탁부모나 시설의 직원으로부터 학대를 받는 아동의 비율이 어느 정도인지를 측정하여 평가한다.

2003년 결과보고서에 따르면 2003년 미국의 아동학대 재발생률은 7.3%로 나타났으며, 위탁시설에서의 학대발생률은 0.44%로 나타났다.

2) 일본의 학대아동보호사업 평가 기준[2]

일본에서는 학대아동보호사업의 평가 기준은 매년 후생노동성에서 실시하는 사전 사업평가서와 사업의 실적 평가보고서를 통해 간접적으로 확인할 수 있다(http://www.mhlw.go.jp/wp/seisaku/jigyou).[3]

먼저 일본의 아동학대예방 정책의 사업명은 '아동학대방지대책지원사업'이며, 이 사업의 구체적인 시책목표로서는 2004년과 2005년에는 '아동학대의 발생 건수의 감소'로 규정되었으나, 2006년에는 '학대받는 자녀 등에 대한 지원을 확대'하는 것으로 규정되어 있다(平成18年に實施した評價の結果, 2006).

---

[2] http://www.mhlw.go.jp/wp/seisaku/jigyou
[3] 2004년에는 아동학대예방사업에 대한 사전 사업평가보고서와 실적 사업평가보고서가, 2005년과 2006년은 실적평가보고서만 홈페이지에 게재되어 있음.

〈표 6-1〉 일본 후생노동성 2004년 학대아동보호사업 사전 평가 기준

구 분	업 무
필요성	- 공익성의 유무 : 민관의 역할 구분의 관점 - 중앙정부 개입 필요성의 유무 : 중앙과 지방의 역할 분담의 관점 - 민영화 및 외부위탁 여부 : 민간위탁 가능성 여부 - 긴급성 유무
유효성	- 정책 효과를 달성시키기 위해 사업 경로 및 전달체계 모형의 적정성
효율성	- 수단의 적정성 : 학대아동보호사업의 구체적인 사업들의 적정성 - 비용 효과성 : 비용 효과의 적정성 - 타 기관과의 사업 중복 여부 : 타 기관의 중복사업 여부

자료 : http://www.mhlw.go.jp/wp/seisaku/jigyou/. 平成18年に實施した評價の結果

(1) 사전 사업 평가 기준

아동학대 예방사업을 실시함에 있어서 사전 평가 기준은 사업의 필요성, 사업의 유효성, 사업의 효율성 등으로 구성되어 있다.

사업의 필요성은 사업의 국가가 개입할 필요성을 판단하는 공익성 여부 기준과 중앙정부 개입 필요성의 여부, 사업의 민간위탁 가능성 여부 그리고 긴급성 여부를 평가하는 기준이다.

유효성은 정책 목표를 달성하기 위해 계획된 사업의 진행 경로나 전달체계가 적절한지 평가하는 기준이다.

효율성은 사업의 구체적인 사업들이 적정한지의 수단 적절성과 비용효과성 그리고 타 기관과의 사업 중복 여부 등을 평가한다.

(2) 실적 평가 기준

실적 평가 기준은 사업이 1년 동안 진행된 후 사업의 실적을 평가하는 기준이다. 사업을 평가하기 위해서는 사업의 구체적인 실적 목표들이 설정되어 있어야 하며, 목표를 달성하기 위한 사업 수단과 이를 평가하기 위한 평

가지표 등이 제시되어야 한다.

2006년 일본의 학대아동보호사업의 실적 평가 기준을 살펴보면 다음 〈표 6-2〉와 같다.

사업의 구체적인 목표로는 1) 아동학대 처리 건수의 감소, 2) 요보호 아동 대책협의회 확대 설치, 3) 피학대아동을 위한 보호 및 지원체계 강화 등의 3가지가 설정되어 있다.

사업 실적평가서에 나타나 목표의 달성 여부를 살펴보면, 첫째, 아동학대 처리 건수의 감소는 2006년에 일본의 아동학대 발생 건수가 34,472건으로 1999년의 11,631건에 비해 3배 이상 증가하여 정책목표를 달성하지 못한 것으로 나타났다. 아동상담소는 2001년 175개소에서 2005년 187개소로 확대되었으며, 아동상담소에 배치된 아동복지사의 수는 2001년 1,480명에서 2005년 1,989명으로 확대되었다. 육아가정방문사업은 2004년에 처음 도입되었는데 96개소에서 408개소로 급격하게 확대되었다.

둘째, 요보호아동대책 네트워크 설치 실적을 살펴보면, 2001년 506개소의 시·정·촌에 설치되어 15.6%의 설치율을 기록하였으나 2005년에는 1,224개소의 시·정·촌에 설치되어 51%의 설치율을 기록하였다.

셋째, 아동가정지원센터는 2001년 30개소에선 2005년 59개소로 증가하였으며, 심리요법 담당 직원을 배치한 시설은 2001년 202개소에서 2005년 329개소로 확대되었다. 정서장애아 단기치료시설은 19개소에서 27개소로 확대되었으며, 소규모시설은 18개소에서 275개소로 증가하였다. 가정위탁률은 2001년 6.2%에서 2004년 8.4%로 증가하였고, 전문위탁가정 등록 수는 2002년 26가정에서 2004년 254가정으로 증가한 것으로 조사되었다.

이러한 일본의 아동학대정책의 주요 평가지표들을 살펴보면, 아동학대 발생 건수만 목표를 달성하지 못했을 뿐 다른 모든 평가항목에서 목표를 달성한 것으로 나타났다.

〈표 6-2〉 일본 후생노동성 2006년 학대아동보호사업 사업 실적 평가 기준

사업 목표	목표 달성 수단	평가지표
1. 아동상담소 및 시정촌의 학대 담당자의 학대 처리 건수 감소	1-1. 아동학대 처리 건수의 감소	아동학대 처리 건수
	1-2. 아동상담소 및 시정촌의 학대상담 원조 체계강화	아동상담소 설치 수
	1-3. 아동상담소의 체계 및 기능 강화	아동상담소에 배치된 아동복지사의 수
	1-4. 시정촌 담당자의 육아지원 위한 가정방문	육아지원 위한 가정방문 사업을 실시하는 기관의 수
2. 요보호아동대책 협의회 확대	2-1. 요보호아동대책 지역협의회 설치 촉진	요보호아동대책 지역협의회 설치 수
3. 피학대아동을 위한 보호 및 지원 체계 강화	3-1. 아동가정지원센터 정비	센터설치 수
	3-2. 아동보호시설의 심리요법담당 직원 배치	직원배치 시설 수
	3-3. 정서장애아단기 치료 시설 정비	정비시설 수
	3-4. 시설의 소규모화 추진	소규모 아동양육시설 수
	3-5. 아동양육시설 및 유아원의 위탁가정아동 비율 증가	아동위탁률
	3-6. 전문위탁가정의 증가	등록된 위탁가정의 수

자료: http://www.mhlw.go.jp/wp/seisaku/jigyou/. 平成18年に實施した評價の結果

2 | 학대아동보호사업의 효과성 평가

1. 보건복지가족부의 정책 목표 분석

학대아동보호사업의 효과성은 궁극적으로 학대아동보호사업이 정책 목표를 성취하는 정도와 관련이 있다. 따라서 효과성을 측정하기 위해서는 우리나라 학대아동보호사업의 정책목표를 분석할 필요가 있다.

우리나라 학대아동보호사업의 정책 목표를 매년 발간된 아동복지사업 안내를 통해 분석하면, 학대아동보호사업의 목적을 "최근 급증하는 아동학대 문제에 대해 적극적·체계적으로 대처하여 아동학대에 대한 국민인식 제고와 더불어 궁극적으로 아동의 건전육성 및 권리증진을 도모하기 위함"이라고 규정하고 있다(보건복지가족부, 아동복지사업안내, 각각 연도).[4]

이러한 사업을 달성하기 위한 과제로서 2002년에는 '학대예방 홍보강화 및 보호체계 내실화', 2003년 '학대받는 아동을 위한 보호체계 강화', 2004년 '학대받는 아동을 위한 보호체계 강화', 2005년 '아동보호종합센터 설치 등 종합적 행정서비스 제공', 2006년 '아동보호 관련 실질적 전달

---

[4] 이러한 사업목표는 학대아동 보호사업의 도입 초기부터 설정된 목표이며, 이는 매년 발간된 보건복지가족부의 아동복지사업안내에 제시되어 있다.

〈표 6-3〉 각 연도 학대아동보호사업의 주요 과제

연도	사업내용
2002년	• 학대예방 홍보강화 및 보호체계 내실화 - 아동학대 예방을 위한 홍보강화로 국민적 관심 제고 - 중앙 및 지방 아동학대예방센터의 아동학대 신고조사 및 가해자 상담사업 내실화 추진 - 경찰, 의료인, 교사, 시설종사자 등 아동학대 신고의무자 교육 실시를 위한 관계기관 협조체계 강화 - 아동학대예방센터 확대 설치 추진
2003년	• 학대받는 아동을 위한 보호체계 강화 - 아동학대예방센터 추가 설치(2개소) 등 인건비 지원 확대(5명→8명) - 아동학대예방센터 운영 내실화 · 아동학대사정척도 개발 · 적용, 아동학대가해자 치료체계 및 프로그램 개발 - 아동학대 예방 교육 · 홍보강화로 국민적 관심 제고 · 아동학대예방을 위한 부모교육 프로그램 개발 · 보급 · 신고의무자 협의체 구성 · 운영 · 아동학대인식조사 실시 등
2004년	• 학대받는 아동을 위한 보호체계 강화 - 소규모 아동학대예방센터 확충 및 기능보강 : 8개소 추가설치 추진 - 아동학대 검사 및 치료에 대한 지원('04년 135백만 원)
2005년	• 아동보호종합센터 설치 등 종합적 행정서비스 제공 - 아동학대 신고접수 후 가정복귀까지 전문적인 보호 · 치료 체계 구축 - 기 설치된 소규모아동학대예방센터와 적절한 역할 분담 등을 통하여 아동학대의 사각지대를 최소화 • 아동학대예방센터 인건비 지원 강화
2006년	• 학대아동의 위험군별 차등 대응체계 및 방임아동에 대한 조기발견 · 지원체계 구축 · 운영 - 방임의 예방 및 조기발견을 위한 시범사업 추진 - 아동보호전문기관 확대(39→41개소)하고, 아동학대 예방홍보사업을 추진
2007년	
2008년	• 매년 변경된 관련 규정 및 사업 안내
2009년	

자료 : 보건복지가족부, 각 연도 아동복지사업안내

체계 구축' 등의 과제가 설정되었다. 그러나 2007년부터는 아동복지사업 안내에 아동학대와 관련된 구체적인 정책목표는 제시되지 않고 있다.

이렇게 아동복지사업 안내를 분석해 보면 매년 보건복지가족부의 학대아동 보호사업의 중요 지표로 "아동학대 예방을 위한 전달체계 구축" 과 "학대아동보호" 가 설정되고 있음을 보여준다.

2) 아동보호전문기관 평가지표

보건복지가족부는 매 3년마다 사회복지시설을 평가하고 있다. 이러한 평가일정에 따라 2003년에 제1차 아동보호전문기관 평가가 이루어졌으며, 2009년 제2주기 아동보호전문기관 평가가 이루어질 예정이다.

보건복지가족부의 제2주기 평가에 앞서 한국정책평가연구원(2008)에 의뢰하여 아동보호전문기관 평가지표를 개발하였는데, 이 평가지표 내에 우리나라 학대아동보호사업의 미션과 비전 그리고 정책목표와 정체과제 등이 제시되어 있다. 이를 구체적으로 살펴보면 〈표 6-4〉와 같다.

우리나라 아동학대정책의 미션으로는 "아동학대를 예방 치료하여 아동의 권익을 신장한다"로 규정하고 있으며, 비전으로는 "아동의 권익이 보호받는 건강한 사회 구현"으로 설정하고 있다.

이러한 미션과 비전을 달성하기 위하여 4가지 정책 목표를 설정하고 정책목표에 따른 구체적인 정책과제 11개를 설정하였다. 4가지 정책목표를

〈표 6-4〉 학대아동보호사업의 주요 미션과 비전 그리고 정책목표

미션	아동학대를 예방 치료하여 아동의 권익을 신장한다			
비전	아동의 권익이 보호받는 건강한 사회 구현			
정책목표	아동학대 사례관리의 효율성 제고	아동보호활동의 사회적 가치 제고	대외협력체계 강화 및 제도개선	조직 및 인적자원 역량강화
정책과제	- 아동 학대 사례개입의 효율성 제고 - 아동권익보호 및 가족기능강화를 위한 고객맞춤형 상담치료 서비스 제공 - 사례종결 및 사후관리의 실효성 제고 - 학대피해아동 전문 치료서비스 강화	- 대국민 인식 제고의 다각화 - 아동학대 예방교육 활성화	- 유관기관과의 협력적 네트워크 구축 - 아동친화적인 법률 및 제도 기반 조성	- 인적자원 역량개발과 경쟁력 제고 - 상담원 근무여건 개선 - 아동보호 재원의 확충

자료: 한국정책평가원(2008), 아동보호전문기관평가 개발자료

살펴보면 첫째, 아동학대 사례관리의 효율성 제고, 둘째, 아동보호활동의 사회적 가치 제고, 셋째, 대외협력체계 강화 및 제도개선, 넷째, 조직 및 인적자원 역량강화 등이다.

이러한 각각의 정책과제에 대한 평가지표를 개발하였는데, 정량지표 31개, 정성지표 11개, 설문조사 5개 등 47개의 평가지표를 개발하였으며, 그 결과에 따라 예비평가를 실시하였다(중앙아동보호전문기관, 2008).

2. 아동학대보호사업 효과성 평가

보건복지가족부의 아동복지사업 안내와 한국정책평가연구원(2008)의 아동보호전문기관 전략체계 수립 자료를 종합하여 우리나라 아동학대보호사업의 목표를 분석해 보면, 학대아동보호사업의 주요 효과성 지표로서 '아동학대예방을 위한 전달체계 구축'과 '학대아동 보호 건수 증가' 그리고 학대아동보호 사업의 중요한 목표 중의 하나인 '아동학대 재발생률 감소'로 선정할 수 있다.

1) 학대아동보호를 위한 전달체계 구축

(1) 학대아동보호 전달체계 구축 현황

학대아동보호를 위한 전달체계 구축 정도를 평가해 보면, 2000년 10월 전국 16개 시도에 17개소의 아동보호전문기관을 개소 운영하고, 1391 긴급전화를 운영하였으며, 2001년에 중앙아동보호전문기관을 개소하여 운영하였다. 2003년 2개소의 아동보호전문기관을 확대 개소하여 광역자치단체 내에서의 지역적 접근성을 증진시켰다.

또한 2004년에는 기존의 광역자치단체를 담당하는 지방아동보호전문기관과 달리 소규모 지역을 담당하는 18개소의 지역아동보호전문기관을 확대 개소함으로써 기존의 지방아동보호전문기관의 보호와 예방의 손길이 미치지 못하던 지역에까지 학대아동보호사업을 전개하게 되었다. 그리고 2005년에 1개소가 추가 설치되었고, 2006년에 4개소, 2007년 1개소가 추가 설치되어 총 44개소의 아동보호전문기관이 운영되고 있다.

(2) 아동보호전문기관 1개소 당 담당 아동 및 기초자치단체 수

아동보호전문기관의 확대 설치에 따라 아동보호전문기관 1개소가 담당하는 아동 수와 기초자치단체의 수를 비교해 보면 〈표 6-5〉와 같다.

먼저 담당 아동 수를 분석해 보면, 2001년에 1개소 당 644,194명을 담당하는 것으로 나타났으며, 2002년 646,133명으로 약간 증가하였다가, 2003년 571,023명으로 약간 감소하였다. 2004년 295,845명으로 대폭 감소하였으며, 2005년 284,098명, 2006년 253,895명, 2007년 243,292명, 2008년 238,421명으로 감소하였다. 2008년 담당 아동 수는 2001년 대비 37%에 불과해 1개 아동보호전문기관의 아동 수가 대폭 감소하였음을 보여준다. 즉 아동보호전문기관의 지속적인 확대 설치로 인해 담당 아동 수가 점차 감

〈표 6-5〉 연도별 아동보호전문기관 확대 실적

구 분	아동보호전문기관 수	17세 미만 아동 인구a	1개 기관 당 담당 아동 수	1개 기관 담당 기초 지방자치단체 수
2001년	18	11,595,483	644,194	13.0
2002년	18	11,630,400	646,133	13.0
2003년	20	11,420,464	571,023	11.7
2004년	38	11,242,113	295,845	6.2
2005년	39	11,079,827	284,098	6.0
2006년	43	10,917,473	253,895	5.4
2007년	44	10,704,846	243,292	5.3
2008년	44	10,490,534	238,421	5.3

a : 통계청 장래인구 추계, 2005, 보건복지가족부 · 중앙아동보호전문기관, 전국아동학대현황보고서.
* 추계 인구로서 매년 아동학대현황보고서와 발생률에 차이가 있을 수 있음.

소하고 있으며, 이러한 담당 아동 수의 감소는 그동안 아동보호전문기관 사업의 사각지대에 놓여 있던 아동들까지 학대아동 보호사업에 포함되어 다양한 서비스를 제공받을 수 있게 되었다.

둘째, 아동보호전문기관 1개소 당 담당하는 기초자치단체의 수를 살펴보면, 2001년은 13개소를 담당하는 것으로 나타났으나, 2003년 11.7개소, 2004년 6.2개소, 2006년 5.4개소, 2007년 5.3개소로 감소되어 사업도입 초기에 비해 절반 정도 담당지역이 감소한 것으로 나타났다.

이러한 분석 결과는 보건복지가족부가 추진해 온 학대아동 보호사업의 주요 목표인 "아동학대 예방을 위한 전달체계 구축"이 성공적으로 추진되고 있음을 보여주고 있다.

2) 학대아동 보호 건수

(1) 학대아동 보호 실적

2000년 학대아동보호사업이 도입된 이래 학대를 당해 보호가 필요한 아동을 보호한 실적은 점차 증가하고 있다. 이는 학대아동보호사업의 중요한 목표인 학대아동을 위한 적절한 보호 서비스 제공이라는 목표를 달성하고 있다고 평가할 수 있다.

즉 아동보호전문기관에 신고 접수된 후 학대로 판정된 아동을 보호한 실적을 살펴보면, 2001년 2,105건을 기록하였으며, 2002년 2,478건, 2003년 2,921건, 2004년 3,891건, 2005년 4,633건, 2006년 5,202건, 2007년 5,581건, 2008년 5,581건으로 2008년을 제외하고는 점차 증가하고 있음을 보여준다.

2004년은 소규모 아동보호전문기관의 확대에 따라 학대아동 보호실적인 다른 연도에 비해 급격히 증가하였으며, 2008년 보호실적을 2001년 보호실적과 비교할 때 265% 증가하였다.

〈표 6-6〉 연도별 학대아동보호 신고 및 보호실적 분석

구 분	아동학대 신고 건수	학대아동 보호 건수	17세 미만 아동 인구a	인구 천명당 신고율	인구 천명당 보호율
2001년	4,133	2,105	11,595,483	0.36	0.18
2002년	4,111	2,478	11,630,400	0.35	0.21
2003년	4,983	2,921	11,420,464	0.44	0.26
2004년	6,998	3,891	11,242,113	0.62	0.35
2005년	8,000	4,633	11,079,827	0.72	0.42
2006년	9,404	5,202	10,917,473	0.86	0.48
2007년	9,478	5,581	10,704,846	0.89	0.52
2008년	9,570	5,578	10,490,534	0.91	0.53

a : 통계청 장래인구 추계(2005).
자료 : 전국아동학대현황보고서로 재작성.

〈그림 6-1〉 아동인구 천명 당 아동학대 신고율 및 보호율

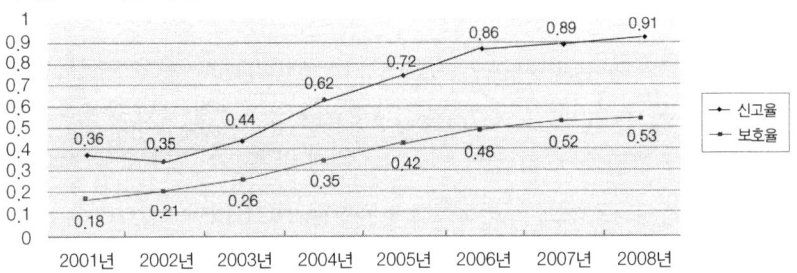

인구 천명 당 학대아동 보호율을 살펴보면 2001년에 0.18명을 기록하였으며, 2002년에 0.21명, 2003년에 0.26명, 2004년에 0.35명, 2005년 0.42명, 2006년에 0.48명, 2007년 0.52명, 2008년 0.53명으로 매년 학대아동 보호율이 증가하였다.

이러한 학대아동 보호율의 증가는 아동보호전문기관의 증가와 아동학대에 대한 각종 교육 및 홍보의 증가에 따라 아동학대 발견과 학대아동에 대한 보호가 증가한 것으로 해석할 수 있으며, 이는 보건복지가족부가 설정하고 있는 학대아동에 보호 서비스 제공이라는 목표를 달성하고 있음을 보여 준

다.

(2) 우리나라 아동학대 발생률에 기초한 보호 실적 평가

아동학대 발생률을 측정하기 위한 대표적인 방법은 전국적인 조사를 통한 아동학대 발생률 추정과 아동보호전문기관에 신고 접수되어 아동학대 사례로 판정된 사례 수로 아동학대 발생률을 측정하는 방법이다. 후자의 아동학대 발생률 추정방법은 신고 접수된 사례를 기준으로 아동보호전문기관의 전문적인 판정에 기초하기 때문에 아동학대 정의에 있어서 가장 명확한 방법이라는 장점이 있는 반면, 오직 신고된 사례만이 포함되어 전체 인구 중 아동학대 발생 현황을 나타내는데 대표성의 차원에서 문제가 있을 수 있다. 따라서 이러한 기준의 아동학대 발생률은 아동학대 발생의 가장 최저치를 유추한 값으로 해석할 수 있다(서울대 사회복지연구소, 2006 : 64).

전국적인 조사를 통해 추정되고 있는 아동학대 발생률을 살펴보면, 1998년 한국보건사회연구원의 연구에 따르면 우리나라 가구 당 아동학대 발생률은 2.6%로 추정되고 있다. 이러한 추정치를 가지고 2001년 잠재학대아동을 추정해 보면 449,010명의 아동이 학대를 받고 있는 것으로 추정할 수 있다(보건복지가족부, 중앙아동보호전문기관, 2001:12).

또한 이재연(2000)의 한국의 아동학대 실태조사 연구에 따르면, 우리나라 아동학대 발생률은 신체학대 23.5%, 정서학대 19%, 방임 20.2%, 성학대 1.1%로 나타났으며, 이를 종합할 때 전체 아동학대 발생률은 43.7%로 나타나 아동인구 10명 중 4명이 아동학대를 받는 등 아동학대 발생률이 매우 높게 조사되었다. 이 방식으로 2001년 학대아동 수를 추계하면 5,067,226명의 아동이 학대를 받고 있는 것으로 추계된다.[5]

한편 한국보건사회연구의 아동학대 발생률 추계에 따른 학대아동 보호실

---

[5] 그러나 이러한 아동학대 발생률은 미국에서 사용된 아동학대 척도를 사용하여 문화에 따른 아동학대의 차이를 반영하지 못해 너무 과다하게 추정되었다고 비판받을 수 있다.

적을 살펴보면 2001년 발생아동 449,010명 중 0.5%의 아동만이 보호를 받은 것으로 나타났으며, 2002년 0.6%, 2003년 0.7%, 2004년 0.9%, 2005년 1.0%, 2006년 1.1%, 2007년 1.2%, 2008년 1.2%가 아동보호전문기관을 통해 보호를 받은 것으로 평가할 수 있다.

따라서 현재 학대아동 보호실적은 전국적인 아동학대 발생률 추계를 기준으로 계산된 아동학대 발생률과 비교할 때 매우 낮은 것으로 평가되며, 앞으로 보호를 받지 못하고 있는 학대아동 보호를 위해 더 많은 보호서비스가 제공될 필요가 있다. 또한 아동보호전문기관이 확대될수록 아동학대 신고와 보호 건수는 더욱 증가할 것으로 예상된다.

(3) 외국의 아동학대 현황과의 비교

우리나라의 학대아동보호사업이 현재까지 학대아동보호 실적의 증가라는 정책 목표를 달성하고 있다고 평가할 수 있다. 한편 아동보호전문기관이 확대되면 어느 정도까지 학대아동보호 실적이 증가할 것인가를 외국의 현황과 비교해서 분석할 필요가 있다.

가. 미국의 아동학대 신고 및 보호 현황

미국의 경우 1974년 아동학대 예방 및 치료법(Child Abuse Prevention

〈표 6-7〉 미국 연도별 학대아동보호 신고율 및 보호율

구 분	아동학대 신고 건수	학대아동 보호 건수	아동 인구	아동인구 천명당 신고율a	아동인구 천명당 보호율a
1990년	2,316,000	860,000	64,163,192	36.1	13.4
1995년	2,888,000	1,006,000	68,437,378	42.2	14.7
2000년	3,038,000	905,000	72,312,618	42.0	12.2
2004년	3,503,000	872,000	73,277,998	47.8	11.9

자료 : Child Maltreatment, 2004. p.35
a : 미국 보고서에서는 신고율 대신 조사율(Investigation rate), 보호율 대신 학대율(victim rate)이라는 용어를 사용하고 있음

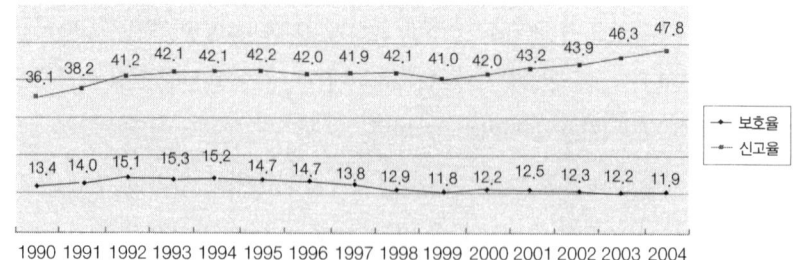

〈그림 6-2〉 미국 아동인구 천명 당 아동학대 신고율 및 보호율

and Treatment Act of 1974)이 통과되어 아동학대에 관한 정부개입이 시작되게 되었다. 1988년 법이 개정되면서 아동학대에 대한 전국적인 통계 수집과 분석을 위해 National Child abuse and Neglect Data System (NCANDS)이 구축되었으며, 그 결과 1992년부터 매년 아동학대 현황보고서(Child Maltreatment)가 발간되고 있다.

아동학대에 대한 자료 수집이 시작된 1990년의 아동학대 신고율을 살펴보면 아동인구 천명 당 36.1명을 기록하였으며, 1995년에 42.2명, 2000년 42명, 2004년에 47.8명을 기록하여 아동학대에 대한 신고는 점차 증가하고 있는데, 아동학대에 인식 증가로 인해 아동학대 신고가 증가하고 있음을 보여준다.

학대아동 보호율을 살펴보면, 1990년에 아동인구 천명 당 13.4명을 기록하였으며, 1991년에 14.0명, 1992년 15.1명, 1993년 15.3명, 1994년 15.2명으로 나타나 1993년과 1994년에 최고 보호율을 기록하였다. 보호율은 점차 감소하기 시작하여 1995년 14.7명을 기록하였으며, 2000년 12.2명 그리고 2004년에는 11.9명을 기록하여 최저 보호율을 기록하였다. 이러한 학대아동 보호율의 감소는 1993년에 비교하여 35% 감소한 것으로서 미국의 아동학대예방정책이 효과를 거두고 있음을 보여준다.

이러한 아동학대 신고율과 보호율을 우리나라와 비교해 보면, 우리나라 아동학대 보호율이 미국에 비해 현저하게 낮게 나타나고 있다. 즉 2004년 우리나라 학대아동 보호율은 아동인구 천명 당 0.35명을 기록하였으나 미국은 11.9명을 기록하고 있어 미국은 우리나라에 비해 34배 높은 학대아동 보호율을 기록하고 있다. 이러한 학대아동 보호율의 차이는 미국과 우리나라 아동학대 전달체계상의 차이에 그 원인이 있다. 미국의 경우 모든 지방자치단체에 아동보호전문기관(Child Protective Service)이 운영되고 있는 반면에 우리나라는 5~6개의 지방자치단체마다 1개소의 아동보호전문기관이 운영되고 있어 학대아동 보호실적에 큰 차이를 보여준다.

둘째, 학대아동 보호율 추이를 살펴보면, 학대아동보호사업을 도입한 초기에는 보호율이 증가하다가 일정 기간이 지난 다음 감소하고 있음을 보여준다. 즉 미국의 발생률도 1990년부터 1993년까지 4년간 증가하였으며, 그 이후 점차 감소하는 것으로 분석되었다.

한편 아동학대 신고율과 발생률과의 관계를 살펴보면, 1990년부터 2001년까지는 동일한 패턴을 보여주고 있지만 2002년부터는 상이한 패턴을 보여주고 있다. 즉 2002년까지는 신고율의 증감이 학대아동 보호실적의 증감과 일정한 관계를 보여주고 있지만, 2002년 이후에는 아동학대에 대한 신고율은 증가하고 있지만 학대아동 보호율은 감소하고 있는 것으로 나타나 부적인 관계를 보여주고 있다. 즉 2002년 이후 미국에서는 아동학대 신고가 증가하여도 학대아동의 발생은 증가하지 않고 있음을 보여준다.

나. 일본의 학대아동 보호 실적

일본의 경우 아동학대에 관한 법률 제정 없이 「아동복지법」에 따라 아동상담소를 통해 학대아동에 대한 보호를 실시해 왔다. 점차 증가하는 아동학대를 방지하기 위하여 2000년 5월 아동학대방지 등에 관한 법률이 제정되어 시행되었으며, 2004년 일부 내용이 개정되어 시행되고 있다.

일본 아동상담소의 학대아동 보호실적을 살펴보면, 1990년에 1,011건에 불과했으나, 1995년에 2,722건으로 증가하였고, 아동학대방지 등에 관한

〈그림 6-3〉 일본의 연도별 학대아동 보호 실적

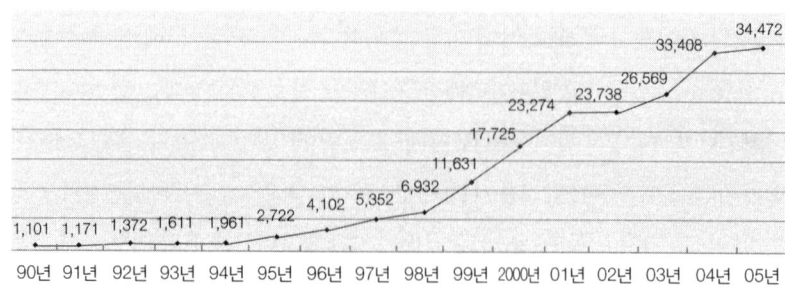

법률이 제정된 2000년에 17,725건, 2001년에 23,274건, 2004년에 33,408건, 2005년에 34,472건으로 급격하게 증가하는 것으로 나타났다(平成17年度兒童相談所における兒童虐待相談對應件數等, http://www.mhlw.go.jp/bunya/kodomo/dv10/index.html).

　이러한 학대아동 보호율은 1990년과 비교할 때 2000년은 21.13배 증가하였고, 2005년은 31.31배 증가한 것으로서 일본의 학대아동 보호 실적이 매우 급격하게 증가하고 있음을 보여준다. 그리고 아동학대방지등에 관한 법률이 실시된 2000년 이후에도 학대아동보호실적이 급격히 증가하여 2005년 학대아동 보호실적은 2000년에 비해 195% 증가하였다.

　또한 아동 인구 천명 당 보호율을 추정해 보면, 2003년 1.2명, 2005년 1.6명으로 나타나 우리나라의 학대아동 보호율보다 3배 이상 높게 나타나고 있음을 보여준다.

　한편 일본도 우리나라와 마찬가지로 「아동복지법」 개정을 통해 학대아동 보호사업을 실시한 후에도 학대아동 보호 실적이 계속 증가하고 있음을 보여준다.

3) 아동학대 재발생률 감소

아동학대 재발생률의 감소는 학대아동보호사업의 효과성을 평가하는 중요한 기준이다. 즉 사업의 효과를 사업을 이용한 사람들의 변화라고 측정한다면, 아동학대 가해자들이 이용한 치료서비스가 어느 정도로 가해자들을 변화시켜 아동학대를 중단하도록 평가하는 것이 재발생률이며, 아동학대를 예방하기 위해서는 가장 중요한 목표 중의 하나가 재발생률의 감소 이다.

한편 재발생률 측정은 미국과 우리나라의 기준이 상이하다. 미국의 경우 아동보호전문기관에 신고된 뒤 6개월 내 재신고가 되는 사례에 대해서 재발생 사례로 판정하고 있다. 그러나 우리나라에서는 아동학대를 경험한 것으로 보고된 아동이 그 기간에 상관없이 재신고될 경우 재신고 사례로 판정된다. 따라서 우리나라 아동학대 재신고율은 미국처럼 6개월 기간이 적용되는 것이 아니라 아동학대 관련 전산 DB에 학대아동으로 등록되어 있을 경우 재신고 사례가 판정된다. 따라서 DB가 구축된 2002년 이후에 보호된 모든 아동들 중 다시 신고가 되는 경우 재신고 사례로 분류되게 된다.

우리나라의 재신고 사례 현황을 살펴보면, 2001년에 20건이 발생하였으며, 2002년 103건, 2003년 136건, 2004년 533건, 2005년 573건, 2006년에 684건, 2007년 957건, 2008년 930건이 발생한 것으로 나타났다. 2004년 소규모 아동보호전문기관이 개소한 이래 재신고 건수도 400건 이상이 급증한 것으로 나타났다.

한편 매년 보호된 아동대비 재발생률을 살펴보면, 2001년은 0.95%에 불과했으며, 2002년 4.2%, 2003년 4.6%, 2004년 15.4%, 2005년 12.6%, 2006년 13.1%, 2007년 17.1%, 2008년 16.7%로서 2004년에 급격히 증가하였고, 2005년은 감소하였다가 2006년 이후 다시 증가하고 있다. 2008년도에 약간 감소한 것은 2008년 개입사례 중 다시 신고된 사례의 경우 재신고 통계에 기록하지 않고, 중복신고라는 별도의 항목에서 다루고

---

6 2008년 중복신고 건수는 총 77건이다. 2007과 동일한 기준으로 평가하면 2008년 재발생 건수는

〈표 6-8〉 연도별 학대아동 재신고 실적 분석

구 분	아동학대 보호아동	누적 실적ᵃ	재신고 발생 건수	각 연도 보호건수 대비 재발생률	누적 대비 재발생률	미국 재발생률ᵇ
2001년	2,105	2,105	20	1.0	1.0	8.9
2002년	2,478	4,583	103	4.2	2.3	8.8
2003년	2,921	7,504	136	4.6	1.8	8.5
2004년	3,461	11,395	533	15.4	4.7	8.1
2005년	4,531	16,028	573	12.6	3.6	-
2006년	5,202	21,230	684	13.1	3.2	-
2007년	5,581	26,432	957	17.1	3.6	-
2008년	5,578	21,230	930	16.7	4.4	-

a : 매년 학대아동 보호 실적을 합산한 실적임.
b : Child Maltreatment, 2004, p.61. (6개월 기간 재발생률임)
자료 : 보건복지가족부·중앙아동보호전문기관, 전국아동학대현황보고서로 재작성.

있기 때문이다(보건복지가족부·중앙아동보호전문기관, 2009).⁶

누적된 보호아동대비 재발생률을 살펴보면, 2001년 1.0%, 2002년 2.3%, 2003년 1.8%, 2004년 4.7%, 2005년 3.6%, 2006년 3.1%, 2007년 3.6%, 2008년 4.4%로서 2004년에 최고치를 기록하였으며, 2006년까지 약간 감소하여 3%대를 유지하다가 2008년 다시 4.4%를 기록하였다.

이러한 재발생률은 미국의 6개월 기준 재발생률과 비교할 때 매우 낮은 수준으로 평가된다. 미국의 재발생률은 2001년에 8.9%, 2002년 8.8%, 2003년 8.5%, 2004년 8.1%로 나타나 우리나라 재발생률에 비해 2배 이상 높은 비율을 보여주고 있다. 또한 캐나다의 아동학대 재발생률에 대한 연구에서는 1년 이내 재발생하는 비율이 24%이며, 5년 이내 재발생하는 비율은 43%로 나타나(Defanfilis & Zurabin, 1999) 우리나라보다 매우 높은 재발

1,007건이며, 각 연도 보호 건수 대비 발생률은 18.1%, 누적발생 건수 대비 재발생률은 4.7%로 높아지게 된다.

생률을 보여준다.

이상과 같은 아동학대 재발생률에 대한 분석 결과는 우리나라 재발생률이 미국이나 캐나다에 비해 매우 적게 나타나고 있으며, 학대아동보호사업이 추구하는 정책목표를 달성하고 있음을 보여준다.

이러한 아동학대 재발생률의 감소는 한국적인 문화특성과 관련이 있는 것으로 보인다. 우리나라의 문화특성상 국가나 공공기관의 공권력의 영향력이 매우 높기 때문에 아동보호전문기관의 개입의 이루어질 경우 그 개입에 대해 순응하게 되는 경우가 높다. 우리나라 아동보호전문기관의 경우 상담원들이 많은 업무 부담을 가지고 있으며, 그 결과 가해자 치료서비스 제공 실적이 낮으며, 서비스 제공의 대부분이 개별상담과 집단상담에 의존하고 있다. 그럼에도 불구하고 재발생률이 낮게 나타난 것은 가해자 치료서비스가 아동학대 재발에 효과를 가지고 있음을 보여준다.

4) 학대아동보호사업 효과성 평가 종합

이상과 같은 우리나라 학대아동보호사업의 효과성을 종합해 보면, 아동보호전문기관의 확충을 통한 학대아동보호사업의 전달체계 구축 및 학대아동 보호실적 향상 그리고 아동학대 재발생률의 감소라는 정책 목표를 달성하고 있는 것으로 보인다. 즉 아동보호전문기관의 확대를 통해 아동보호전문기관 1개소 당 담당 아동 인구 및 지방자치단체의 수가 감소되었으며, 그동안 보호를 제공받지 못하던 학대아동들에게 전문적인 서비스를 제공하게 되었다. 또한 아동보호전문기관의 확대 및 상담원의 확대 배치는 그동안 누락되었던 학대아동들의 발견하고 적극적인 보호를 제공할 뿐만 아니라 학대행위자들에게 대한 치료서비스를 제공함으로써 학대 재발생률을 감소시키는 등 학대아동보호사업의 효과성을 향상시켰다고 평가할 수 있다.

특히 아동학대 재발생률에 있어서도 3~4%대를 기록하고 있어 미국의 8%에 비교하면 절반 수준에 불과하여 학대아동 보호의 효과성을 보여주고 있다.

한편 우리나라 학대아동 보호율을 미국이나 일본과 비교해 보면, 아동인구 천명 당 미국 12명, 일본 1.6명에 비해, 우리나라는 0.46명에 불과해 너무 낮은 보호율을 보이고 있어, 아직도 많은 학대아동들이 적절한 보호를 받지 못하는 것으로 추정할 수 있다. 따라서 앞으로도 아동보호전문기관의 지속적인 확대설치를 통해 아동학대를 예방할 수 있도록 하는 것이 필요함을 보여준다.

또한 학대아동보호사업의 목표를 달성하기 위해서는 일본과 마찬가지로 공립아동상담소의 확충, 아동복지상담원의 증대, 학대아동보호를 위한 지역 협의체 구성 확대, 가정방문사업 확대 등의 다양한 사업을 실시하고, 이를 학대아동보호 사업의 정책 성과로 제시할 필요가 있다.

3 | 학대아동보호사업 효율성 평가

효율성은 일반적으로 투입에 대비한 산출 또는 성과의 정도로 정의된다. 즉 특정 프로그램의 산출 또는 성과가 그 프로그램에 투입된 비용에 비해서 얼마나 큰지에 관심이 있다. 효율성은 프로그램에 투입된 자원이 경제적이고 효율적으로 사용되었는지, 그리고 성과에 비해서 투입자원은 정당화될 수 있는지를 확인하는 기준이다(김영종, 1998).

효율성을 평가하는 방법으로는 다양한 방법이 사용되고 있으나, 가장 어려운 점이 사회복지 프로그램이 가져오는 편익을 계산하기 어렵다는 점이다. 즉 학대아동보호사업에서 학대아동 1명을 보호했을 때의 편익을 계산하기 어려우며, 그 효과가 장기간에 걸쳐 나타나기 때문에 쉽게 측정하기 곤란한 부분이 많다.[7]

따라서 본 연구에서는 효율성의 평가에서 학대아동보호사업에 투입된 서비스 단위에 대한 비용을 측정하여 각 연도별로 비용혜택을 단순 비교하는 방법을 사용하고자 한다.

---

[7] 학대아동보호사업의 성과 중 편익으로 환산하기 불가능한 항목은 아동과 가족의 스트레스 감소, 부모-자녀-가족관계 향상, 아동의 성적 향상, 건강증진, 불안감 감소 등의 정신적 효과들이다(황성철, 2005).

1. 아동학대 신고 및 발생에 대한 비용 분석

1) 아동학대 신고 및 보호에 대한 비용 효율성 분석

(1) 아동학대 신고 및 보호 비용 분석

먼저 아동학대 신고 건수와 보호 건수를 투입된 정부 예산과 총예산으로 나누어 비용 효율성을 분석한다. 즉 아동학대 신고비용을 계산하기 위하여 매년 학대아동 보호사업에 투입된 아동보호전문기관의 총예산과 정부예산을 가지고 비용을 아동학대 신고 1건당 어느 정도의 비용이 소요되었는지 추계하였다.

먼저 총예산 대비 신고 비용을 살펴보면, 2001년 77만 원으로 계산되었으며, 2002년에는 80만 원, 2003년 89만 원, 2004년 114만 원, 2005년 120만 원, 2006년 121만 원으로 추계되어 매년 증가하고 있음을 보여준다. 정부보조금 대비 신고 비용을 살펴보면, 2001년에 44만 원으로 나타났으며, 2002년에 39만 원으로 감소하였다가, 2003년 60만 원, 2004년 61만 원, 2005년 71만 원, 그리고 2006년에 78만 원을 기록하여 2003년 이후 계속해서 증가한 것으로 나타나고 있다.

〈표 6-9〉 아동학대 신고 건수 비용 분석

년도	아동학대 신고 비용			학대아동 보호 비용		
	건수	총예산 대비 비용	정부보조금 대비 비용	건수	총예산 대비 비용	정부보조금 대비 비용
2001년	4,133	765,217	443,415	2,105	1,502,443	870,610
2002년	4,111	796,968	385,759	2,478	1,322,170	639,974
2003년	4,983	894,299	604,511	2,921	1,525,605	1,031,419
2004년	6,998	1,136,812	613,350	3,891	2,044,567	1,103,116
2005년	8,000	1,200,496	710,704	4,633	2,072,947	1,227,202
2006년	9,404	1,211,300	782,796	5,202	2,189,747	1,415,113

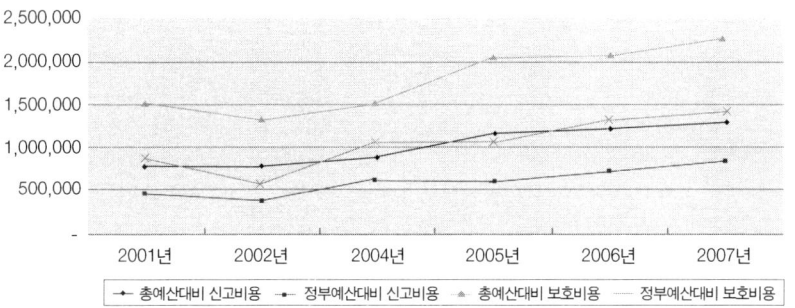

〈그림 6-4〉 연도별 아동학대 신고 및 학대아동 보호 비용 변화

학대아동 보호 비용을 총예산 대비로 살펴보면, 2001년에 150만 원으로 나타났으며, 2002년에 132만 원으로 약간 감소하였다가, 2003년 153만 원, 2004년 204만 원, 2005년 207만 원, 2006년 219만 원으로 증가한 것으로 나타났다.

정부보조금 대비 비용을 살펴보면, 2001년에 87만 원으로 나타났으며, 2002년에 64만 원으로 감소하였다가, 2003년 103만 원, 2004년 110만 원, 2005년 123만 원, 2006년 142만 원으로 나타나 2003년 이후 지속적인 증가세를 보인다.

(2) 아동학대 신고 및 보호 비용 증가율

2001년의 아동학대 신고 및 보호 건수 그리고 총예산 및 정부예산을 100으로 기준하였을 때 2006년까지의 증가율을 분석한 결과는 〈표 6-10〉과 같다.

먼저 신고 건수 및 신고비용 증가율을 살펴보면, 신고 건수의 경우 2001년을 100으로 하였을 때 2006년은 229%로서 2배 이상 증가하였다. 그러나 총예산 대비 비용 증가율은 158%, 정부예산 대비 증가율은 177%로 나타나, 신고 건수 증가율에 비해 더 낮은 증가율을 보여주고 있다.

신고 건수와 총예산 대비 신고비용은 2004년에 급격한 증가율을 보여주

<표 6-10> 2001년 대비 아동학대 발생 건수 및 비용 증가율

년도	신고건수 증가율	총예산 대비 신고비용 증가율	정부예산대비 신고비용 증가율	보호 증가율	총예산 대비 보호비용 증가율	정부예산대비 보호비용 증가율
2001년	100	100	100	100	100	100
2002년	100	104	87	118	88	74
2003년	121	117	136	139	102	118
2004년	170	149	138	185	136	127
2005년	195	157	160	220	138	141
2006년	229	158	177	247	146	163

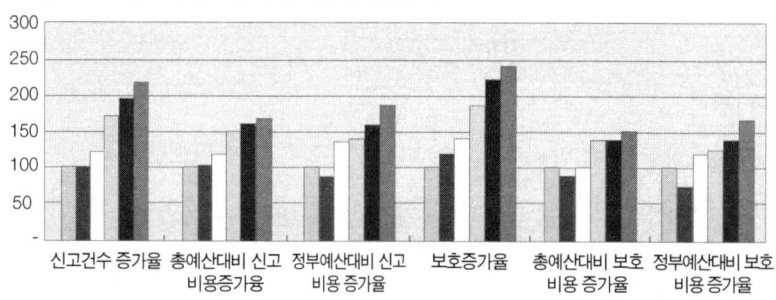

<그림 6-5> 아동학대 신고 및 학대 비용 증가율 분석

고 있지만, 정부예산 대비 증가율은 2003년에 급격한 증가율을 보여주고 있다. 이는 2004년에 소규모 아동보호전문기관 18개소 증가에 따라 총예산과 신고 건수가 급격하게 증가하였지만, 정부 예산은 2003년에 급격하게 증가하였을 뿐, 2004년에는 2003년과 비슷한 수준을 보여주고 있다.

학대아동 보호 건수 및 비용 증가율을 살펴보면, 보호 증가율은 2006년 247%로 나타나 2001년에 비해 2.5배가 증가하였음을 보여준다. 그러나 총예산 대비 비용 증가율은 146%, 정부예산 대비 증가율은 163%로 나타나 학대아동 보호 증가율에 비해 더 낮은 증가율을 보여주고 있다. 학대아동보호를 위한 정부예산 지원 증가나 총예산 증가는 학대아동 보호증가율을 따라잡지 못하고 있다.

(3) 미국 연방정부의 비용 효율성 분석

미국의 아동학대 신고 건수 및 비용증가율을 살펴보면, 1990년에는 아동학대신고 건수는 231만 건으로 나타났으며, 2004년은 350만 건으로 1900년 대비 151%로서 약 1.5배 증가하였음을 보여준다.

학대아동 보호 건수를 살펴보면, 1990년 86만 건이 발생하였으며, 2004년 87만 건으로 약 101% 증가한 것으로 나타났다.

아동학대와 관련된 연방정부의 예산을 살펴보면, 1990년 2,998만 달러였으며, 2004년에는 8,947만 달러로서 1990년에 비해 298% 증가한 것으로 나타났다.[8]

아동학대 신고 1건당 비용은 1990년은 12.9달러로 나타났으며, 1995년 13.2달러, 2000년 23.7달러, 2004년 25.5달러로 1990년과 대비할 때 198% 증가하였다.

아동학대 보호 1건당 발생 비용을 살펴보면, 1990년은 34.9달러로 나타났으며, 1995년 38달러, 2000년 81.4달러, 2004년 102.6달러로 나타났다.

1990년의 아동학대 신고 및 보호 건수 그리고 정부예산을 100으로 하였

〈표 6-11〉 연도별 미국의 연방정부 예산 대비 학대아동보호 신고 및 발생 비용

구 분	아동학대 신고		학대아동 보호		연방정부 예산		신고 비용		보호 비용	
	건수	증가율	건수	증가율	예산	증가율	비용	증가율	비용	증가율
1990년	2,316,000	100	860,000	100	29,979,413	100	12.9	100	34.9	100
1995년	2,888,000	125	1,006,000	117	38,239,000	128	13.2	102	38.0	109
2000년	3,038,000	131	905,000	105	71,877,547	240	23.7	184	81.4	233
2004년	3,503,000	151	872,000	101	89,474,000	298	25.5	198	102.6	294

자료 : 미국, DHSS, ACF 예산공개 내부자료로 재구성

---

[8] 본 자료는 미국 DHSS의 아동가족복지국 예산 담당자에 문의하여 확인한 자료임. 한편 2002년 미국의 아동복지예산 구조를 살펴보면, 연방정부 비율 51%, 주정부 비율 37%, 지방정부 비율 12%로 구성된 것으로 분석되고 있다(The Urban Institute, 2004).

<그림 6-6> 1990년 대비 미국 아동학대 신고 및 보호비용 증가율

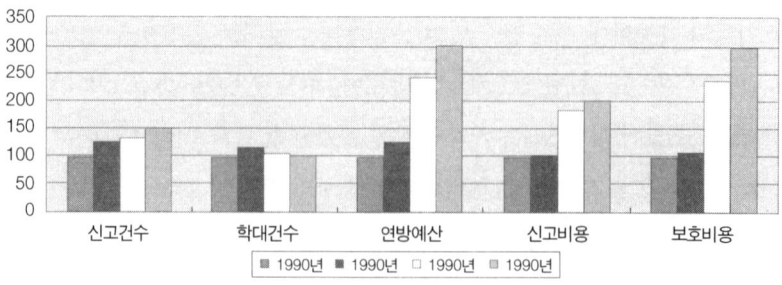

을 때 증가율을 살펴보면, 아동학대 신고는 2004년에 151%를 기록하였으며, 학대아동 보호 증가율은 101%로 보호율은 거의 증가하지 않았음을 보여준다. 이와 반면에 아동학대와 관련된 연방정부 예산은 298% 증가하였는데, 이를 신고 비용으로 계산하면 198% 증가, 학대아동 보호 비용은 294% 증가하여, 신고실적과 보호실적에 비해 예산이 급격하게 증가하였음을 보여준다.

미국의 아동학대에 대한 비용효과성 분석결과를 종합해 보면 미국의 아동학대 발생률은 앞서 분석한대로 점차 감소하고 있지만, 신고율은 증가하고 있으며, 연방정부 예산도 급격하게 증가하고 있음을 보여준다. 이에 따라 아동학대 신고 1명에 투입되는 비용도 증가하고 있으며, 학대아동 1명에 투입되는 보호 비용은 급격하게 증가되고 있음을 보여준다.

<표 6-12> 서비스 총량에 대한 비용

년도	서비스 제공 횟수					서비스 제공 비용	
	현장조사	상담 및 치료서비스	교육 서비스	홍보 서비스	총계	총예산 대비 비용	정부보조금 대비 비용
2001년	1,672	57,813	33,345	18,146	110,976	28,498	16,514
2002년	3,846	39,126	71,006	149,814	263,792	12,420	6,012
2003년	5,250	49,266	89,819	601,570	745,905	5,974	4,039
2004년	6,873	91,264	113,076	744,916	956,129	8,320	4,489
2005년	8,380	160,045	224,689	687,280	1,080,394	8,889	5,263
2006년	9,505	203,272	236,029	2,752,501	3,201,307	3,558	2,300

2. 서비스 제공 비용 분석

1) 총 서비스 제공 비용 분석

아동보호전문기관에서 학대아동 보호 사업과 관련되어 제공된 총 서비스 실적에 대한 비용을 계산한 결과는 〈표 6-12〉와 같다.

먼저 총예산 대비 비용을 살펴보면, 2001년은 학대아동 보호를 위해 제공된 서비스 1회당 총 28,498원이 소용되었으나, 2002년은 12,420원으로 감소되었고, 2003년 5,974원, 2004년 8,320원, 2005년 8,889원 그리고 2006년에는 3,558원으로 감소한 것으로 나타났다.

정부보조금 비용 대비 서비스 비용을 살펴보면, 2001년에는 서비스 1건당 16,514원이 소요되었으나, 2002년 6,012원, 2003년 4,039원으로 감소되었으며, 2004년 4,489원, 2005년 5,263원으로 약간 증가하였다가 2006년 2,300원으로 대폭 감소하였다.

이러한 결과는 2003년까지 서비스 제공 비용이 대폭 감소하다가, 소규모 아동보호전문기관이 개소한 2004년과 2005년 약간 증가하였으며, 2006년에 다시 서비스 제공 비용이 크게 감소하고 있음을 보여준다.

2001년의 서비스 제공 비용을 100으로 하였을 때 서비스 비용 증가율을 살펴보면, 총예산 대비 서비스 비용은 2006년에 12%로 감소하였으며, 정부예산 대비 서비스 비용은 14%로 감소하여 아동보호전문기관에서 제공하는 서비스의 비용 효율성은 매우 향상된 것으로 나타났다.

2) 치료서비스 비용 분석

학대아동보호사업과 관련하여 제공되는 현장조사와 각종 치료서비스 비용을 계산한 결과는 〈표 6-13〉과 같다.

먼저 총예산 대비 현장조사 비용을 살펴보면, 2001년에는 현장조사 1회당 189만 원의 비용이 드는 것으로 나타났으나, 2002년 85만 원, 2003년 85만 원으로 약간 감소하였다가, 2004년 115만 원, 2005년 115만 원, 2006년에는 120만 원으로 증가한 것으로 나타났다.

정부보조금 대비 현장조사 비용을 살펴보면, 2001년에는 110만 원이 소요되는 것으로 나타났으나, 2002년에는 41만 원으로 크게 감소하였다가, 2003년 57만 원, 2004년 62만 원, 2005년 68만 원, 2006년 77만 원으로 다시 증가하였다.

치료서비스 비용을 살펴보면, 2001년에는 치료서비스 1건당 총예산 대비 54천 원이 소요되는 것으로 나타났고, 2002년 84천 원, 2003년 90천 원으로 최고를 기록하였다가 2004년 87천 원, 2005년 60천 원, 2006년 56천 원으로 점차 감소하고 있음을 보여준다.

정부예산 대비 치료서비스 비용은 2001년에 32천 원으로 나타났고, 2002년 40천 원, 2003년 61천 원, 2004년 47천 원, 2005년 35천 원, 2006년 36천 원으로 2003년까지 증가하다가 감소하고 있음을 보여준다.

2001년의 현장조사 제공 비용을 100으로 하였을 때 현장조사 비용 증가율을 살펴보면, 총예산 대비 서비스 비용은 2006년에 63%에 불과하며, 정부예산 대비 서비스 비용은 71%로 2001년에 비해 크게 감소하여 아동보호전문기관에서 제공하는 현장조사의 비용 효율성은 개선된 것으로 분석되었다.

〈그림 6-7〉 서비스 제공 비용의 변화율

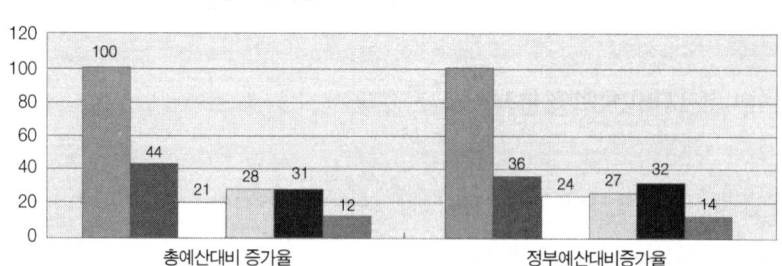

〈표 6-13〉 아동학대 관련 치료서비스 비용 분석

년도	현장조사 비용			치료 서비스 제공 비용		
	건수	총예산 대비 비용	정부보조금 대비 비용	건수	총예산 대비 비용	정부보조금 대비 비용
2001년	1,672	1,891,532	1,096,073	57,813	54,705	31,699
2002년	3,846	851,882	412,339	39,126	83,738	40,532
2003년	5,250	848,818	573,862	49,266	90,454	61,153
2004년	6,873	1,157,487	624,505	91,264	87,169	47,031
2005년	8,380	1,146,058	678,476	160,045	60,008	35,525
2006년	9,508	1,198,050	774,234	203,272	56,039	36,215

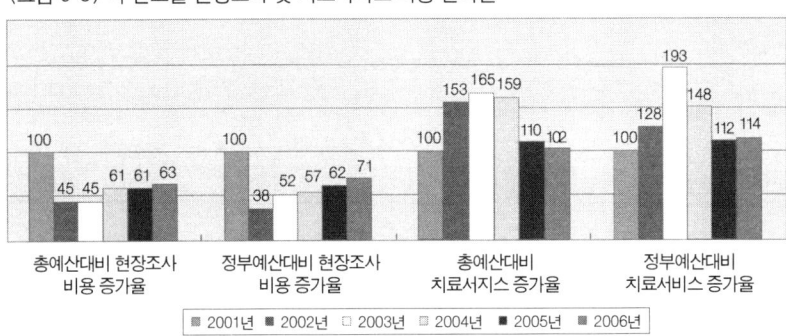

〈그림 6-8〉 각 연도별 현장조사 및 치료서비스 비용 변화율

치료서비스의 비용 증가율을 살펴보면, 총예산 대비 비용 증가율은 2003년에 165%로서 최고를 기록하였으나, 2006년은 102%로서 2001년과 비슷한 비용을 보여주고 있으며, 정부예산 대비 비용도 2006년에 114%로 약간 증가한 것으로 제시되고 있다.

사업도입 초기에 비해 아동보호전문기관에서 제공하는 현장조사의 비용은 점차 감소하고 있으나, 서비스 비용은 약간 증가한 것임을 보여준다.

3) 예방서비스 비용 분석

아동학대를 예방하기 위하여 아동보호전문기관에서 제공하는 교육 및 홍보서비스의 비용을 계산한 결과는 〈표 6-14〉와 같다.

먼저 교육서비스 비용으로 총예산 대비 교육서비스 1회 제공 비용을 살펴보면, 2001년은 95천 원으로 나타났으며, 2002년 46천 원, 2003년 50천 원, 2004년 70천 원, 2005년에 43천 원, 2006년에 48천 원을 기록하였다. 2002년에 대폭 감소하였다가 2004년까지 약간 증가하였고 그 후 점차 감소하고 있는 것으로 나타났다.

정부예산 대비 교육서비스 1회 제공 비용은 2001년 55천 원으로 나타났으며, 2002년 22천 원, 2003년 34천 원, 2004년 37천 원, 2005년에 25천 원, 2006년에 31천 원을 기록하여 2001년에 비해 감소하고 있는 것으로 나타났다.

홍보서비스 비용을 살펴보면, 홍보 1회당 총예산 대비 비용은 2001년에 174천 원으로 나타나 매우 높게 나타났으나, 2002년 22천 원, 2003년 7천 원, 2004년 11천 원, 2005년 14천 원, 2006년은 4천 원으로 대폭 감소한 것으로 나타났다.

정부예산 대비 홍보서비스 비용을 살펴보면, 2001년 홍보 1회당 101천 원이 소요되었으나, 2002년 11천 원, 2003년 5천 원, 2004년 6천 원, 2005년 8천 원, 2006년 3천 원으로 대폭 감소하였다.

〈표 6-14〉 아동학대 관련 교육 및 홍보서비스 비용 분석

년도	교육서비스			홍보서비스		
	건수	총예산 대비 비용	정부보조금 대비 비용	건수	총예산 대비 비용	정부보조금 대비 비용
2001년	33,345	94,846	54,960	18,146	174,289	100,994
2002년	71,006	46,142	22,334	149,814	21,869	10,585
2003년	89,819	49,614	33,543	601,570	7,408	5,008
2004년	113,076	70,355	37,959	744,916	10,680	5,762
2005년	224,689	42,743	25,304	687,280	13,974	8,273
2006년	236,029	48,261	31,189	2,752,501	4,138	2,674

2001년의 교육서비스 제공 비용을 100으로 하였을 때 교육서비스 비용 증가율을 살펴보면, 총예산 대비 교육서비스 비용은 2006년에 51%로 절반 정도 감소한 것으로 나타났으며, 정부예산 대비 교육서비스 비용은 57%로 나타나 아동보호전문기관에서 제공하는 교육서비스의 비용 효율성은 개선된 것으로 나타났다.

홍보서비스의 비용 증가율을 살펴보면, 총예산 대비 비용 증가율은 2002년부터 2001년 대비 10%로 크게 감소하였으며, 2006년에는 2.4%를 기록하는 등 비용효율성이 크게 향상되었다. 정부예산 대비 비용도 2006년에 2.6%에 불과해 아동보호전문기관의 홍보 서비스 비용 효율성은 매우 좋아졌다.

이렇게 살펴볼 때 아동보호전문기관에서 제공하는 교육서비스 비용은 사업 도입 초기에 비해 절반 정도로 감소하고 있으며, 홍보서비스 비용은 2001년에 비해 2%대로 감소해 아동보호전문기관에서 제공하는 서비스 중 비용효율성이 가장 높게 개선되었다.

〈그림 6-9〉 각 연도별 교육 및 홍보서비스 비용 증가율

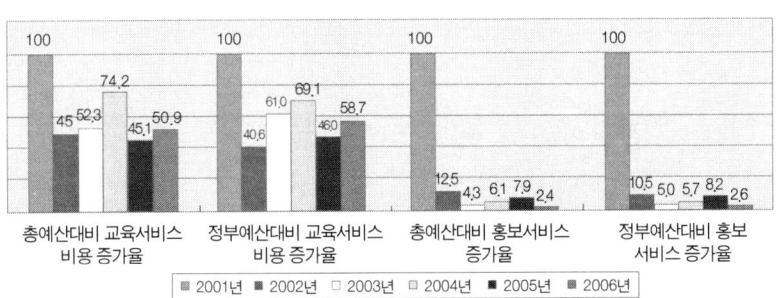

제7장
결론

1 | 학대아동보호사업의 성과와 과제

1. 학대아동보호를 위한 전달체계 구축

학대아동 보호를 위한 전달체계 구축 정도를 평가해 보면, 2000년 10월 전국에 17개소의 아동보호전문기관을 개소 운영하고, 2003년에는 2개소, 2004년에는 18개소, 2005년에 1개소, 2006년에 4개소, 2007년 1개소가 추가 설치되어 총 44개소가 운영되고 있다.

아동보호전문기관의 확대 설치에 따라 아동보호전문기관 1개소가 담당하는 아동 수는, 2001년에 1개소 당 644,194명, 2002년 646,133명, 2003년 571,023명, 2004년 295,845명, 2005년 284,098명, 2006년 253,895명, 2007년 243,292명, 2008년 238,421명으로 나타나 사업 초기에 비해 1/3 수준으로 감소하였다.

아동보호전문기관 1개소 당 담당하는 기초자치단체의 수를 살펴보면, 2001년은 13개소, 2003년 11.7개소, 2004년 6.2개소, 2006년 현재 5.4개소, 2008년 5.3개소로 감소한 것으로 나타났다.

이러한 전달체계의 확대에 따른 담당 아동 및 지방자치단체 그리고 이동거리의 감소에도 불구하고 몇 가지 문제점이 나타나고 있다. 첫째, 아동보호전문기관이 광역자치단체뿐만 아니라 기초자치단체에 확대 설치되고 있으나 지방아동보호전문기관과 지역아동보호전문기관 유형에 따른 역할 구분이 불명확하며, 광역지방자치단체와 기초자치단체의 수준에 맞는 아동보호전문기관에 대한 업무 지도감독에 대한 규정이 없이 학대아동보호업무에 책임성이 약화되고 있다.

둘째, 아동보호전문기관 운영이 지방분권예산사업으로 분류됨에 따라 중앙아동보호전문기관을 제외한 43개 지방아동보호전문기관이 보건복지가족부의 지도감독이 아니라 지방자치단체의 있어서 지도감독과 예산지원을 받게 되었다. 따라서 지역에 따라 지도감독의 전문성에 차이가 나타나며, 지방자치단체의 관심에 따라 예산지원의 차이가 나타나 아동보호전문기관 운영에 차이가 발생하고 있다는 문제점이 발생하였다.

2. 아동학대 신고 및 보호 건수의 증가

우리나라 학대아동 발생률을 신고접수 판정된 사례를 가지고 인구 천명 당 아동학대 신고율을 살펴보면, 2001년 0.36명을 기록하였으며, 2002년 0.35명으로 약간 감소하였다가 2003년 0.44명, 2004년 0.62명, 2005년 0.72명, 2006년 0.82명, 2007년 0.89명, 2008년 0.91명으로 점차 신고율이 증가하고 있다.

인구 천명 당 학대아동 보호율을 살펴보면 2001년에 0.18명을 기록하였으며, 2002년에 0.21명, 2003년에 0.26명, 2004년에 0.35명, 2005년 0.42명, 2006년에 0.48명, 2007년에 0.52명, 2008년 0.53명을 기록하여 매년 학대아동 보호율이 증가하였음을 보여준다. 이는 아동보호전문기관과 학대아동보호사업 예산의 증가를 통해 아동학대에 대한 신고가 증가하고 그 결과 학대아동보호가 증가하고 있음을 보여준다.

이러한 아동학대 보호의 증가는 학대아동보호사업에 몇 가지 과제를 주고 있다. 첫째, 우리나라 학대아동보호사업의 정책 목표의 변화 필요성을 보여준다. 현재 우리나라 학대아동보호사업의 목표는 학대아동보호체계 구축에 놓여 있어 아동학대 감소보다는 피해아동에 대한 보호에 더 많은 관심을 기울이고 있다. 학대아동 발생에 따른 사후적 대책인 아동보호전문기관의 확대를 통한 보호서비스의 제공만으로는 아동학대 발생을 감소시키기에는 부족함이 있다. 이에 따라 학대아동보호정책의 목표를 재설정하고 아동학대 발생을 감소시키기 위해 학대아동보호사업 예산 증액이나 다양한 사업 등을 전개할 필요가 있다.

둘째, 아동학대 신고 및 보호실적의 증가는 아동보호전문기관 상담원의 업무를 과중하게 하는 중요한 요인이 된다. 현재 우리나라 아동학대 업무체계는 상담원으로 하여금 아동학대 신고접수, 현장조사, 사례판정, 사례관리, 사후관리 등 모든 과정을 책임지도록 하는 체계이다. 따라서 아동학대 신고율의 증가는 상담원들이 담당해야 할 사례의 증가를 의미하며, 아동보호전문기관 상담원들의 담당사례가 평균 34건을 담당하는 것으로 나타나 선진국의 비해 너무 많은 사례를 담당하고 있는 것으로 조사되었다. 따라서 이러한 문제점을 해결하기 위해 상담원의 확충이 무엇보다 필요하다.

3. 학대아동보호서비스 비용 효율성 증가

아동보호전문기관에서 아동학대의 발견과 치료 그리고 예방을 위해 제공한 서비스의 총 실적은 2001년 총 110,976건, 2002년 263,792건, 2003년 745,905건, 2004년 956,129건, 2005년 1,080,394건, 그리고 2006년 3,201,307건의 서비스가 제공되어 사업도입 초기에 비해 30배 정도가 증가한 것으로 나타났다.

이러한 서비스의 제공 실적의 확대는 서비스 제공에 드는 비용을 매우 감소시킨 것으로 나타났는데, 정부보조금 비용 대비 서비스 비용은 2001년에는 서비스 1건당 16,514원이 소요되었으나, 2006년 2,300원으로 대폭 감소하였다. 이러한 서비스 비용 효율성의 증가는 상담원 1인이 제공하는 서비스의 절대적 증가에 기인한 것으로서 상담원의 업무가 과중함을 보여준다. 상담원 업무의 과중은 상담원의 소진을 불러일으키고 소진은 이직의 중요한 원인이 되며, 학대아동보호 사업의 전문성과 효과성을 감소시키는 주요 원인이 된다.

따라서 이러한 상담원 업무 과중을 감소시키기 위한 상담원의 역할 구분과 충원이 중요한 과제로 대두된다. 우리나라 아동보호전문기관의 상담원은 아동학대 신고접수에서부터 현장조사, 치료서비스 제공, 사후 관리 등 아동학대 전 과정에 개입하고 있다. 그러나 외국의 경우 신고접수와 현장조사만 아동보호전문기관의 상담원이 담당하고 있을 뿐 치료서비스 제공 및 사후관리는 민간기관에서 제공하고 있다. 따라서 상담원의 역할을 구분하여 전문성 있는 서비스를 제공할 필요가 있다.

또한 상담원을 확충시키기 위해서는 무엇보다 아동보호전문기관에 대한 예산 지원이 확대될 필요가 있다. 현재 지원되는 정부보조금은 아동보호전문기관의 인건비 지급에만 충분할 뿐 사업비와 기관운영비를 사용하기에도 부족한 수준이다. 따라서 아동보호전문기관에 대한 상담원 기준이나 예산지원 기준을 확대하여야 한다.

2 | 학대아동보호사업의 개선방안

현재 우리나라의 학대아동보호사업은 그 성과를 살펴볼 때 성공적으로 수행되어 온 것으로 평가할 수 있다. 그러나 아동복지사업의 기본 목적인 "모든 아동이 모든 형태의 학대와 차별으로부터 보호받아야 한다"는 아동권리의 기본 목적을 달성하는 데는 아직도 미흡한 부분이 많이 존재한다. 특히 앞서 제시된 몇 가지 과제들은 학대아동보호사업의 성과를 달성하는 데 장애요인이 되고 있다. 따라서 이러한 장애요인을 극복하기 위한 정책과제를 제시하면 다음과 같다.

1. 정책수단 다양화: '치료서비스' 와 '예방서비스' 의 병행 추진

우리나라 학대아동보호사업은 지금까지 "아동학대 예방을 위한 전달체계 구축"에 초점을 두고 진행되어 왔다. 그러나 이러한 아동학대와 관련된 전달체계의 확충이라는 사후적 대책으로는 학대받은 아동에 대한 보호는 가능하지만 아동학대를 예방하고 아동학대 발생을 감소시키기에는 불충분하다. 따라서 사후적인 치료서비스 목표와 더불어 예방적 서비스를 제공하는 정책수단을 다양화할 필요가 있다. 이러한 정책수단 다양화와 관련된 몇 가지 과제를 살펴보면 다음과 같다.

1) 아동학대 발생 감소를 위한 다양한 정책 수단 활용

현재 우리나라 보건복지가족부의 학대아동보호사업은 학대아동보호사업에 대한 법적·제도적 정책 마련, 중앙아동보호전문기관에 대한 예산 지원, 복권기금을 활용한 아동학대 홍보 등으로 진행되고 있다. 그러나 이러한 사업만으로는 최근 급격히 증가하고 있는 아동학대발생을 감소시킬 수 없으며, 점차 증가하는 아동학대 신고 및 발생에 대응하기 위해 기존의 사업 외에 다양한 정책 수단을 활용할 필요가 있다.

미국의 경우 아동학대 발생을 감소시키기 위해 1996년부터 아동학대예방을 위한 지역사회 학대예방 예산을 도입하기 시작하였으며, 미국 아동학대 관련 연방 예산 중 지역사회 학대예방사업 예산은 2005년에 4,280만 달러로서 주정부에 대한 보조예산액 2,730만 달러보다 1.5배 이상 높은 예산이다. 이러한 지역사회 학대예방사업은 지역사회 내에서 아동학대 발생가능성이 높은 가정을 대상으로 아동학대 발생을 예방하는 데 사용되고 있다. 또한 10개소의 Resource center 및 2개소의 Clearinghouse를 설치 운영하여 아동보호를 담당하는 직원의 전문성을 향상시키기 위해 많은 노력을 하고 있다.

일본의 경우도 증가하는 아동학대 발생을 감소시키기 위해, 모든 시·정·촌에 요보호아동대책 협의회의 구축, 아동상담소 확대 및 상담소 내 아동복지사의 배치, 가정방문 확대 등 다양한 사업을 전개하고 있다.

따라서 미국과 일본에서 실시하고 있는 것과 마찬가지로 지역사회 내에서 아동학대 발생을 예방하기 위한 다양한 사업들을 실시하는 것이 필요하다.

2) 학대아동보호사업의 국가보조사업 전환

학대아동보호사업의 중요한 역할을 담당하고 있는 아동보호전문기관 운영사업은 2005년 지방이양사업으로 분류되어, 각 지방자치단체에서 예산을 지원하고 있다. 그 결과 보건복지가족부의 지침이나 안내보다는 각 지방자치단체 특성에 맞는 사업을 전개하고 있으며, 지방자치단체의 학대아동보호사업에 대한 관심에 따라 예산지원에 있어서 많은 차이가 나고 있으며, 아동보호전문기관의 수, 상담원의 수나 인건비 지원 수준, 그리고 제공되는 서비스의 수준 등에 있어서 차이가 발생하고 있다.

학대아동보호사업은 지방의 특성을 고려하기보다는 전국적인 통일성을 요하는 사업이며, 국가의 개입이 무엇보다 중요한 사업이다. 따라서 아동보호전문기관의 효율적 운영과 학대아동보호사업의 효과적 수행을 위해서는 학대아동보호사업을 국가보조사업으로 전환하는 것이 필요하다.

또한 지방자치단체의 학대아동보호사업에 대한 관심을 제고하기 위해 지방자치단체의 학대아동보호사업에 대한 평가를 실시하며, 이러한 평가에 기초하여 아동 관련 예산을 차등 지원하는 방안을 검토함으로써 지방자치단체의 관심을 제고시킬 필요성이 있다.

3) 예방서비스에 초점을 두는 아동학대 서비스 전달체계 도입

우리나라 학대아동보호사업의 공적 체계를 살펴보면, 신고ㆍ조사에 기반을 둔 업무체계로 평가할 수 있다. '129'와 '1577-1391' 신고전화를 통한 아동보호전문기관의 신고접수와 현장조사, 사례판정, 서비스 제공 등으로 학대아동 보호업무가 수행되고 있다. 그러나 이러한 신고조사에 기반을 둔 업무체계는 구조적으로 예방적 서비스를 제대로 수행할 수 없는 한계를 가지고 있다. 즉 현재의 체계는 아동학대로 확인된 후에야 개입이 가능한 소극적 체계이어서 아동학대가 발생할 가능성이 높은 고위험 집단에 대한 사전 서비스 제공의 근거가 취약한 구조적인 한계를 가지고 있다(이봉주, 2006).

따라서 이러한 한계를 극복하기 위해 아동보호전문기관으로 하여금 단순한 신고조사에서 더 나아가 아동과 가족 중심으로 서비스를 제공하는 기관으로 전환할 필요가 있다. 즉 아동보호전문기관은 조사의 개념으로서가 아니라 아동과 가족의 욕구를 파악할 수 있는 가족사정을 수행하고 그에 기초하여 사례관리를 통한 서비스를 제공하고 위기아동과 가족에 대한 사후관리 업무를 주로 수행하는 방안을 고려하여야 한다.[1]

2. 아동보호전문기관 확대

학대아동보호업무가 2000년 도입된 이후 아동보호전문기관은 18개에서 44개소로 확대되어 업무를 담당하여 왔다. 그러나 아동보호전문기관의 확충에도 불구하고, 지역사회 내 아동을 보호하기에는 아동보호전문기관의 수가 부족하며 담당아동의 수가 너무 많은 실정이다. 또한 소규모 아동보호전문기관의 개소에 따라 지방자치단체별로 담당 지역 및 아동의 수에 차이가 나타나고 있다.

경기도의 경우 지방아동보호전문기관 2개소, 소규모 지역아동보호전문기관 5개소 등 총 7개소가 운영되고 있으며, 경상북도의 경우 지방 1개소, 소규모 3개소 등 4개소가 운영되고 있다. 그러나 충청남도과 경상남도 그리고 전라남도의 경우 지방아동보호전문기관 1개소와 소규모 지역아동보

---

[1] 이러한 부분에 대한 자세한 논의는 이봉주(2006)의 논의를 참조할 것.

호전문기관 1개소 등 2개소만 운영되는 등 지역에 따라 아동보호전문기관의 수에 많은 차이가 발생하고 있다.

미국과 일본의 경우 모든 지방자치단체에서 아동학대 신고·접수 업무를 담당하고 있는 것으로 나타나 우리나라 아동보호전문기관 1개소 당 5.6개의 지방자치단체를 담당하는 것과 비교하면 우리나라 아동보호전문기관의 수가 너무 부족함을 알 수 있다.

또한 소규모 지역아동보호전문기관 간에도 지역과 상담원수에서 차이를 보이고 있다(보건복지가족부·중앙아동보호전문기관, 2009). 서울특별시의 소규모 아동보호전문기관 상담원 수를 비교해 보면, 은평과 성북은 8명, 강서와 영등포는 7명, 마포는 5명으로 나타나고 있다. 또한 경기도의 성남과 고양 그리고 화성 아동보호전문기관의 경우 상담원 7명이 근무하고 있는 반면, 부천은 5명, 남양주는 4명이 근무하고 있다. 그 결과 상담원 1인당 업무량에 많은 차이가 나타나고 있는데, 마포 아동보호전문기관의 상담원 1인당 상담신고 건수는 21건에 달하는 반면 상담원이 가장 많이 배치된 은평의 경우 12.1건으로 절반에 불과했다. 또한 경기도 부천아동보호전문기관의 경우 상담원 1인당 신고 건수가 63건에 달한 반면에 경기 화성은 36건에 불과하였다.

따라서 이러한 문제점을 해결하기 위해 아동보호전문기관을 확대 설치하는 것이 필요하다. 2009년 7월부터 시행되는「아동복지법」개정안에 지역아동보호전문기관을 시·도 및 시·군·구에 확대 설치하는 내용이 새롭게 명시되어 아동보호전문기관의 확대 설치에 대한 법적 근거가 마련되었다. 따라서 이러한 법적 근거에 따라 기초자치단체에 아동보호전문기관을 확대 설치하여야 한다. 한편 전국의 모든 기초 지방자치단체에 아동보호전문기관을 설치하는 것이 어려운 현실이므로, 아동보호전문기관 1개소가 담당할 수 있는 지역이나 아동의 수를 제시함으로써 시·도가 지방자치단체의 아동 수에 따라 적합한 규모의 아동보호전문기관을 설치할 수 있도록 해야 한다.

3. 학대아동보호사업 전달체계 효율성 제고

우리나라에서는 학대아동보호사업이 아동보호전문기관 중심으로 제공되고 있다. 아동보호전문기관은 중앙아동보호전문기관, 지방아동보호전문기관, 소규모 지역아동보호전문기관 등 3가지 유형의 아동보호전문기관이 운영되고 있다. 그러나 지방아동보호전문기관 중 서울과 부산의 경우에는 지방자치단체가 직접 운영하는 방식과 민간에 위탁하여 운영하는 방식이 병행되고 있어, 아동보호전문기관의 유형은 4가지로 구분할 수 있다.

그러나 현재 중앙아동보호전문기관을 제외하고는 지방 및 지역아동보호전문기관의 경우 유형별로 아동보호전문기관이 각 구체적인 역할이 무엇이며, 아동보호전문기관 간에 어떤 업무 협조체계를 구축해야 할지에 대한 명확한 지침이나 체계가 갖추어지지 않아 아동보호전문기관 운영체계의 비효율성이 제기되고 있다. 따라서 이러한 운영의 비효율성을 해결하기 위한 방안을 제시하면 다음과 같다.

1) 중앙아동보호전문기관의 공공조직화 검토

중앙아동보호전문기관의 경우 전국 아동보호전문기관에 대한 업무 지원, 아동학대 예방사업에 대한 정책 건, 지방기관의 사례 배치 및 조정, 아동학대 관련 전산시스템 구축 운영, 직원 교육 및 전문성 향상, 각종 연구 및 프로그램 개발 보급 등의 업무를 담당하고 있다.

이러한 업무 중 지방아동보호전문기관의 업무 지원과 조정 등에 있어서 어려움을 경험하고 있다. 중앙아동보호전문기관이 민간에 위탁되어 운영되기 때문에 지방아동보호전문기관의 업무 조정에 관한 권한이 없을 뿐만 아니라 공공조직에서 운영되는 서울과 부산의 지방아동보호전문기관에 대한 업무 지도 감독을 수행하기가 어려운 것이 현실이다. 또한 재정상의 어려움으로 인해 다양한 사업들을 전개하지 못하고 있으며, 인력이 부족하여 효과적인 프로그램을 개발하거나 다양한 연구사업을 담당하지 못하고 있는 실정이다.

미국의 경우에도 처음에는 중앙정부와 분리 운영하던 NCCAN(National Center on Child Abuse & Neglect)를 중앙정부의 아동학대방임과에 흡수 통합하여 운영하고 있다. NCCAN이 중앙정부에 통합된 후에 아동학대와 방임에 대한 모든 정보를 수집, 가공하여 일반인과 전문인들에 보급하는 "National Clearinghouse on Child Abuse & Neglect"가 설치되었으며, 민간에 위탁되어 운영되고 있다. Clearinghouse에는 2004년 35명의 직원이 근무하고 있으며, 그 구체적인 업무로서는 첫째, 아동학대에 대한 정보 수집과 분석, 연구하여 정부 및 전문가, 일반인들에게 제공하며, 둘째, 아동학대와 방임에 대한 자료의 소장 및 관리, 셋째, 아동학대와 방임에 대한 DB 구축과 관리, 넷째, 아동학대 및 방임에 대한 각종 매뉴얼 개발 보급 등의 업무를 수행하고 있다(보건복지가족부 · 중앙아동학대예방센터, 2004).

따라서 지방아동보호전문기관에 대한 업무지원과 조정의 문제점을 해결하기 위해서는 중앙아동보호전문기관 운영을 공공조직화 하는 것을 검토할 필요성이 있다. 보건복지가족부 산하로 중앙아동보호전문기관을 통합함으로써 아동학대와 관련된 종합된 업무를 총괄 지원하는 방안을 검토할 필요성이 있다.

만약 공공조직화가 어렵다면 중앙아동보호전문기관에 서울과 부산 등 공공조직이 운영하고 있는 지방아동보호전문기관의 업무를 조정 및 감독할 수 있는 권한을 부여하고, 예산 및 인력에 대한 보건복지가족부의 지원을 강화함으로써 상담원의 전문성 향상과 피학대아동의 치료 그리고 아동학대 예방을 위한 다양한 프로그램 개발 보급할 수 있도록 해야 한다.

2) 아동보호전문기관의 업무체계 및 기능 개편

지방아동보호전문기관은 광역자치단체를 담당하는 지방아동보호전문기관과 특정 지역을 담당하는 지역아동보호전문기관으로 구분된다. 그러나 양 기관의 경우 담당지역의 수와 상담원의 수에서만 차이가 있을 뿐 수행하는 업무에 있어서 차이가 없다. 즉 광역자치단체에 1개소만 설치되어 있는 대구, 광주, 대전, 울산의 지방아동보호전문기관을 제외한 모든 지방아동보호전문기관의 경우 광역자치단체 전 지역을 담당하는 것이 아니라 광역자치단체의 일부분만 담당하고 있어 소규모 지역아동보호전문기관과 차이를 보이지 않고 있다. 단지 서울지역의 소규모 지역아동보호전문기관의 경우 사례판정위원회를 설치하지 않고 서울아동보호전문기관 사례판정위원회를 활용하기도 하지만, 대부분의 소규모 지역아동보호전문기관에서는 기관 운영의 자율성을 가지고 있다.

이렇게 살펴보면 현재 지역아동보호전문기관의 경우 독자적인 신고접수와 현장조사, 학대 사례 판정, 치료서비스 제공 및 사후관리, 전산시스템 입력 등 아동학대 업무 전체를 수행하고 있어 지방아동보호전문기관과 큰 차이를 보이지 않고 있다.

한편 광역자치단체 내 지방아동보호전문기관과 지역아동보호전문기관 간의 공식적인 업무 협조체계나 정보교환체계에 대한 구체적인 지침은 마련되어 있지 않다. 즉 경기도 지방아동보호전문기관의 경우 경기도 전체의 학대아동보호사업에 대한 각종 통계작성 및 정책수립 자문, 예방시스템 구축 등의 업무를 담당해야 하지만, 광역자치단체 총괄 기능보다는 경기도 아동보호전문기관이 담당하고 있는 6개 지역의 학대아동보호업무만을 수행하고 있으며, 경기북부 아동보호전문기관이나 4개 소규모 아동보호전문기관에 대한 업무조정이나 지도감독 등의 기능은 수행하지 못하고 있다.

따라서 지방아동보호전문기관과 지역아동보호전문기관 간의 관계 규정이 명확하게 이루어져야 지역 내에서 학대아동의 욕구에 맞는 효과적인 서비스와 통합적 서비스를 제공할 수 있을 것이다. 특히 업무 체계 규정에 있어서 지방아동보호전문기관의 지역아동보호전문기관에 대한 업무 조정 및 감독권, 광역 지역에 대한 학대아동보호시스템 구축 등에 대한 업무 조정 등에 관한 명확한 규정을 마련할 필요가 있다.

3) 아동학대 상담 신고체계의 일원화

현재 아동학대에 대한 신고는 '129'를 통한 신고, '1577-1391'을 통한 신고, 인터넷 신고, 내방신고 등으로 이루어지고 있다. 정부는 2007년부터 아동학대 긴급전화 '1391'을 폐지하고, 보건복지 콜센터 '129'로 신고전화를 통합하였다. 보건복지콜센터는 국민들이 보건복지 관련 정보와 상담서비스를 한 곳에서 제공받을 수 있도록 직접상담 및 안내연계 창구로서의 역할을 두고 설립되었으나, 아동학대 상담 신고전화 실적을 살펴보면 안내창구로서의 역할을 적절하게 수행하지 못하고 있다.

연도별 상담신고 접수 경로 현황을 살펴보면 '129'를 통한 신고접수는 2007년 전체 신고접수 건수의 7.5%, 2008년에는 전체의 5.6%를 차지하여 신고 비율이 매우 낮게 나타나고 있어, '129'가 아동학대 상담에 있어서는 수요자의 접근성을 높일 수 있는 창구로서의 역할을 제대로 수행하지 못하고 있다. 오히려 기존의 '1391' 신고전화가 전환된 '1577-1391' 번호를 통한 신고 비율은 2007년 65.7%, 2008년 89.7%에 달하는 등 계속적으로 '1391'을 통한 신고가 대부분을 차지하고 있다.

또한 아동학대 상담은 일반 상담서비스와 달리 아동의 생명과 안전을 담보하는 업무의 특수성을 지니고 있으므로 신고접수 이후 학대가 의심되면 신속히 아동학대가 발생한 현장에 출동하여 조사를 실시하여야 한다. 그런

데 현재의 이원화된 신고체계에서는 '129'를 통해 신고될 경우, 다시 아동보호전문기관으로 사례가 이관되어야 하므로, 아동학대 신고업무가 신속히 수행하는 데 장애가 발생할 뿐만 아니라, 아동보호전문기관에서 신고자에게 재차 연락하여 정보를 요구하는 경우가 있어 신고자에게 부담을 주게 된다.

이렇게 '129'와 '1577-1391'의 이원화된 신고체계로 인해 아동학대 사례 신고가 누수될 가능성이 있다. 따라서 아동학대 사례에 대하여 국민들의 신고율을 높이기 위해서는 단일 회선을 통해 상담신고를 접수받는 아동학대 전용 신고전화의 재설치가 필요하다(보건복지가족·중앙아동보호전문기관, 2009:181).

4. 아동보호전문기관에 대한 정부지원 확대

아동보호전문기관의 운영과 관련하여 현재 보건복지가족부의 지원은 중앙아동보호전문기관의 운영에 관한 예산지원을 하고 있으며, 지방아동보호전문기관과 지역아동보호전문기관에 대한 예산지원은 지방자치단체에서 이루어지고 있다. 또한 아동보호전문기관 운영지원 이외의 학대아동보호사업에 대한 중앙정부의 예산은 거의 편성되지 못하고 있는 실정이다.

현재 아동보호전문기관의 정부예산 지원 구조를 살펴보면, 보건복지가족부에서 안내하는 아동복지사업안내에 따라 이루어지고 있다. 그러나 보건복지가족부가 책정한 예산의 규모로는 아동보호전문기관 운영에 필요한 예산의 50%에서 70% 정도에 불과해 매우 부족한 실정이다. 그 결과 아동보호전문기관들은 부족한 예산을 법인지원금이나 외부기관에서 충당하고 있는 것으로 나타났다.

이러한 정부 보조금이 부족한 이유는 보건복지가족부가 책정한 인건비와 운영비 기준이 현실에 맞지 않기 때문이다. 상담원 인건비의 경우 1인당 연간 1,800만 원만 책정되어 현실을 반영하지 못하고 있으며, 운영비와 사업비에 대한 적절한 기준조차 제시하지 못하고 있는 실정이다.

따라서 보건복지가족부에서는 아동보호전문기관에서 사용되는 정확한 예산 규모를 산정하고 이에 맞는 예산을 지원하는 것이 필요하다. 특히 미국의 경우처럼 연방정부가 주 정부의 학대아동보호사업을 지원하기 위한 보조금을 지원하고 있는 것과 마찬가지로 지방정부에 대한 보조금을 지원하는 방안을 검토할 필요성이 있다.

5. 아동보호전문기관 상담원 근무여건 개선

아동보호전문기관의 아동학대예방이라는 정책목표를 달성하기 위해 가장 중요한 부분은 상담원의 확충과 상담원의 근무여건을 개선하는 것이다.

1) 상담원 확충

아동보호전문기관의 예산의 확충과 동시에 검토되어야 할 부분은 인력의 확충이다. 2009년 아동청소년사업 안내에 따르면, 아동보호전문기관의 인력 배치 기준으로 중앙아동보호전문기관과 지방아동보호전문기관은 13명, 지역아동보호전문기관은 9명으로 규정되어 있다. 그러나 실제로 배치된 아동보호전문기관의 상담원은 중앙아동보호전문기관을 제외하고 43개 기관에 302명이 배치되어 평균 7명에 불과하였다. 상담원 7명에 행정요원 1명을 추가하면 평균 8명이 근무하고 있어 지역아동보호전문기관 직원배치 기준 9명에도 미치지 못하고 있어 상담원이 절대적으로 부족한 현실이다.

이러한 상담원 인력 기준으로는 아동보호전문기관이 급증하는 아동학대에 대한 치료와 예방업무를 담당하기에는 매우 부족하다. 2001년에 비해 아동학대 발생 건수는 2배 이상 증가하였으나 아동보호전문기관 상담원의 수는 6명에서 9명으로 밖에 증가하지 않아 상담원 1인당 담당하는 학대아동 수가 2배 이상 증가한 것으로 나타났다. 또한 우리나라 상담원의 학대아동 관리 사례 수는 미국의 3배 정도에 달하는 것으로 나타나고 있어 매우 업무가 과중하며,[2] 신변안전에 대한 위험이 상존하고 있어 다른 직종에 비해 이직률도 매우 높은 것으로 나타나고 있다. 이러한 업무과중과 높은 이직률은 학대아동보호서비스의 전문성을 하락시키며, 지역사회 내 서비스가 필요로 하는 아동에게 적절한 서비스를 제공하지 못하게 된다.

따라서 이러한 문제점을 해결하기 위해서는 국제적인 수준에 맞는 상담원 배치기준을 마련하고 이 기준에 따라 상담원을 확충할 필요성이 있다. 즉 상담원 1인이 최적으로 서비스를 제공할 수 있는 아동 수를 정하고 이에 맞추어 상담원의 수를 확충하는 것이 필요하다.

둘째, 상담원의 역할을 분류하는 방안을 검토할 필요성이 있다. 현재 학대아동 보호와 관련된 전 업무를 담당하게 되어 있는 상담원의 역할을 신고접수, 현장조사, 치료서비스 제공, 교육 및 홍보 서비스 등 전문적인 역할로 나누어 담당하게 함으로써 업무의 효율성을 제고하도록 하여야 한다.

셋째, 피해아동의 보호와 치료 그리고 가해자 치료를 위해서는 이들에게 전문적인 심리치료 서비스를 제공할 수 있는 전문 인력의 충원이 필요하다. 현재의 인력 구조로서는 임상심리사와 같은 인력을 확보하기가 어려운 현실이므로 이들에 대한 인건비를 지원함으로써 이들 인력을 확충할 수 있다.

넷째, 학대아동보호를 위해 운영되고 있는 쉼터 종사자를 확대 배치하여야 한다. 소규모 아동보호전문기관에서 운영하고 있는 쉼터 종사자에 대한

---

[2] 미국의 경우 상담원의 업무가 신고접수 및 현장조사 인력, 서비스 제공 인력이 구별되어 있는 주가 대부분이다. 따라서 이러한 분류기준을 다시 적용한다면 우리나라 상담원의 업무량은 미국의 3배 이상을 초과하는 것으로 판단된다.

인건비를 지급하고, 쉼터 종사자의 2교대제 근무를 위한 인력의 확충 등이 필요하다.

2) 아동보호전문기관 상담원의 소진 감소 및 직무만족도 향상 대책 수립

아동보호전문기관 상담원의 소진 상태를 살펴보면, Maslach(1983)이 제시한 기준점에 따라 나누어 볼 때, 정서적 탈진의 정도가 심한 상담원이 88.5%, 성취감의 감소 점수가 심한 상담원 85.7%, 클라이언트 비인격화 정도가 심한 상담원 71.4%로 나타나, 이는 우리나라 아동보호전문기관 상담원의 소진이 매우 심각한 정도임을 보여준다.

따라서 상담원의 소진을 감소시키고 소진을 예방하는 프로그램의 도입이 필수적이다. 소진에 미치는 영향을 살펴보면, 제도의 미비, 아동학대 관련 업무의 속성, 업무량의 과중, 사회적 인정의 문제 등 다양한 원인이 제시되고 있다.

먼저 상담원의 소진을 예방하기 위해서는 무엇보다 법적이고 제도적인 측면의 보완이 필요하다. 아동보호전문기관의 확대 설치와 상담원의 추가 확대 배치 등이 가장 중요한 선결 과제이며, 상담원의 신분보장 및 아동보호서비스 제도의 운영방법 개선, 전문치료 인력의 보강, 학대자 수강명령제 도입, 사법체계와의 협조체계 구축 등 다양한 부분의 개선이 필요하다.

둘째, 아동보호전문기관 조직내적 측면에서는 상담원에 대한 슈퍼비전을 강화해야 하는데, 지지적 슈퍼비전을 통해 상담원이 경험하는 스트레스 및 소진을 완화시킬 필요성이 있으며, 개인적 성취감을 높일 수 있도록 전문직의 효능성을 강화시킬 필요가 있다. 이를 위해서는 상담원들을 대상으로 지속적으로 전문적인 훈련과 보수교육을 제공할 필요가 있다. 또한 상담원이 경험하는 스트레스를 잘 관리할 수 있는 스트레스 관리 프로그램의 도입 등도 검토할 필요가 있다.

3) 아동보호전문기관의 안전성 보장 및 상담원 신변안전 대책 수립

아동보호전문기관의 경우 학대 피해아동을 대상으로 사업을 실시하고 있으며, 지방아동보호전문기관과 일부 지역아동보호전문기관에서는 피학대 아동을 위한 쉼터가 같이 운영되고 있다. 피해아동 보호를 위해서는 화재대비시설과 안전사고 방지시설 등이 기본적으로 필요하나 일부 아동보호전문기관의 경우 이러한 안전시설의 설치가 미흡한 것으로 나타나고 있다.

따라서 아동보호전문기관에 건물안전과 관련된 시설과 장비를 의무적으로 갖추도록 하는 것이 필요하며, 피해아동보호 및 상담원의 신변보장을 위해 민간경호 및 경찰연계 시스템을 구축하도록 하는 것을 의무화할 필요도 있다.

또한 아동보호전문기관 상담원들은 아동학대 사례개입을 위하여 현장조사, 가정방문, 상담 등 직무를 수행하는 과정에서 학대행위자에게 욕설, 폭행, 협박을 당하는 등 신변안전에 위협을 받는 문제가 빈번하게 발생하고 있다. 또한 상담원이 아동학대 관련 형사사건의 수사 및 재판과정에서 참고인 진술을 하거나 법정에 증인으로 출두할 경우, 상담원의 개인 신상정보가 재판진행과정이나 대질 신문, 증인 반대신문, 피고인의 수사기록 열람 등사 등을 통해 노출되어 학대행위자로부터 보복과 협박을 당하는 피해사례도 발생하고 있다.

이렇게 아동보호전문기관의 상담원 신변보호를 위한 법적·제도적 안전장치가 전무한 현실은 아동보호전문기관 상담원들의 업무수행 태도 및 수행결과에 부정적으로 작용하며, 아동보호사업의 효과성과 전문성에 부정적인 영향을 미치고 있다. 따라서 이러한 문제점을 해결하기 위한 법적·제도적인 장치가 필요하다(정미경·중앙아동보호전문기관, 2008).

첫째, 아동보호전문기관 상담원에 대한 신변위협은 아동학대 가해자에 의해 대부분이 발생하므로, 아동학대 가해자에 대한 교정프로그램의 보완 및 강화가 필요하다. 아동학대 재발생과 상담원에 대한 신변위협을 감소시키기 위해서도 가해자 교정 프로그램의 강화가 선결되어야 한다.

둘째, 아동보호전문기관 상담원들이 직무수행과정에서 발생하는 신변위협을 해결하기 위하여, 「아동복지법」 제30조의 조사자의 범위에 아동보호전문기관의 상담원을 포함시켜, 조사를 거부 기피하는 학대행위자에 대한 상담원의 조사권한을 강화할 필요가 있다. 더불어 학대행위자가 현장조사 업무를 방해하거나 신변에 위협을 가했을 경우 공무집행방해죄에 해당하는 처벌을 받을 수 있는 장치의 도입이 필요하다. 또한 이와 동시에 상담원의 현장조사 시 상담원이 요청할 경우 반드시 경찰관과 동행해야 한다는 의무조항을 삽입할 필요가 있다.

셋째, 아동학대 관련 수사 및 재판과정에서 경험하는 신변안전에 대한 위협을 예방할 수 있는 법적 장치의 마련이 필요하다. 아동학대에 대한 증언을 하는 상담원을 보호하기 위해서는 증인 신상정보 비밀보장 및 증인보호제도를 마련할 필요가 있다. 또한 피고인의 수사기록과 공판기록을 열람·등사하여 상담원의 신원을 파악하여 위협하는 경우에 대비하여 열람등사권을 제한할 필요가 있다.

6. 아동학대 예방 및 방지를 위한 법률 보완

아동학대가 발생할 경우 현재 아동보호전문기관에서는 업무지침에 따라 아동 및 가족에게 개입하고 있다. 그러나 이 과정에서 아동보호전문기관의 개입을 뒷받침해 줄 법적 근거가 부족하여 많은 어려움을 경험하고 있다.

아동학대 업무수행과정에서 몇 가지 보완할 부분이 있다. 첫째, 신고과정에 있어서 신고자에 대한 신변안전에 대한 보장이 철저히 이루어지도록 하는 법적 보완이 필요하다. 앞서 제시된 바와 같이 경찰 또는 검찰의 수사과정, 법원의 재판과정에 학대행위자의 변호사를 통하여 자료가 유출되는 경우가 있기 때문에 이에 대한 보완이 필요하다. 또한 신고자들이 경찰과 법원에 증인으로 출두하는 등의 번거로움 때문에 신고를 기피하므로 증언이 불가피할 경우 출장 증언 내지 서면 증언이 가능하도록 제도적 장치를 보완할 필요가 있다.

또한 아동학대를 예방하기 위해서는 아동학대 신고의무자에 의해 아동학대가 발생할 시 이를 가중처벌하는 조항도 추가될 필요가 있다. 최근 신고의무자에 의해 아동학대가 발생하는 경우가 있어 이들의 아동에 대한 책임 있는 보호를 도모하기 위해 가중처벌의 필요성이 있다.

둘째, 현장조사과정에서 상담원의 조사권 보장과 경찰이나 행정기관과의 협조체계에 대한 법적 보완이 필요하다. 아동학대 발생 시 아동보호전문기관 상담원들의 조사권 부재로 인해 현장조사에 제약을 받고 있으며, 신변안전에 대한 위협이 발생하고 있다. 또한 신고접수 과정에 있어서 경찰과의 동행의무조항이나 읍·면·동사무소나 학교기관 등 행정기관의 협조에 대한 명확한 규정이 없어 피해아동에 대한 정확한 정보수집과 적절한 보호조치가 어렵다. 따라서 이러한 문제점을 해결하기 위한 법적인 보완조치가 필요하다.

셋째, 아동학대 개입과정에서의 법적 보완이 필요하다. 특히 현형법 체계 내에서는 학대행위자의 상담 수강 및 교육 참여를 강제할 수 없어 학대행위자를 치료하는 데 어려움이 많기 때문에 학대행위자의 상담 수강명령제를 도입할 필요가 있다.

또한 가해자의 친권을 일시적으로 제한하는 규정이나 친권제한 규정을 보완할 필요가 있다. 선진국의 경우 친권행사의 제한 또는 친권상실이 필요하다고 판단할 경우 바로 관할 법원에 이를 청구할 수 있고, 법원은 이를 즉각적으로 심사할 수 있는 법적 근거 및 구체적인 절차가 마련되어 있다.

그리고 아동복지 관련법 등에 앞서 제시된 상담원의 신변안전을 위한 제반 법적 보완장치가 필요하며, 상담원의 신분에 대한 정확한 법적 보장도 필요하다.

효과적인 학대아동보호체계 구축을 위해서는 이러한 부분에 대한 법적인 보완이 마련될 필요성이 있다.

참고문헌

■ 국내문헌

강은숙 (2005). "아동학대예방센터 상담원의 직무 스트레스에 관한 연구". 한남대학교석사학위논문.
강홍구 (2006). "사회복지사의 직무특성이 직무만족에 미치는 영향에 관한 연구". 한국사회복지학, 58(2), pp.355-375.
고수정 (2006). "공사부분 사회복지 전문인력의 직무만족 결정요인 비교분석". 한국행정논집, 18(2), pp.473-494.
공계순 (2004). "아동학대예방센터 상담원의 소진에 관한 연구". 한국사회복지학회 추계공동학술대회 자료집. 한국사회복지학회.
공계순 (2005). "아동학대예방센터 상담원의 소진에 관한 연구". 한국가족복지학 제10권 3호.
공계순 (2005). "아동학대예방센터 상담원의 이직의도에 관한 연구". 한국아동복지학 제 19호.
공계순·박현선·오승환·이상균·이현주 (2006). 『아동복지론』, 학지사.
김민애 (2002). "아동학대예방센터 상담원들의 2차적 외상 스트레스의 대처방법과 자기효능감에 미치는 영향 연구." 이화여자대학교 석사학위논문.
김성한 (1997). "사회복지사의 이직의도 결정요인에 관한 연구". 서울대학교 박사학위논문.
김성희 (2003). "아동학대예방센터 상담원들의 신변안전에 대한 인식". 숙명여자대학교 석사학위논문.
김영종 (1996). 『사회복지행정론』, 학지사.
김영종·홍현미라·이현주·이혜원·이민영·진재문 (2008). 『사회복지 네트워킹의 이해와 적용』, 학지사.
김주연 (2006). "아동학대예방센터 상담원의 역할갈등과 직무성과에 관한 연구". 숙명여자대학교 석사학위논문.
남선이·남승규 (2006). "사회복지생활시설 종사자의 직무만족". 한국사회복지행정학, 8(3), pp.1-30.
남선이·남승규·남미애 (2006). "사회복지생활시설 종사자의 자기효능감과 요인별 직무만족이 전반적 직무만족에 미치는 영향". 한국사회복지학, 58(3), pp.195-221.
박세경·서문희·강주희·서영숙·진미정·노성향 (2005). 『OECD 국가와 한국의 아동보호체계 비교연구』, 한국보건사회연구원.
보건복지가족부, 『아동복지사업 안내』, 각 연도.
보건복지가족부·중앙아동학대예방센터 (2003). 『아동학대예방센터 운영평가결과보고서』.
보건복지가족부·중앙아동학대예방센터 (2004). 『선진각국의 아동보호체계 비교』.
보건복지가족부·중앙아동학대예방센터 (각 연도). 『전국아동학대현황보고서』.
서문희 외 (2004). 『어린이 보호·육성 종합계획 평가 및 아동백서 발간에 관한 연구』, 보건복지가족부·한국보건사회연구원, 2004.
서울대 사회복지연구소 (2006). 『아동백서, 중장기 아동정책 및 국가행동계획 연구』.
설진화 (1999). "정신보건영역에서 사회복지사의 직무만족도-영남지역을 중심으로-". 정신보건과 사회사업》, 7, pp.47-66.
성영혜·김연진 (2002). 『아동복지의 이론과 실제』, 서울: 동문사.
세이브더칠드런 (2004). 『유엔아동권리협약 이행방안 연구』, 보건복지가족부 정책연구과제보고서.
신범수 (2004). "아동학대예방센터 상담원의 소진에 영향을 미치는 요인에 관한 연구". 호서대학교 석사학위논문.
심경순 (2003). "정신보건사회복지사의 직무만족에 관한 연구". 한국사회복지행정학, 10, pp.169-

195.
오승환 (2004). "아동보호전문기관의 아동복지 서비스 현황". 아동학대예방 및 효과적인 사례개입을 위한 아동복지법 개정 제안 포럼 자료집. 사회복지법인 굿네이버스.
오승환 (2009). "아동보호전문기관의 상담원의 직무만족도 결정요인". 아동과 권리,제13권 제2호, pp. 247-274.
오승환·변귀연·이민홍 (2007). "학대아동보호사업 평가 및 성과분석". 보건복지가족부·울산대학교 산학협력단.
오정수 (2004). 「한국 아동복지의 도전 : 제도환경과 정책평가」, 한국아동복지학, 17호, pp.131-150.
윤혜미 (2003). "우리나라 아동학대예방센터 활동분석과 아동보호서비스 개선을 위한 논의". 한국아동복지학. 제15호, 7-38
윤혜미 (2004). "효과적인 아동학대예방을 위한 외국 법 현황". 아동학대예방 및 효과적인 사례개입을 위한 아동복지법 개정 제안 포럼 자료집. 사회복지법인 굿네이버스.
윤혜미 (1991). "사회복지전문요원의 직무만족, 이직의도, Burnout에 관한 연구". 한국사회복지학, 18, pp.83-116.
윤혜미 (2005). "아동학대예방센터 상담원의 소진과 예방적 접근." 2005 아동학대예방센터 개소 5주년 기념세미나, pp. 39-64.
윤혜미·박병금 (2004). "아동학대예방센터 상담원의 소진관련 요인에 관한 연구." 한국사회복지학, 56(3), pp. 279-301.
이명숙 (2003). "아동학대사례개입의 법적·제도적 검토". 아동학대사례개입의 법적·제도적 보완을 위한 대토론회 자료집. 한국아동학대예방협회·한국아동권리학회·중앙아동학대예방센터.
이미숙 (2001) "아동학대예방센터 상담원의 직무만족에 관한 연구". 대구대학교 석사학위논문.
이배근 (2002). "세계의 아동빈곤", 『국제문제논총』, 12-13, 2002.
이봉주 (2005). "한국 아동보호체계의 딜레마 : 신고조사와 서비스 기능간의 역할 갈등", 2005 아동학대예방센터 개소 5주면 기념세미나 자료집.
이봉주·김세원 (2005). "아동학대와 방임의 사회구조적 요인; 빈곤과의 상관관계를 중심으로". 아동권리연구, 제9권(3), 347-373.
이재연 (2000). "한국의 아동학대 실태 연구", 『아동학대의 실태 및 후유증 연구 정책연구보고서』, 보건복지가족부.
이재연 외 (2006). 『한국의 유엔아동권리협약 이행 모니터링』, 보건복지가족부·한국아동단체협의회·한국아동권리학회.
이호균 (2004). "아동권리연구효과적인 아동학대 사례개입을 위한 아동복지법 개정 방안". 『아동학대예방 및 효과적인 사례개입을 위한 아동복지법 개정 제안 포럼 자료집』. 사회복지법인 굿네이버스.
이호균 (2005). "한국의 아동학대예방사업". 『한·일 아동학대예방 세미나 자료집』. 중앙아동학대예방센터.
정미경·중앙아동보호전문기관 (2008). 아동보호전문기관 상담원의 신변안전보정을 위한 정책과제.
정소희 (2004). 「아동복지에 영향을 미치는 요인에 관한 국가 간 비교 연구: 1985-1995년 OECD 16개 국가를 대상으로」, 서울대학교 대학원 사회복지학 석사학위논문.
성영순 외 (2002). 『아통학대예방서비스 발선방안에 관한 연구』, 보건복지가족부.
정익중 (2006). "새로운 아동복지서비스의 수요와 전문인력", 2006년도 한국아동복지학회 추계 학술대회 자료집.
정현숙 (2005). "아동학대예방센터 상담원들의 직무만족에 관한 연구". 경희대학교 석사 학위논문.

조윤영 (2005). "한국아동학대예방사업의 현황과 프로그램". 제1회 한국·대만·일본 사회복지 교환 세미나 자료집. 한국복지재단.
중앙아동보호전문기관 (2008). 『아동권리증진 및 아동보호체계 발전방안 모색』 2008 전국아동보호전문기관 평가대회 자료집.
중앙아동학대예방센터 (2005). "미국의 아동보호체계". 『미국·영국·호주의 아동학대예방체계』 해외연수 자료집.
최성재·남기민 (2003). 『사회복지행정론』, 서울: 나남출판사.
한국정책평가원(2008), 아동보호전문기관평가 개발자료.
허남순 (2003). "아동학대 신고의무자들의 아동학대에 대한 인식과 신고행동에 영향을 주는 요인에 관한 연구". 한국사회복지학, 제53호, 209-230.
홍현정 (2004). "아동학대예방센터상담원의 이직의도에 관한 연구." 이화여자대학교 대학원 석사학위논문.
황성철 (2005). 『사회복지 프로그램 개발과 평가』, 공동체.

■ 외국문헌

American Public Human Services Assn .(1999). Guidelines for a Model System of Protective Services for Abused & Neglected Children and Their Families. Washington, D.C; Author.
Ayale, P., & Dista, K. 1978. "Occupational tedium in social service." Journal of Social Work, 23, pp.202-206.
Barak, M. M, Nissly, J. A. & Levin, A. 2001 "Antecedent to Retention andTurnover Among Child Welfare, Social Work, and Other Human Service Employees : What Can We Learn From Past Research? A Review and Meta Analysis." Social Service Review. 626-661.
Child Welfare League of America (2005). Recommended caseload standards.
Daro, D. & Cohn-Donnely, A. (2002). " Charting the Waves of Prevention: Two Steps Foward, One Step Back". Child Abuse & Neglect ,26(6/7),731-742.
Defanfilis & Zurabin, (1999). "Epidemiology od child maltreatment recurrence", Social Service Review, 73(2), 218-239.
Dickson, N. S. & Perry, R. P. 2001. "Factors Influencing the Retention of Specially Educated Public Child Welfare workers." The Journal of Health and Social Policy.
Gerald B. 1986. "Correlates of satisfaction among Human Service Workers." Administration in Social Work, 10(1), 25.
Grunberg M. 1979. Understanding job satisfaction. New York: Wiley.
Herzberg, F. 1966. Work and Nature of Man. World Publishing co. Cleviland.
Iris, B., & Barrett, G. V. 1977. "Some relationship between job and life satisfaction and job improvement." Journal of Applied Psychology, 56, pp.301-304.
Jayrante, S. & Chess, W. A. 1983. "Job Satisfaction and in Social Work: A National Survey." In Faber, B. A. Stress and Burnout in the Human Services Professions. New York: Pergamon Press.
Lawler, E. E. 1973. Motivation in Work Organizations. Calif. Brooks/Cole.
Lindsey, D. (1994). The Welfare of Children. NY: Oxford University Press.
Locke, E. A. 1976. "The Nature and Causes of Job Satisfaction." in M.D. Dunnette, (ed.). Handbook of Industrial and Organizational Psychology. Rand McNally.
Maslach, C. & Jackson, S. E. 1981. The Maslach Burnout Inventory. Palo, CA: Consulting

Psychology Press.
Patti, C. 1983. Social Welfare Administration. Englewood Cliffs, NJ: Prentice-Hall.
Seung-hwan Oh & Minhong Lee. 2009. "Examining the Psychometric Properties of the Maslach Burnout Inventory Using a Sample of Child Protective Service Workers in Korea", Children and Youth Services Review.
Smith, H. C. 1995. Psychology of Industrial Behavior. New York: McGraw-Hill.
Smith, P. C, Kendall, L. M. & Hulin, C. L. 1969. The Measurement of Satisfaction in Work and Retirement: A Strategy for the Study of Attitudes. Chicago, IL: Rand McNally Co.
The Urban Institute (2004). The Cost of Protecting Vulnerable Children IV.
Vleminckx, K. and T. M. Smeeding (eds), Child Well-Being, Child Poverty and Child Policy in Modern Nations, The Policy Press.
Waldfogel, J. (1998a). "Rethinking the Paradigm for child Protection:. The Future of Children. 8(1), 104-119
Waldfogel, J. (2000). "Reforming Child Protective Services". Child Welfare, 79(1), 43-58.
http://ndas.cwla.org/data_stats/access/predefined/
http://www.childwelfare.gov/
http://www.childwelfare.gov/can/index.cfm
http://www.childwelfare.gov/systemwide/statistics/
http://www.mhlw.go.jp/bunya/kodomo/
http://www.mhlw.go.jp/wp/seisaku/jigyou/
http://www.web-japan.org

부록

부록 I. 아동보호전문기관 상담원 조사 설문지

I. 일반적 특성

1. 선생님의 성별은 어떻게 되십니까? 1) 남자   2) 여자

2. 선생님의 나이는 몇 세이십니까? (만   세)

3. 선생님의 최종 학력은 어떻게 되십니까?

1) 고졸 2) 전문대졸 3) 대학졸업 4) 대학원 재학 5) 대학원졸업

4. 선생님의 출신학과는? (최종학력 출신학과 :   )

5. 선생님의 가진 자격증은? 모두 표시해 주십시오.

1) 사회복지사 1급 2) 사회복지사 2급 3) 사회복지사 3급 4) 교사

5) 임상심리사 6) 기타

6. 선생님의 결혼 상태는? 1) 미혼 2) 기혼 3) 사별 4) 기타

II. 기관근무 특성

1. 선생님의 현 직위는? 1) 소장 2) 팀장/과장 3) 상담원 4) 행정직원

2. 고용상태는 무엇입니까? 1) 정규직 2) 계약직(임시직) 3) 일용직 4) 기타

3. 선생님께서는 아동보호전문기관 상담원으로 취업하기 이전에도 사회복지기관에 종사한 경력이 있으십니까? 종사 경력이 있다면 얼마나 근무하셨습니까?

현 기관 경력	년	개월	타 복지기관 경력(총 기간)	년	개월

4. 현재 선생님의 1일 평균 근무시간은 얼마나 됩니까? 1일 _____시간

5. 선생님의 초과근무(야간근무 포함)를 며칠 정도 하십니까? _____일

6. 선생님이 현재 담당하는 사례는 몇 건 입니까? 총_____건

1) 현장조사 중인 사례 _____건

2) 직접 진행 중인 사례 _____건

3) 사후관리 중인 사례 _____건

III. 다음은 선생님 기관의 업무환경에 관한 질문입니다. 각 문항을 읽고 해당하는 번호에 ∨표 해주십시오.

항 목	전혀 그렇지 않다	별로 그렇지 않다	대체로 그렇다	매우 그렇다
1) 우리기관은 승진할 기회가 많다.	1	2	3	4
2) 우리기관에서 승진은 공정하게 이루어진다.	1	2	3	4
3) 우리기관은 능력에 따른 승진이 보장된다.	1	2	3	4
4) 우리기관은 봉급수준이 괜찮다.	1	2	3	4
5) 우리기관은 안정적인 직장이다.	1	2	3	4
6) 우리기관은 봉급 외의 수당이 괜찮다.	1	2	3	4
7) 내가 일을 잘 했을 때는 그에 따른 적절한 금전적인 보상이 주어진다.	1	2	3	4
8) 우리기관은 근무시간이 잘 짜여 있다.	1	2	3	4
9) 우리기관의 물리적 환경이 괜찮다.	1	2	3	4
10) 나의 업무가 적성에 맞다.	1	2	3	4
11) 내가 하는 일들을 결정할 자유가 있다.	1	2	3	4
12) 최선을 위해 일할 수 있는 기회가 주어진다.	1	2	3	4
13) 나의 능력을 발전시킬 기회가 있다.	1	2	3	4
14) 내가 수행해야 할 업무가 많다.	1	2	3	4
15) 내가 맡은 일을 끝마치기에는 시간이 부족하다.	1	2	3	4
16) 나는 근무시간외에도 일을 할 때가 많다.	1	2	3	4
17) 내가 일을 잘 해내기에는 맡은 일이 너무나 많다.	1	2	3	4
18) 나는 클라이언트와 조직의 욕구 사이에서 갈등할 때가 있다.	1	2	3	4
19) 나는 일을 할 때 동시에 모든 사람을 만족시킬 수 없다.	1	2	3	4
20) 일을 할 때 어떤 사람들을 만족시키기 위해서는 다른 사람들을 언짢게 만들 때가 있다.	1	2	3	4
21) 나는 직장에서 나의 책임이 무엇인지를 알고 있다.	1	2	3	4
22) 다른 사람들이 내가 맡은 일에 기대하는 바를 예측할 수 있다.	1	2	3	4
23) 내가 맡은 일은 그 목적이 명확하다.	1	2	3	4
24) 나에게 기대되는 역할을 분명히 알고 있다.	1	2	3	4
25) 나의 상사는 나의 견의나 불만을 성의 있게 받아준다.	1	2	3	4
26) 나의 상사는 내가 업무를 잘 수행했을 때 칭찬해 준다.	1	2	3	4
27) 나의 상사는 직무수행에 자율성을 인정해 준다.	1	2	3	4
28) 나의 상사는 나의 일이 잘 되도록 많은 도움을 준다.	1	2	3	4
29) 나의 상사는 나를 인격적이고 공정하게 대해준다.	1	2	3	4
30) 일을 할 때 어려운 일이 생기면 동료들은 나를 잘 도와준다.	1	2	3	4
31) 직무와 관련하여 동료들과 자유롭게 상의할 수 있다.	1	2	3	4
32) 내가 열심히 일했을 때 동료들은 칭찬해 준다.	1	2	3	4
33) 센터의 동료들과 마음이 잘 맞는다.	1	2	3	4
34) 동료들은 나를 신뢰하고 존중한다.	1	2	3	4

IV. 다음은 선생님이 상담원으로 근무하면서 느끼는 직무만족에 관한 질문입니다. 각 문항을 읽고 해당하는 번호에 ∨표 해 주십시오.

항 목	전혀 그렇지 않다	별로 그렇지 않다	그저 그렇다	대체로 그렇다	매우 그렇다
1) 지금 하고 있는 업무가 내가 원하는 일이다.	1	2	3	4	5
2) 나는 다시 기회가 온다 해도 지금과 같은 일을 하겠다.	1	2	3	4	5
3) 나는 현재 하고 있는 일을 친한 친구에게 권하겠다.	1	2	3	4	5
4) 전체적으로 나는 지금 수행하고 있는 업무에 만족한다.	1	2	3	4	5
5) 나는 가끔 출근하기 싫다는 생각이 든다.	1	2	3	4	5
6) 나는 직장을 옮길 준비를 하고 있다.	1	2	3	4	5
7) 나는 이 일을 그만두거나 다른 직장으로 옮겨야겠다는 생각이 든다.	1	2	3	4	5

V. 다음은 선생님의 업무와 관련된 신변안전이나 클라이언트에 관한 질문입니다. 각 문항을 읽고 해당하는 번호에 ∨ 표시해 주십시오.

항 목	전혀 그렇지 않다	별로 그렇지 않다	대체로 그렇다	매우 그렇다
1) 나는 업무 수행 중 신변안전에 위험을 상당히 느낀다.	1	2	3	4
2) 내가 맡고 있는 클라이언트들은 심각한 문제를 많이 갖고 있다.	1	2	3	4
3) 나는 가해자로부터 보복을 당할까봐 걱정스러울 때가 있다.	1	2	3	4
4) 내가 맡고 있는 클라이언트들은 나에게 너무 의존적이다.	1	2	3	4
5) 내가 맡고 있는 클라이언트들은 개입하기가 너무 힘들다.	1	2	3	4
6) 아동보호업무는 타 사회복지업무보다 신변안전에 대한 위험의 스트레스가 높다.	1	2	3	4

VI. 다음은 선생님이 받으신 아동학대에 관한 상담교육훈련에 관한 질문입니다. 각 문항을 읽고 해당하는 번호에 기입하거나 응답해 주십시오.

구 분	교육유무	교육시간	현 업무수행상 도움정도* (① 전혀 도움 안 됨 ② 도움이 되지 않음 ③ 보통 ④ 도움되는 편 ⑤ 많은 도움)
아동학대상담원 취업 전	1) 있다 2) 없다	시간	
직무배치 전	1) 있다 2) 없다	시간	
직무배치 후	1) 있다 2) 없다	시간	

VII. 다음은 선생님이 상담원으로서 일하면서 갖게 되는 느낌에 대한 질문입니다. 각 문항을 읽고 동의하는 점수에 V표 해주십시오.

항 목	전혀 그렇지 않다		보통 이다			매우 그렇다
1) 나는 일 때문에 정신적으로 지쳐있다고 생각한다.	1	2	3	4	5	6	7
2) 나는 하루의 일과가 끝날 때면 녹초가 된다.	1	2	3	4	5	6	7
3) 나는 아침에 일어나서 오늘도 일을 나가야 한다는 생각을 하면 기운이 빠진다.	1	2	3	4	5	6	7
4) 나는 클라이언트의 감정을 쉽게 이해할 수 있다.	1	2	3	4	5	6	7
5) 내가 클라이언트를 비인격적으로 대하고 있다고 느낀다.	1	2	3	4	5	6	7
6) 사람들과 하루 종일 일하는 것은 정말 힘든 일이다.	1	2	3	4	5	6	7
7) 나는 클라이언트의 문제를 매우 효과적으로 다룬다.	1	2	3	4	5	6	7
8) 나는 일 때문에 완전히 기진맥진한 상태에 있다고 느낀다.	1	2	3	4	5	6	7
9) 작업을 통해 내가 다른 사람들의 삶에 긍정적인 영향을 주고 있다고 느낀다.	1	2	3	4	5	6	7
10) 상담원을 선택한 후로, 나는 사람들에게 점점 더 무감각해졌다.	1	2	3	4	5	6	7
11) 직업으로 인해 내가 감정적으로 무뎌질까봐 걱정이다.	1	2	3	4	5	6	7
12) 내가 매우 활동적이라고 느낀다.	1	2	3	4	5	6	7
13) 나는 내 직업으로 인해 짜증스러움을 느낀다.	1	2	3	4	5	6	7
14) 나는 너무 열심히 일하고 있다고 느낀다.	1	2	3	4	5	6	7
15) 나는 클라이언트에게 무슨 일이 일어나는지에 대해 별 관심이 없다.	1	2	3	4	5	6	7
16) 사람들을 직접 대하면서 일한다는 것이 나에게는 매우 큰 스트레스다.	1	2	3	4	5	6	7
17) 나는 클라이언트에게 편안한 분위기를 조성할 수 있다.	1	2	3	4	5	6	7
18) 클라이언트와 친밀하게 일하고 나면 매우 흐뭇해진다.	1	2	3	4	5	6	7
19) 내 직업을 통해 가치 있는 많은 일들을 성취해왔다.	1	2	3	4	5	6	7
20) 나는 내가 속수무책인 것처럼 느껴진다.	1	2	3	4	5	6	7
21) 일을 할 때 나는 감정적인 문제를 매우 침착하게 다룬다.	1	2	3	4	5	6	7
22) 나는 클라이언트들이 자기 문제로 나를 비난하고 있다고 느낀다.	1	2	3	4	5	6	7

VIII. 다음은 선생님이 경험하는 슈퍼비전에 대한 질문입니다. 가장 적절하다고 생각하는 문항에 ∨표 해주십시오.

1. 선생님께서는 아동학대 업무전반에 관련하여 슈퍼비전을 받고 계십니까?
1) 예 2) 아니오

2. 슈퍼비전을 받고 계신다면 형태는 무엇입니까? 해당되는 모든 항목에 표시해 주십시오.
1) 정기적으로 2) 필요시 수시로 3) 우연히 상급자나 전문가를 만날 때 4) 기타

3. 정기적 슈퍼비전을 받는다면 그 형태는 무엇입니까? 해당되는 모든 항목에 표시해 주십시오.
1) 개별 슈퍼비전 2) 집단 슈퍼비전 3) 동료 슈퍼비전 4) 기타

4. 정기적으로 개별 슈퍼비전을 받는 다면 그 빈도는 어떻게 됩니까?
1) 주 1회 이상 2) 월 2~3회 3) 월 1회 정도 4) 6개월에 1~2회 5) 연 1~2회

5. 제공되는 슈퍼비전은 전문성을 높이는데 어느 정도 도움이 된다고 생각하십니까?
1) 매우 도움된다 2) 도움이 된다 3) 보통이다 4) 도움이 안 된다 5) 전혀 도움이 안 된다

6. 선생님이 받으신 슈퍼비전에 대한 질문입니다. 해당되는 항목에 ∨표시해 주십시

항 목	전혀 그렇지 않다	별로 그렇지 않다	대체로 그렇다	매우 그렇다
1) 슈퍼바이저는 행정적 슈퍼비전을 잘 제공한다.	1	2	3	4
2) 슈퍼바이저는 임상적 실무에 필요한 지식, 기술을 잘 제공해 준다.	1	2	3	4
3) 슈퍼바이저는 전문적 발전을 위해 다양한 기회를 마련한다.	1	2	3	4
4) 슈퍼바이저는 기관의 목표, 정책 등을 업무로 연결시키기 위해 해석을 해준다.	1	2	3	4
5) 슈퍼바이저는 상담원들의 책임과 관련된정보를 정확하고 빠르게 처리한다.	1	2	3	4

항 목	전혀 그렇지 않다	별로 그렇지 않다	대체로 그렇다	매우 그렇다
6) 슈퍼바이저는 필수적인 서류작업을 정기적으로 점검한다.	1	2	3	4
7) 슈퍼바이저는 나를 개인적으로 가치 있게 여기고 나의 업무를 인정한다.	1	2	3	4
8) 슈퍼바이저는 내가 가진 능력을 극대화하도록 감정적, 정서적으로 자극한다.	1	2	3	4
9) 슈퍼바이저는 새로운 활동, 기법 등에 대해서 지도해 준다.	1	2	3	4
10) 나는 현재의 기관 슈퍼비전에 만족한다.(슈퍼비전 체계, 슈퍼바이저와의 관계, 슈퍼비전 내용 등)	1	2	3	4
11) 슈퍼바이저는 내가 특수한 케이스로 인해 가지게 되는 혼란, 불안정, 우유부단함 등을 털어놓을 수 있도록 편안한 환경을 제공한다.	1	2	3	4
12) 슈퍼바이저는 나에게 업무상의 불안을 처리해 주는 등, 소진예방 및 정서적 지지를 잘해 준다.	1	2	3	4

VIIII. 다음은 선생님이 상담원으로 일하면서 경험하는 기관 간 연계에 대한 질문입니다. 가장 적절하다고 생각하는 문항에 ∨표 해주십시오.

1. 선생님께서는 아동학대 예방과 치료를 위해 지역사회 조직과 서비스를 연계하고 있습니까?
1) 정기적으로 연계한다 2) 비정기적으로 연계한다 3) 연계한 적이 없다

기 관	학대 신고	학대 조사	아동상 담치료	정보 교환	서비스 의뢰	예방 교육	홍보	정기 모임 회의	연구 모임
인접아동보호기관									
사회복지관									
어린이집									
학교									
경찰서									
병원									
시·군·구청									
읍·면·동사무소									
종교기관									
법률기관									
시민단체									
대학교									

2. 연계를 하신다면 연계 내용은 무엇입니까? 해당되는 내용에 모두 표시해 주십시오.

3. 각 기관과의 서비스 연계에 대한 필요성과 만족도는 어느 정도입니까? 각 문항에

구 분	연계 필요성 (5점 : 매우 필요, 4점 :필요한 편임, 3점: 보통, 2점 :필요하지 않음, 1점 :매우 불필요)	연계 만족도 (5점 : 매우 만족, 4점 :만족하는 편임, 3점: 보통, 2점 :불만족, 1점 :매우 불만족)
인접아동 보호기관		
사회복지관		
어린이집		
학교		
경찰서		
병원		
시 · 군 · 구청		
읍 · 면 · 동사무소		
종교기관		
법률기관		
시민단체		
대학교		

4. 다음은 아동보호전문기관의 연계 필요성과 내외부의 환경에 대한 질문입니다. 해당되는 항목에 ∨표시해 주십시오.

항 목	전혀 그렇지 않다	별로 그렇지 않다	대체로 그렇다	매우 그렇다
1) 학대아동의 문제는 복합적이므로 여러 전문서비스들의 연계를 통해 해결할 필요가 있다.	1	2	3	4
2) 외부 서비스 기관과의 연계를 통해서 학대아동을 위한 질 높은 서비스를 제공할 수 있다.	1	2	3	4
3) 관련 기관간의 연계가 필요하기는 하지만 현실적으로는 이루어지지 어렵다.	1	2	3	4
4) 다른 외부 서비스 기관과의 연계 없이 한 기관의 한정된 자원 속에서 피해아동에게 필요한 다양한 서비스를 제공하기는 어렵다.	1	2	3	4
5) 관련기관에 대한 정보나 자원이 부족하다.	1	2	3	4
6) 연계를 위한 기관의 예산이 부족하다.	1	2	3	4
7) 연계를 위한 기관의 의지와 노력이 부족하다.	1	2	3	4
8) 기관 특성상 타 기관과의 연계가 어렵다.	1	2	3	4
9) 연계에 대한 법적 책임이 없으므로 필요를 못 느낀다.	1	2	3	4
10) 피해아동을 위해 연계할 기관이 부족하다.	1	2	3	4
11) 관련기관간의 연계를 원활하게 해줄 조정체계가 부족하다.	1	2	3	4

항 목	전혀 그렇지 않다	별로 그렇지 않다	대체로 그렇다	매우 그렇다
12) 연계기관간의 체계적인 협력방법이 부족하다.	1	2	3	4
13) 연계기관과의 합의가 부족하다.	1	2	3	4